「仮住まい」と戦後日本

実家住まい・賃貸住まい・仮設住まい

青土社

Yosuke Hirayama

平山洋介

「仮住まい」と戦後日本　目次

第Ⅲ部　賃貸住まい

「仮住まい」と戦後日本

実家住まい・賃貸住まい・仮設住まい

もう一マイル、行かないといけない
旅はきついけど
もう泣くこともないしね

——マディ・ウォーターズ〝ワン・モア・マイル〟（一九六三年）より（引用者訳）

はじめに

戦後日本の政府は、住宅政策の立案と実践において、借家に住み、いわば「仮住まい」の状態にあった人びとを、持ち家セクターに導き、そこでの「定住」に移行させようとした。この枠組みのなかで、個人・世帯のミクロレベルでは、持ち家取得をめざす人たちが増え、その達成を一つの節目とする標準パターンのライフコースがつくられた。マクロレベルでは、「仮住まい」から「定住」に移ろうとする世帯の増大は、経済成長を加速し、社会統合の安定を支えると考えられた。住宅関連の公共政策は、ミクロ・マクロレベルを媒介し、住宅所有を求める人たちの動きの集積を社会・経済変化に反映すると同時に、それとは逆に、経済拡大と社会安定を人びとのライフコース形成に関連づけるメカニズムを構成した。

資本主義と工業経済の発展にしたがい、一九二〇年代頃から、都市化がはじまった。多数の人たちが農村から都市に移り住み、賃金労働者となった。戦前の都市地域では、持ち家に住むことは一部の階層の特権にすぎず、住まいの大半は民営借家であった。都市の借家市場は、生まれ育った土地から切り離され、自身の労働力しか売るものをもっていない人たちを受け入れた。しかし、戦後になると、復興から高度成長の時代にかけて、産業と経済のめざましい発展のもとで、中間層が拡大し、持ち家とその資産価値を取得する世帯が増えた。

マイホームを所有し、そこに住むことは、〝ゆたかな社会〟の出現のなかで、中間層の規範を反映し、「市民権」の条件の一種を構成した。持ち家に落ちついて住み、家庭をていねいに運営し、職業上の地位と所得を安定させ、子どもを育て、資産を蓄積し、近隣との付きあいを大切にすることが、「良き市民」の〝振る舞い方〟を意味するという暗黙のイメージが生成した。郊外の庭付き一戸建て住宅が「夢のマイホーム」を代表すると考えられた時代があった。このマイホームは、物質上の繁栄、夫婦と子どもの安寧、中間層コミュニティのメンバーシップなどを象徴した。

政府の住宅政策は、住まいの所有形態によって異なる対応をみせ、バイアスをともなった。持ち家セクターには、多くの公的支援が配分された。住宅金融公庫は一九五〇年に設立され、住宅を建築・購入する多数の世帯に低利の住宅ローンを供給した。賃貸住宅団地の開発を手がけていた日本住宅公団（一九五五年設立）は、一九六〇年代半ばから、住宅・宅地分譲を増大させた。公庫は、二〇〇七年に廃止されたが、住宅ローン減税などの手法によって、持ち家取得を促進する政策が続いた。一方、賃貸セクターに対する公的支援は乏しいままであった。低所得者向け公営住宅、中間層向け公団賃貸住宅などの建設を支える制度がつくられた。しかし、これらの公共賃貸住宅の建設は、一九七〇年代初頭から減り続けた。民営借家の建設を促す支援はほとんどなく、借家人に対する公的家賃補助の供給はほぼ皆無であった。

住宅政策のバイアスは、多くの世帯を賃貸セクターから持ち家セクターに動かす力を生んだ。賃貸住宅は、持ち家を取得するまでの一時的な「仮住まい」とみなされた。民営借家は、狭く、家賃負担が重く、日照・通風が乏しく、老朽しているケースが多く、とくに不利な所有形態となった。公営住宅は、質が高いとは限らず、その多くは、不便な縁辺地域に建てられた。賃貸住宅は、「仮住まい」として位置づけられたがゆえに、それを改善する施策は、ほとんど講じられなかった。借家が短期の「仮住まい」であるならば、その質の低さに耐えることは、たいして問題にならないと考えられた。賃貸住宅に住む若い世帯の多くは、「仮住まい」から抜けだし、持ち家を取得する予定ないし計画を立て、資金調達の算段などに努力するなかで、近い将来の自分が中間層のメンバーになるところを想像した。

*

この本では、「住む」ことを「定住」と「仮住まい」に分割し、人びとを「仮住まい」から「定住」に移そうとする住宅政策の〝プロジェクト〟を問いなおす。社会・経済条件の前世紀末からの変化は、マイホームでの「定住」に根ざす中間層のライフスタイルの大衆化をより困難にした。バブル経済が一九九〇年代初頭に破綻して以来、人びとの階層化が進み、不平等が拡大した。雇用と所得の不安定さが増し、持ち家取得はより難しくなった。ポストバブルの住宅価格は低下し、資産としての持ち家の安全性は失われた。世界金融危機は二〇〇七～〇八年に拡大し、金融システムはさらに不確実になった。経済の長い停滞のなかで、中間層はしだいに縮小した。人口の超高齢化、未婚率の上昇、単身者の増大など、これらすべては、マイホームを買おうとする家族の減少と表裏一体の関係をつくった。

社会・経済変化のなかで、「仮住まい」と「定住」を区分する政策の根拠は弱まった。親の家に住む若者にとって、その住宅は、子どもであったときとは異なり、出ていくべき「仮住まい」になる。しかし、労働市場の変化は、不安定かつ低賃金の雇用を増大させ、若年グループにとくに強く影響した。若者が親元を離れ、独立するには、自分の賃貸住宅を確保する必要がある。親の家に住み、家賃を負担できない不安定就労の若者は、そこにとどまる以外に選択肢をほとんどもっていない。未婚のままで親元に住み続け、年齢の上がる人たちが増えた。ここでの親の家は依然として「仮住まい」なのかどうかが問われる。

民営借家では、ひとり暮らし世帯の比率が高い。単身世帯は、結婚し、家族をもつまでの暫定の世帯形態とみなされ、民営借家もまた、持ち家を得るまでの一時的な「仮住まい」と考えられた。これを反映し、住宅政策の大半の手段は単身者を対象に含めず、民営借家の改善のための施策は重視されなかった。しかし、結婚の遅い人たち、生涯未婚の人びとが増え、単身のままの人たちが民営借家に長く住むケースが増大した。結婚した人びとの多くは、マイホームを得ようとする。しかし、持ち家取得に必要な住宅ローン返済の負担は、より重くなった。若い世代では、持ち家率が大きく下がり、民営借家の割合が大幅に上がった。民営借家は、短期居住の場とは必ずしもいえなくなった。

高度成長期の公営住宅は、所得上昇の途上の若い世帯が入居し、持ち家取得に向けて転出するまでの「仮住まい」として供給された。これと同様に、公団賃貸住宅の役割は、若い夫婦とその子どもが一時的に住む場所の提供であった。しかし、公共賃貸セクターでは、転出する世帯が減少し、入居者の高齢化および低所得化が進んだ。前世紀後半に開発された多数の公共住宅団地は、大都市に流れ込んだ多数の若い人たちが住む場であったが、新しい世紀になると、暫定の住宅とはいえず、それどころか、高齢者の「定住」を支える空間となった。

持ち家は、「良き市民」が家庭をいとなみ、長く「定住」する場をつくると想定されていた。しかし、住宅所有の安定の程度は減った。ポストバブルの住宅ローン利用では、債務の実質負担が増えた。景況が後退するたびに、住宅ローン返済の不履行によって、「定住」の場となるはずであった持ち家を手放さざるをえない世帯が増大した。結婚とマイホームの結びつきが「定住」を形づくっていた。人びとの大半が結婚し、その結婚は、よほどの事情がない限り、永続すると信じられていた時代があった。しかし、離婚の増加にともない、結婚とマイホームが持続するとは限らないことが、より広く認識された。結婚が壊れると、「定住」の場であったマイホームは解体し、元夫または元妻、あるいは双方の転居が必然になる。

寿命が延び、超高齢社会が生成した。増大する高齢者の多くは自己所有の安定した住まいに「定住」すると考えられている。しかし、持ち家はしだいに老朽化し、高齢期の所得は低い。社会の高齢化につれて、住まいの修繕がままならない世帯が増える。マンション形式の持ち家が増大した。高経年マンションの管理と修繕は、物的な老朽、入居者の高齢・低収入化のために、より難しくなった。加齢にともない、身体機能などは衰え、介助・介護の必要な高齢者が増える。彼らが安定した自宅居住を継続できるとは限らない。より適切な介助・介護を受けるために、子どもの家、高齢者向け住宅、高齢者施設、病院などの間をいわば〝漂う〟人たちがいる。虚弱になった高齢者が自宅に住み続けるケースでは、バリアフリー化、子どもとの同居などのための改造が必要になる。超高齢社会の「定住」は、必ずしも安定するとはいえない。人びとの寿命が延びるにしたがい、長くなった高齢期の住宅安定を脅かすリスクの種類と量が増える。

＊

さらに、「仮住まい」という「住まい方」が高い普遍性をもつ点をみる必要がある。近代以降の社会では、人生の実践は、過去、現在、未来に分割された時間のもとでの「過程」となった。人びとは、過去を振りかえり、未来を想像または構想するところから、過去と未来の間に日常を重ね、自身の人生をつくろうとする。均質であった時間の流れは、そこに人間が立ち現れることによって、断ち切られ、過去、現在、未来に差別化される。いいかえれば、過去、未来との関係を抜きに、人間が現在を生きることは、ほとんど不可能になった。過去を思いだし、あるいは構築しなおし、その経緯の延長線上でしか現在を認識できず、未来のイメージをもたなければ、現在を生きることに意味を見いだせない。人生の現在は、「過程」のなかの一瞬として把握され、それ自体として自立・完結するのではなく、過去および未来に関連づけられ、文脈を与えられる限りにおいて、価値をもつ可能性がようやく生まれる。大多数の人間にとって、現在に「住む」ことは、過去と未来のはざまの「仮住まい」でしかありえない。

現在を生きることに集中する——過去がどうあれ、現在に没頭し、未来にそれほど興味をもつことなく、現在に没入する——人たちがいるとすれば、その人たちは、「過程」の一部ではない現在をそれ自体として大切にし、過去と未来をたいして必要としないという意味で、強い人間である。しかし、たいていの人間は、それほど強くない。

近代以降の社会では、法と社会制度の——少なくとも建前の——次元において、多くの人びとは、出自から独立し、自身の人生のあり方を、自分で選び、つくっていく。出自が人生に影響しないというようなことは、理論上ではありえるとしても、実践上ではありえない。どういう家族、階層、地域の出身なのか、どういうハビトゥスをもつのかによって、人生の道筋に現れるさまざまな——たとえば、教育、職業、人間関係などに関連する——機会の量と質に大きな違いがある。しかし、多くの人たちは、親の仕事とは異なる仕事に就き、自分で選んだ連れあいと新たな家族をつくった。人びとは、人生の道筋を選ぶ自由を与えられ、あるいは何らかの人生を選ぶことを強制され、自身の将来を「発明」するために、住む場所、職種と職場、所属するコミュニティなどに関する「移動」をしばしば経験する。この文脈において、人生は、出自によって決まる度合いが減り、最初から最後まで、「仮住まい」を渡り歩く「過程」となった。

だとすれば、「住む」ことの序列を組み立て、「定住」の価値を高く見積もる一方、「仮住まい」を軽んじる政策フレームのあり方は、見なおされる必要がある。住まい方のヒエラルキー形成は、人びとが人生の「完成」をめざし、まっすぐな道程を歩むというイメージに根拠をもつ。しかし、このイメージは、錯覚または誤解にしかもとづいていない。人びとの人生は、けっして「完成」しない「過程」のなかにある。人生の「完成」のために、過去の記憶が使われ、現在が生きられるという考え方があるとすれば、それは一面的でしかない。未来の人生もまた完遂には達しない新たな「過程」をつくる。

「住む」ことのヒエラルキーの構築にしたがい、多くの世帯は借家から持ち家へ、小さな住宅から大きな住宅へ、そして、「仮住まい」から「定住」へと住まいの「はしご」を登ると想定された。ここには、人生の「完成」に向かって、人びとが「直線状」のライフコースを歩み、「はしご」登りに参加するという見方がある。しかし、社会・経済変化のなかで、住まいの「はしご」を順調に登る世帯は減り、ライフコースの「かたち」は必ずしも「直線状」ではなくなった。人生が「蛇行」する人びと、ライフコースを「後戻り」する世帯、「はしご」を「降りる」人たち、親の家を出た後にそこに戻る「ブーメラン」のような人びとなどの存在は、ライフコースと「はしご」登りの「標準パターン」が依然として標準といえるのかどうかを検討する必要を示唆した。多くの人たちは、人生の寄る辺なさから逃れるために、拠り所としての持ち家を得ようとした。しかし、マイホームを建て、「はしご」を登り終えたかにみえる世帯でさえ、人生は「完成」からほど遠い。転勤にともなう転居または単身赴任、建物の老朽と修繕、老親との同居にともなう改築、住宅ローン返済の困難、加齢による施設入所のための売却などの変化が持ち家世帯に起こりえる。

人生が「過程」であるならば、そのすべての段階の「仮住まい」を適切につくる方向に、政策形成のあり方を転換すべきではないか。さまざまな人たちが、仕事をみつけたり、転職したり、家を借りたり、買ったり、住宅ローンを組んだり、給料が上がったり／下がったり、結婚したり、子どもを育てたり、単身ですごしたり、離婚したり、資産が増えたり／減ったり、老親の世話をしたり、自分の老後を心配したりして、絶え間ない変化のなかで、どうにかこうにか、生きようとする。その集積から社会の新たな変化が生成する。現在に「住む」ことは、人生の過去からの変化の途上に位置し、未来に備え、あるいは立ち向かうために、実践される。人びとの壊れやすい「過程」の全体を支え、社会変化の新しい「かたち」を展望するために、良質かつローコストで、安定した「仮住まい」を整える必要がある。

「仮住まい」の役割を見なおし、再評価する作業が求められる。「仮住まい」として位置づけられ、軽視されてきた賃貸住宅は、大胆な改善を施されてよい。持ち家セクターと賃貸セクターのヒエラルキーを形成し、借家の居住条件を低劣な水準にとどめることで、マイホーム購入に人びとを駆りたてる政策の効果は減った。賃貸セクターであれ、持ち家セクターであれ、人生の「過程」を支持する住宅安定が必要になる。「仮住まい」を軽んじる方針がとくにはっきり反映したのは、災害時の仮設住宅である。きわめて狭く、遮音と断熱の性能が低劣で、構造上の安全さえ備えない建物は、被災者が一時的に住む場所は低劣であってよいという考え方を反映する。しかし、大規模な災害に見舞われた地域では、多数の世帯が劣悪な仮設住宅に長年にわたって住むことを強いられた。被災者は、仮設段階が終わってはじめて生活再建をスタートさせるのではなく、被災の直後から、人生の軌道をふたたびつくりはじめる。仮設住宅と恒久住宅を区分し、ヒエラルキーのなかに配置するのではなく、生活再建の「過程」の全体を守る適切な住まいを用意する政策が必要とされる。

＊

この本では、「仮住まい」と社会の関係をとらえなおし、そこから住宅政策のあり方を検証する。第Ⅰ部「「仮住まい」と住宅政策」では、「仮住まい」の借家から持ち家での「定住」に人びとを導いていた住宅政策がしだいに行きづまる実態とそのメカニズムをみる。多くの世帯は、住まいの「はしご」を登るために、住宅ローンを使った。第1章「住宅ローン時代の果てに」では、住宅ローン利用にもとづく「はしご」がぐらつきはじめた状況を検討し、住宅政策の組み立て方を再考する必要を論じる。戦後日本は「結婚・持ち家社会」として存立し、マイホームに住む「独立・自立した世帯」がその中心を占めてきた。第2章「個人化／家族化する社会の住宅政策」では、人びとが一方で個人化し、他方で家族化する傾向を強め、その結果、持ち家に住む夫婦中心世帯を単位とする社会が壊れはじめたことを述べる。第3章「住宅資産所有の不平等」の考察は、住宅所有の促進に傾斜した住宅政策の結果の一つとして、持ち家資産の不均等分布が社会的不平等を拡大する中心要因となったことを明らかにする。

第Ⅱ部「実家住まい」では、住まいに関する旧来の議論が見おとしてきた、住宅供給における親の家の役割の重要さに着目する。第4章「親元にとどまる若者たち」は、若年・未婚・低所得層を対象とした調査の結果を用い、その多くが親元に住み続けている事実をみたうえで、親の家が出ていくべき「仮住まい」であるどころか、とどまるべき場所となっていることを指摘し、若年層のための住宅支援が必要になると主張する。第5章「ジェンダーと住宅政策」では、女性のライフコースと住まいの関係に関する考察から、親の家からの独立、結婚と持ち家取得、離婚と転居、親の家の相続など、これらすべてがジェンダー化している実態を明らかにし、多くの女性が「結婚」と「夫の持ち家」からしか人生のセキュリティを得られない状況の克服が課題になると述べる。第6章「「三世代同居促進」の住宅政策をどう読むか」は、「一億総活躍社会」政策において少子化対策の観点から親子同居促進が重要課題とされたことを、家族主義の反映にすぎないと指摘するとともに、三世代同居を増やし、出生率を上げようとする施策の根拠が弱い点に注意を促す。

続いて、第Ⅲ部「賃貸住まい」では、賃貸住宅を「仮住まい」とみなし、その居住条件を改善しようとしない住宅政策の方針を再考する必要を論じる。若いグループでは、持ち家率が下がり、賃貸セクターにより長くとどまる〝賃貸世代〟が生成した。この世代が直面する住宅状況を低家賃住宅の減少として描き、それを賃貸セクターの〝脱商品化〟から〝再商品化〟へのシフトの反映として説明する点に、第7章「賃貸世代、その住まいの再商品化」の主眼がある。第8章「超高齢社会の公共住宅団地をどう改善するか」では、「仮住まい」として建造された団地が高齢・単身化する住人の「定住」の場に変化した実態を指摘したうえで、プライバシーと用途純化を重視する近代住宅・都市計画の理論と実践が単身高齢者を孤立させることを主張し、孤立防止の観点から団地改善のあり方を考察する。第9章「住宅セーフティネット政策を問いなおす」では、賃貸住宅のセーフティネットを構築しようとする政策が最小限の規模でしか展開しないことを、住宅政策における階層別供給の体系が〝市場とセーフティネットの組み合わせ〟に転換した点から説明する。

第Ⅳ部「仮設住まい」の第10章「被災した人たちが、ふたたび住む」では、東日本大震災が発生した東北太平洋沿岸地域の住宅復興を、仮設住宅に住む世帯の変化を追った調査の結果から論じる。被災した人たちは、多様な「段階」と「経路」から人生の立てなおしに取り組んできた。この点からすれば、「仮住まい」と「定住」を明確に区分する住宅復興のあり方には再検討の余地がある。第11章「火災の犠牲となった老人たちの住宅問題」では、高齢者の焼死の原因として、住宅問題に目を向ける必要を述べる。火災で亡くなった老人の多くは貧困で、仮設建築物のように低水準の住宅、施設および簡易宿泊所に住んでいた。貧困者に対する住宅施策は、最小限の財政支出しかともなわず、おもに規制手法に依存する。このため、住宅・施設などの建築上の規制を強めると、居住コストが上昇し、低収入の老人を排除する結果を招き、規制を緩めると、住宅・施設が劣悪化するという関係が生じる。

この本は、「仮住まい」それ自体の議論の体系をつくろうとするものではなく、「仮住まい」についてのさまざまな視点を設定し、そこから住まいと社会変化の関係をとらえなおすことで、住宅政策のあり方について、違う〝景色〟を示そうとする一つの試みである。各章の論考は、おおむね独立し、本書は、必ずしも最初から順番に読む必要はなく、どの章からでも読める建て付けをもつ。生きることは、現在だけでは成り立たず、人びとは、過去・未来との連関のもとでの「過程」の一瞬としての現在しか生きられない。このことは、近代以降の社会では、自分の「発明」に追われる人間にとって、克服できない必然であるように思われる。仮にそうだとすれば、「仮住まい」と「定住」を差別化し、人生の「完成」がありえるかのように、人びとをそこに向かわせる「はしご」

を組み上げようとするのではなく、「完成」には到達しそうにない人生の「過程」の全体にわたって、適切な「仮住まい」をつくることで、どうにかして生きようとする人たちの実践を支えていくことが、挑戦すべき課題になる。

第Ｉ部

「仮住まい」と住宅政策

第1章　住宅ローン時代の果てに

持ち家と借金人生

戦後日本の政府は、住宅政策の立案と実践において、住宅ローン供給による持ち家促進に注力した（平山 二〇二〇）。とくに一九七〇年代以降、持ち家建設の拡大は、住宅事情を改善するだけではなく、経済成長を支える中心手段として位置づけられた。この政策のもとで、住まいの生産・消費を推進するシステムは、急速に金融化した（Forrest and Hirayama, 2015）。金融化（financialisation）とは、経済、企業、国家および世帯の構造変容における金融関連の機関、市場、実践、言説などの支配力の増大をさす（e.g., Aalbers, 2016）。政府は、景況が後退するたびに、住宅ローンの借り入れを促し、持ち家取得を刺激する施策を展開した。

住宅ローン供給の拡大とそれにもとづくマイホームの大衆化は、人びとの人生の「かたち」を変え、〝住宅ローン時代〟を出現させた。持ち家の建築または購入は、高度成長期までは、おもに「貯蓄」にもとづいていたのに対し、一九七〇年代になると、「借金」に依存する度合いを高めた。

住宅所有の達成に必要な資金を預貯金によって調達しようとすると、長い年数が必要になる。住宅融資の利用は、より若い時期に「夢のマイホーム」をもつことを可能にした。この意味で、住宅ローンは、いわば「魔法」のような技法であった。多くの人たちは、住宅融資を受け、借家から持ち家へと住まいの「はしご」を登った（Hirayama, 2007）。

住宅を金融化する政策を成立させた要因の一つは、人生の予見可能性が高まった点にある。経済のめざましい成長のもとで、雇用と所得の安定は、長期にわたる住宅ローン返済を可能にした。マイホーム取得の大半は、結婚と家族形成に関係した（Hirayama and Izuhara, 2008）。ほとんどすべての人びとが結婚し、その結婚は、たいていの場合、壊れることなく、持続すると信じられていた。家族をつくった人たちの多くは、マイホームを手に入れ、そこで子どもを育てようとした。住宅ローン利用の増大は、仕事と家族の長期安定を条件とし、「人生設計」の普及を反映・促進した。

しかし、他方で、持ち家の金融化は、重い借金をかかえ、〝人生を担保に入れた〟かのような人たちを増大させた（Lazzarato, 2011）。収入がより低い世帯でさえ、家を買おうとし、住宅ローンの借入規模は、より大きくなった。多くの人びとが持ち家を求めたのは、人生のセキュリティを確保するためであった。住宅所有の達成は、物的住宅の改善と安定、不動産資産の蓄積、社会的地位の表現に結びつき、所有者とその家族の安全を保障すると考えられた。しかし、大規模な借金をともなうマイホームは、セキュリティを約束するとはいえず、それどころか、ローン破綻などのリスクを膨らませた。

さらに、前世紀の末から、人口と経済が〝成長後〟または〝ポスト成長〟の段階に入った日本では、住宅ローン・システムにもとづく住まいの「はしご」は、より不安定になった（平山二〇二〇：Hirayama and Izuhara, 2018）。バブル経済は一九八〇年代後半に膨張し、九〇年代初頭に崩壊した。雇用と所得の安全の程度は下がった。ポストバブルの住宅ローンによる債務負担はより重くなった。住宅価格の低下は、資産としての持ち家の価値を損なった。世界金融危機は二〇〇七〜〇八年に発生し、経済をさらに不確実にした。人口は減りはじめ、未曽有の高齢化が進んだ。住宅需要の減退にしたがい、持ち家市場は縮小せざるをえない。未婚率が上昇し、単身者が増えるにつれて、家を買おうとする家族は減った。離婚の増大は、家族とマイホームの安定が続くとは限らないことを露呈した。

成長後の時代に入ってなお、政府は、住宅ローン供給を刺激し、住宅の私的所有をさらに促進しようとした。しかし、新たな社会・経済条件のもとで、住宅ローンという「魔法」の効力は減った。仕事と家族の予見可能性は減少し、「人生設計」はより困難になった。住まいの金融化を推進する政策が続けられ、しかし、それを支える環境は消失するという不整合が、持ち家セクターの新たな状況を特徴づける。戦前の都市地域では、住宅の大半は民営借家で、持ち家はごく一部の階層の特権にすぎなかった。戦後になると、個人所有の住宅が増え、大衆化した。持ち家は、成長後の新たな時代のなかで、依然として、人びとの手の届くところにあるのか、それとも、ふたたび特権になるのか。マイホームの普及に根ざす社会は、どう変化し、どこに向かうのか。これらの問いが、より重要になった。

住まいを金融化する

戦後日本の住宅政策は、中間層の持ち家取得に対する支援を拡大した。住まいを建築・購入する人たちに固定・低金利の長期融資を供給する住宅金融公庫は、公法上の法人として一九五〇年に創設され、持ち家促進の政策体系のなかで、とくに重要な位置を占めた。政府出資の法人である日本住宅公団（一九五五年設立）は、大都市圏を対象とし、おもに賃貸住宅団地を開発していたが、一九六〇年代半ばから、住宅・宅地の分譲事業を増大させた。地方公共団体のもとに設置されていた住宅公社・協会などは、一九六五年制定の地方住宅供給公社法によって、住宅供給公社に転換し、住宅・宅地分譲を手がけた。

持ち家促進に力点を置く政府は、賃貸住宅を暗黙のうちに「仮住まい」とみなし、そこを抜けだし、持ち家での「定住」に向けて「はしご」を登る方向に、人びとを誘導した。賃貸セクターを改善する政策は軽視され、そこへの公的資源の割り当ては少なかった。このため、賃貸住宅の多くは、入居者にとって、狭く、設備が低質で、環境が悪く、高家賃であった。しかし、借家が一時的な住まいであれば、そこでの短期の居住に耐えることは、それほど難しくない。持ち家重視の政策フレームのもとで、賃貸住宅に住む若い世帯の多くは、将来の持ち家取得を希望・計画し、自身を未来の中間層の一員とみなしていた。

持ち家の金融化は、一九七〇年代から加速した。戦後の資本主義諸国の多くは、ケインズ主義の市場介入政策を展開すると同時に、社会政策の体系を形成し、その枠組みのなかで、住宅政策を発達させた。しかし、一九七〇年代初頭にドルショック（七一年）、オイルショック（七三年）などの危機が立てつづけに発生し、それ以来、資本主義経済はより不安定になった。これらの危機から住宅所有の金融化が進展した。

高度成長が終わり、低成長の時代がはじまった日本では、持ち家建設の推進を景気対策の中心に位置づける政策がとられた。政府は、オイルショックの翌年に、景気刺激のために、住宅金融公庫の融資を大胆に拡大した。これ以降、第二次オイルショック（一九七九年）、プラザ合意（八五年）、バブル経済の破綻（九〇年代初頭）などに起因する景況後退のたびに公庫ローンを増大させる政策が打たれた。公庫融資の拡大に並行して、銀行を中心とする民間金融機関の住宅ローン販売が増えた。

住宅所有の促進に傾く政策のもとで、持ち家取得はしだいに金融化し、その手段の中心は、「貯蓄」から「借金」にシフトした。高度成長期の人たちは、自己所有の住まいを得るために、「貯蓄」を重ねた。住宅金融公庫と日本住宅公団は、積立分譲方式の事業を一九六〇年代に導入した。そこでは、持ち家取得を希望する世帯は、債権引受けなどで資金を計画的に積み立て、その実績と引き替えに、住宅・宅地の分譲を受けた。これに比べ、低成長期の持ち家は、住宅ローンの「借金」との関連を深めた。

住宅ローン市場の拡大は、マイホームの実態を変えた。賃貸セクターの居住条件は低劣で、そこへの政策支援は少ない。その一方、住宅ローン供給を増大させる政策が続いた。このため、低収入の世帯でさえ住宅所有に導かれた。さらに、住まいを買う世帯は、より大規模な住宅ローン債務をかかえた。持ち家取得の実態を表す重要な指標の一つは、LTV（Loan To Value）――取得した持ち家の市場価値に対する住宅ローン負債の割合――である。このLTVは、しだいに上がった。住宅所有の金融化によって、より低い階層の人たちがより大きな規模の住宅ローンを組む傾向が強まった。

住まいの金融化は、マイホームの大衆化を支える役割をはたす一方、不動産バブルの発生・破綻を引き起こし、持ち家に根ざす社会を危機に陥らせる（平山 二〇二〇）。住宅所有を促進する政策は、その回復のために、借入条件を緩和した新たな住宅ローンが供給され、持ち家はさらに金融化する。人びとの住宅取得能力は低下し、持ち家需要を刺激し、住宅価格のインフレーションを引き起こす。住宅価格が上がると、その担保力の増大は、住宅ローン販売を刺激する。不動産の〝担保化の過剰〟によって、その結果、住宅インフレーションが加速し、住宅ローンの借入条件はさらに緩和される。住宅価格クルの果てに、住宅バブルが膨張し、そして、破裂する。不動産の〝担保化の過剰〟によって、バブル破綻は、金融システムと経済に壊滅的な打撃を与える。

日本は、先進諸国の多くに先行して、不動産バブルの破綻を一九九〇年代初頭に経験した。これは、日本の住宅政策がより早くから持ち家促進に傾いていた経緯を反映する。東南アジアおよび韓国では、不動産バブルの崩壊をともなうアジア通貨危機が一九九七～九八年に発生した。アメリカでは、一九九〇年代後半から拡大した住宅バブルを背景とし、低所得層などの信用力の低いサブプライム・グループの住宅購入に対するサブプライム・ローンの販売が増えた。このバブルが二〇〇六年に破綻し、住宅価格が下がりはじめたことから、サブプライム・ローン返済の不履行が増大し、〇七～〇八年の世界金融危機に結びついた。

住宅金融公庫は、景気対策の一環として、住宅ローン供給を拡大するために、その借入条件を繰り返し緩和した（平山 二〇二〇）。融資限度の引き上げ、融資の追加供給、融資対象建築の要件緩和、特別割増融資の制度化、その増額、金利引き下げなどが、一九八〇年代半ばから幾度となく実施された。住宅バブルを発生させた主因の一つは、公庫融資の借入条件の緩和とそれにともなう住宅ローン供給の増大にあった。不動産バブルが崩壊すると、政府は、景気刺激のために、公庫ローン供給をさらに増加させた。公庫融資を受けた住宅の戸数は、一九九〇年代前半に史上最高レベルに達した。バブルが膨らんでも、破裂しても、公庫ローン供給を拡大する政策が続いた。

金融化を市場化する

ポストバブルの経済危機のもとで、新自由主義のイデオロギーが台頭し、政策形成に影響した。新自由主義とは、ここで必要な範囲でいえば、私有資産と市場を制度フレームとする企業家精神と競争関係の促進が経済上の繁栄をもたらすと主張する経済・政治イデオロギーをさす（e.g., Dardot and Laval, 2013; Harvey, 2005）。イデオロギーは、それ自体として成長するのではなく、社会が直面する何らかの危機を触媒として増強される。バブル経済の破綻とそれに続く危機は、新たなイデオロギーの発展に必要な〝スペース〟をもたらした。

新自由主義の住宅政策は、住宅ローン市場の拡大を推進し、不動産バブルの発生・破綻を招く(e.g., Aalbers, 2016; Forrest and Hirayama, 2015)。日本の住宅領域では、国家の代理機関である住宅金融公庫が住宅ローン供給を増大させ、国家主導の金融化が進んだ。しかし、ポストバブルの一九九〇年代半ばになると、新自由主義の影響のもとで、住宅政策は大幅に縮小し、住宅と住宅ローンの大半が市場にゆだねられた。欧米諸国では、住宅ローン市場の自由化が人びとの持ち家取得を促進し、住宅バブルの発生・破綻をもたらした。日本では、国家の住宅ローン供給が住宅バブルを膨張させ、それが破裂した後に、住宅ローン市場が自由化した。バブルの発生・破綻と住宅ローン自由化の順序が欧米と日本で異なっていた(平山二〇二〇)。

住まいの金融化は、住宅領域の文脈だけではなく、より広く資本主義経済の救済に関係する文脈のなかで理解される必要がある。ドイツの社会学者、ヴォルフガング・シュトレークが書いたように、資本主義経済が一九七〇年代に危機に陥って以来、成長率の低下にあらがうための政策手段の中心は、国家債務から個人債務に移されてきた(Streeck, 2014)。政府は、ケインズ主義の経済政策を展開し、景気を刺激するために、国債発行を重ね、公共事業を展開した。これに続いて、政府だけではなく、個人の借金を促進する手法がとられた。その主力となったのが、住宅ローン購入を刺激する施策であった。イギリスの政治経済学者であるコリン・クラウチは、新自由主義の政策展開を論じるなかで、個人の住宅ローン債務を増大させ、成長の減速をくいとめようとする政策を、「民営化されたケインズ主義」と呼んだ(Crouch, 2011)。

住宅政策を市場化する政策方針を反映し、人びととの持ち家取得における「借金の民営化」が進んだ（平山二〇二〇）。日本では、民間住宅ローンの金利は、一九九四年に自由化した。大蔵省（現・財務省）銀行局長による一九八三年四月の通達によって、民間金融機関による変動金利型住宅ローンの金利は、長期プライムレートを基準とし、均一になっていた。しかし、一九九四年七月の閣議決定では「住宅ローンの金利及び商品性が自由であることの明確化を図る」とされ、銀行局長の八三年通達は廃止された。住宅金融公庫は、二〇〇二年から住宅ローン供給を段階的に縮小し、そして、〇七年に廃止された。後継機関として設立された住宅金融支援機構は、直接融資一般の市場から原則として退き、直接融資の対象を民間住宅ローンの調達が困難なグループに限るとともに、住宅ローン証券化支援事業に取り組むとされた。公庫の廃止によって、銀行セクターは、巨大な住宅ローン市場を手に入れた。

経済の長い停滞のもとで、金融緩和は、住宅ローン供給の拡大を促した。ポストバブルの住宅ローン金利は過去最低の水準にまで下がった。世界金融危機に続く不況に対応するため、政府は、金融をさらに緩和する方針を示し、それに沿うかたちで、日本銀行は、金利引き下げが限界に達していたことから、資金供給量を増大させる量的緩和のスケールを引き上げ、さらに、長期国債、上場投資信託などのリスク性資産を大量に買い入れる質的緩和に踏みきった。この非伝統的な量的・質的金融緩和は、住まいを金融化する圧力を高めた。

新自由主義のイデオロギーが台頭し、住宅金融公庫は廃止された。しかし、政府は、持ち家促進から撤退したとはいえず、むしろ、住宅市場を保護し、整え、利用するために、新たな方法で住宅領域に介入した。多くの論者が書いたように、新自由主義の信奉者は、私有資産と市場の制度を維持するために、国家保護の枠組みを得ようとし、この点で、過去の自由放任主義者とは異なる（e.g., Dardot and Laval, 2013）。

住まいに関する市場領域の拡大は、政府介入の下支えを必要とした。たとえば、住宅金融支援機構による住宅ローン証券化支援は、住宅ローン・ビジネスのリスクを分散させ、その市場を守る役目を担った。住宅の品質確保の促進等に関する法律（一九九九年制定）は、住宅性能表示、紛争処理、瑕疵担保責任などに関する規定をもち、消費者保護の制度をつくった。

住宅関連の経済対策では、住宅金融公庫の廃止によって、住宅ローン減税の役割がより重要になった。公庫融資に比べて、住宅ローン減税は、所得逆進性をもつ。収入が高い世帯は、より高級な住宅を買うために、より大規模な住宅ローンを組み、したがって、住宅ローン減税からより大きな利益を得る。この手法は、高額住宅の消費を促進することから、経済効果をより効率的に生むとみなされ、所得逆進的であるにもかかわらず、頻繁に用いられた。住宅ローン減税は、ポストバブルの経済停滞が続いた一九九〇年代に拡大し、九九～二〇〇一年にとくに大規模になったが、その後、しだいに縮小し、しかし、世界金融危機に起因する不況に対処するために、二〇〇九～一〇年にふたたび大型化した。さらに、二〇一四年、一九年の消費税率の引き上げにともなう景気後退予測に対処するために、住宅ローン減税が使われた。

ぐらつく「はしご」

では、成長後の段階に入った社会の住宅事情はどう変わったのか。住宅所有を金融化する政策が続いたにもかかわらず、住宅ローンによる持ち家取得はより困難になった。この状況が、ポスト成長社会の住宅状況を特徴づけ、マイホームの大衆化にもとづく社会構造が持続可能なのかどうかを問いなおす必要を示唆した（Arundel and Doling, 2017; Hirayama, 2011）。

住宅事情の把握のために用いられる多くの指標のなかで、とくに重要なのは、所有形態である。この所有形態は、住宅の所有者とそこに住んでいる世帯がどういう関係にあるのかを表す。住人と所有者が同一の場合の住宅は持ち家である。住人が別の個人または法人から住宅を借りているケースでは、その住まいは借家ないし賃貸住宅とされる。借家は、その所有者に応じて、公的借家、民営借家、給与住宅に分けられる。住まいの所有形態は、住人の法的地位を表すだけではなく、その社会・経済状況と相関し、さらに建物の物的状態をも示唆することから、住宅事情の分析に不可欠の指標とされる。

ここでは、持ち家をひとまとめにせず、「アウトライト持ち家」と「モーゲージ持ち家」に二分し、住宅所有形態の変化を観察した（図1－1）。アウトライトとは、住宅ローンを完済し、あるいは住宅ローンを利用せずに持ち家を取得し、債務をともなわない状態を意味する。モーゲージ持ち家とは、モーゲージ（住宅ローン）の残債をともなう住宅をさす。

多くの人びとは、借家からモーゲージ持ち家に住み替え、そして、住宅ローン返済を重ね、住宅所有をアウトライトにする、というパターンの「はしご」登りを実践すると考えられている。借家は一時的な「仮住まい」とみなされ、アウトライト持ち家での居住には「定住」のイメージがある。モーゲージ持ち家は、そこに住む世帯にとって、自己所有の住宅ではあるが、残債をともない、返済を履行できなければ、手放すことがありえる。この意味で、「定住」の場と想定される持ち家一般のなかで、住宅ローン債務があるモーゲージ持ち家には、「仮住まい」の部分がある。

住宅所有形態の構成をみると、持ち家が支配的な位置を占め、その割合は、一九六〇年代後半からおおむね六割で推移してきた。住宅・土地統計調査の結果によれば、二〇一八年の持ち家率は、六一・二%であった。持ち家の割合は安定し、大きな変化はみせていない。

しかし、持ち家の内訳には、変化がある。成長後の時代に増えたのは、アウトライト持ち家である。このタイプの住宅に住む世帯の数は、一九八八年では一三九〇万、全世帯の三七・二%であったのに対し、二〇一三年には二二八五万、四三・八%まで増えた。その主因は、人口の高齢化である。多くの世帯が住宅ローンで家を買い、返済を重ね、高齢期までに、債務を終わらせた。一方、一九九三年では九九一万、二四・三%であったモーゲージ持ち家世帯は、しだいに減少し、二〇一三年では九三二万、一七・九%となった。持ち家世帯の割合はたいして変化していないが、持ち家を債務の有無で区分することで、アウトライト持ち家が増え、モーゲージ持ち家は減るという重要な変化が把握される。賃貸セクターでは、民営借家の世帯が増大し、一九八八年では九六七万、全世帯の二五・八%であったのに比べ、二〇一三年では一四五八万、二八・〇%となった。

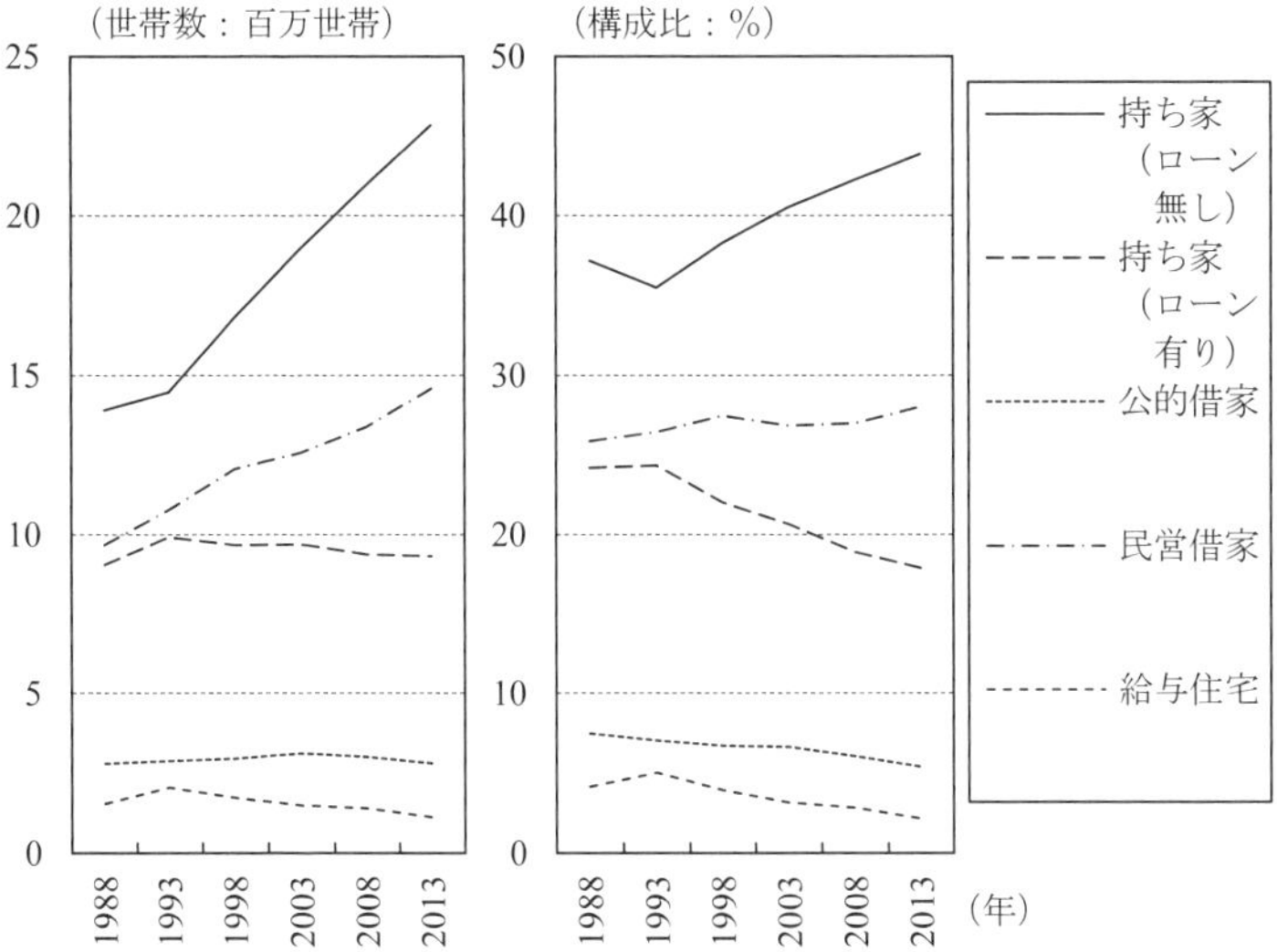

注）1）住宅統計調査および住宅・土地統計調査の結果を図示。ただし持ち家については、各調査年の1年後に実施される全国消費実態調査で把握されたローンの有無別比率で按分。

2）主世帯について集計。　3）住宅の所有形態不詳を除く。

資料）『住宅統計調査報告』、『住宅・土地統計調査報告』、『全国消費実態調査報告』より作成。

図１－１　住宅所有形態の変化

住宅所有形態の変化は、「はしご」システムの機能が衰え、持ち家取得をめざす人びとの〝流れ〟がより細く、より遅くなったことを表す。住まいの「はしご」において、モーゲージ持ち家は、「下段」の民営借家と「上段」に位置するアウトライト持ち家の間の「中段」を構成し、人びとの住み替えを支えるシステムのいわば〝要〟であった。住宅ローンによる持ち家取得の減少は、「中段」の劣化のために「下段」から「上段」への移動がより難しくなったことを意味した。借家の居住条件が劣悪であることは、それが「仮住まい」であるがゆえに、問題視するにはおよばないという見方があった。しかし、モーゲージ住宅を買えず、低劣な居住条件の「下段」に長くとどまる人たちが増えた。

成長後の社会において、住宅ローン利用が停滞したのは、「人生設計」の確実さが減ったためである。後述のように、収入の減少または停滞によって、住宅ローン債務の負担は、いっそう重くなった。より不安定になった雇用市場は、人生の予見可能性を下げ、長期返済を必要とする住宅ローンの制度と調和しなくなった。若い世代では、結婚と家族形成の計画ないし予定をもたない人たちが増え、持ち家需要が減った。住宅ローンとは、経済が成長し、収入が上がる途上の若い世帯が社会の中心を占めるという前提のもとで成り立つ技法であった。

ポストバブルの住宅ローン返済

成長後の時代に入ると、住宅所有の経済条件は変わった。持ち家取得の困難の原因が「価格イン

表１－１　住宅ローンをかかえる持ち家世帯の住宅関連経済状況

	年	1989	1994	1999	2004	2009	2014
実収入	万円	50.0	60.2	60.9	55.7	53.2	53.6
可処分所得（A）	万円	41.6	49.2	50.1	46.8	43.7	43.8
住居費（B）	万円	5.3	6.4	7.4	7.9	8.1	8.0
対可処分所得比（＝B／A）	%	12.8	13.1	14.8	16.8	18.5	18.3
アフター・ハウジング・インカム（C＝A－B）	万円	36.3	42.7	42.7	39.0	35.6	35.8
対可処分所得比（＝C／A）	%	87.2	86.9	85.2	83.2	81.5	81.7
住宅・宅地評価額（D）	百万円	43.8	44.0	35.5	28.1	26.5	24.5
住宅・土地のための負債現在高（E）	百万円	7.8	10.9	14.3	15.3	15.6	16.0
住宅・宅地資産額（＝D－E）	百万円	36.0	33.1	21.2	12.7	10.9	8.5

注）1）住宅ローンのある２人以上勤労者世帯について、平均値を表示。
2）実収入、可処分所得、住居費、アフター・ハウジング・インカムは、１カ月当たりの金額。
3）住居費は、住宅ローン返済額、家賃・地代、設備修繕・維持費の合計。
4）住宅・宅地評価額の定義については、本文参照。
5）不明を除く。
資料）『全国消費実態調査報告』より作成。

フレ」から「所得デフレ」に移った点をみる必要がある（Hirayama, 2010a; Hirayama and Izuhara, 2018）。高度成長期からバブル経済の破綻まで、住宅価格はほぼ一貫して上がり続けた。住宅インフレーションは、持ち家購入を希望する多くの世帯を市場から排除した。バブルの破綻以来、経済の基調は、デフレーションまたはディスインフレーションとなった。住宅価格は低下し、住宅ローン金利は下がった。しかし、所得が減ったことから、持ち家購入はさらに難しくなった。

住宅ローンをかかえる持ち家世帯（二人以上勤労者世帯）に関する全国消費実態調査のデータによ

れば、可処分所得が減ったにもかかわらず、住宅ローン返済を中心とする住居費支出は増えた（表1－1）[1]。住宅ローンを返済している世帯の一カ月当たり可処分所得（平均値）は、一九九九年では五〇万一三〇九円であったのに対し、二〇一四年では四三万七七五五円まで減った。ところが、一カ月当たり住居費（平均値）は、一九八九年の五万三〇〇七円から二〇〇九年の八万九八〇円に増大した。この値は、二〇一四年では七万九九四五円に下がったが、減少幅は小さい。住宅ローン返済の支出が増えたのは、LTV（Loan To Value）が上がったからである。所得の下がった世帯は、住宅融資の頭金を十分には用意できず、LTVの高いローンを組まざるをえない。この結果、住宅ローンの返済負担は、より重くなった。平均可処分所得に対する平均住居費の比率は、一九八九年の一二・八％から二〇〇九年の一八・五％に上昇し、一四年ではやや低下したとはいえ、一八・三％と高い値を示した。先にみたように、モーゲージ持ち家に住む世帯は減った。そのおもな要因の一つは、住宅ローン返済の負担増であった。

持ち家取得におけるLTVの上昇を説明するのは、住宅ローンの供給サイドの政策のあり方である。経済刺激を重視する政府は、多くの世帯の所得が下がったにもかかわらず、持ち家建設を増大させようとし、住宅ローン利用を促した。ポストバブルの景気対策の一環として、住宅金融公庫の融資戸数を増やす施策が一九九〇年代前半に打たれた。公庫融資の利用拡大のために、一九九八年二月から二〇〇二年三月にかけて、LTVの最大値は一〇〇％とされ、頭金不要の持ち家取得が可能になった。住宅と住宅ローンを市場化する政策は一九九〇年代半ばに開始され、その文脈のなかで、民間住宅ローンの金利は自由化し（九四年）、公庫は廃止された（二〇〇七年）。銀行住宅融資の市場規模は急速かつ大幅に拡大し、そこでの住宅ローン販売競争の熾烈化によって、LTVの高い住宅ローン商品が開発・供給された。

住宅ローンの需要サイドでは、融資利用意欲は減退した。なぜなら、デフレーションのなかで、所得は増えず、債務の実質負担はより重くなったからである。しかし、政府は、住宅ローン利用を刺激する政策を継続し、融資需要を掘り起こそうとした。所得が停滞ないし減少しても、持ち家取得を希望する世帯は存在する。自己資金を少ししか用意できない世帯は、持ち家を金融化する政策のもとで、LTVの高い住宅ローンを組んだ。モーゲージ持ち家が減少するなかで、その取得に踏みきった世帯は、より重い債務をかかえた。住宅融資の供給サイドの政策が需要サイドにおよぼす影響が強まった点に注目する必要がある。住宅ローン利用を促す政策は、「生まれる」需要に対応するだけではなく、需要を「生みだす」役割を担った。

アフター・ハウジング・インカム

住宅ローン返済の義務をかかえる世帯の家計変化をみるために、アフター・ハウジング・インカム（AHI）に着目する（表1－1）。可処分所得とは、実収入から支払い義務のある税金・社会保障費を差し引いた手取り収入をさす。AHIは、この可処分所得からさらに住居費を差し引いて算出される。住居費の特徴は、下方硬直性が強い点にある。収入が減ったからといって、食・衣料費とは異なり、住居費は迅速には下げられない。住居費を下げようとすると、転居などの大がかりな対策が必要になる。支出の硬直性が強いという意味で、住居費は、税金・社会保障費に類似する。この点を考慮し、住居費を支払った後に残る「より実質的な手取り収入」を表す指標として使われるのが、AHIである。

住宅ローンを返済している持ち家世帯（二人以上勤労者世帯）では、AHIの減少が著しい。その平均値は、一九九四年に四二万七三五九円であったのに比べ、二〇一四年では三五万七八一〇円となった。所得減にもかかわらず、住宅ローン返済がより重くなったことから、AHIは、可処分所得に比べて、より大きく減った。AHIの対可処分所得比は、一九八九年での八七・二％に比べ、二〇一四年では八一・七％とより低くなった。ポストバブルの長い経済停滞のなかで、所得減の世帯が増え、その原因に関する多彩な分析がみられた。多くの論者は、賃金の減少に注意を促した。しかし、住宅ローン返済の負担増が所得をより大きく減少させ、家計をより強く痛めつけたことは、ほぼ完全に見おとされていた。

持ち家建設を推進する政策は、その経済効果が大きい点を一つの根拠としていた。しかし、AHIの減少は、成長後の時代における住宅購入の推進が景気対策として有効であるどころか、経済停滞の原因になったことを含意する。持ち家促進による経済効果の要素の一つは、消費拡大である。バブル以前の住宅を購入した世帯は、住宅ローンをかかえていても、インフレ経済のもとで、債務の実質負担が軽減し、所得は上がったことから、消費力を保持した。バブル期までの住宅建設は、家電製品・家具購入などの旺盛な消費を刺激し、景気回復を支えた。しかし、バブル破綻に続くデフレ経済のなかで住宅ローンを組み、持ち家を取得したグループでは、AHIが大幅に下がった。

換言すれば、ポストバブルの住宅を買った世帯の消費力は、それ以外に何も買えないレベルにまで落ちた。バブル破綻後の経済停滞のメカニズムについて、幅広い議論がみられた。しかし、不況と住宅ローン債務負担の関係に着目した分析は、ほとんどなかった。

ハイリスク・ローン

持ち家取得の経済条件が悪化するにもかかわらず、住宅ローン利用を促進する政策が続いた。それは、信用リスクの高い住宅債務を増大させた。多くの家族は、「仮住まい」から抜けだすために、住宅ローンを調達し、住まいを建築・購入したが、しかし、このマイホームが経済上のセキュリティを保障せず、むしろリスク要因に転化するケースが増えた。大規模な債務をともなう持ち家は、「定住」の場になるとは限らない。産業融資などの信用リスクに比べると、住宅ローンのそれは低い。この点は、銀行が住宅ローン販売に力を入れる理由の一つとなった。しかし、住宅ローン市場の規制緩和と貸出競争の激化は、信用リスクの高い利用者を増やさざるをえない。住宅ローン返済額の対可処分所得比が上がったことを先に指摘した。これは、信用リスクの上昇を示唆する。

住宅ローン利用は、政府の保護を受けていた。住宅金融公庫による固定・低金利の住宅ローンは、利用者を金融市場の変動から切り離し、守る機能をもつ。金利上昇のリスクは、融資利用者ではなく、政府が引き受けていた。しかし、公庫の廃止によって、住宅ローンの大半は、銀行が販売する商品となった。そこでは、住宅融資の利用者は、金融市場にダイレクトに挿入される。

住宅ローンには、固定金利、変動金利および一定の固定金利期間の後に変動金利に移行するタイプの商品がある。しかし、銀行などの民間金融機関は、長期・固定金利ローンの販売にともなう金利変動リスクに耐えられず、そのローン商品の多くは変動金利タイプになる。住宅ローンの利用者にとって、変動型は、固定型に比べ、借入時点の金利が低いという利点を備えているが、その借り入れは、将来の金利変化が不明であることから、より大きなリスクをともなう。住宅金融公庫の融資利用世帯と異なり、変動金利タイプのローンを銀行から買う世帯は、金利変動のリスクにさらされる。

住宅金融公庫の後継組織である住宅金融支援機構が取り組んだのは、銀行による固定金利の住宅ローン販売を支える住宅ローン証券化支援である。そのおもなシステムでは、支援機構は、銀行の住宅ローン債権を買い取り、信託銀行などに信託したうえで、それを担保として住宅ローン担保証券を発行し、債券市場の投資家から資金を調達する。銀行は、固定金利の住宅ローンを販売し、その債権をただちに手放すことで、金利変動・信用リスクを支援機構と投資家に転嫁する。長期・固定金利の住宅ローンの販売は、公共セクターの保護のもとでしか成り立たない。

金利は低いままで推移した。しかし、低金利は、永久には続かない。金利の低い時期に変動型の住宅ローンを借りた世帯が何らかの変化を経験するとすれば、それは、金利上昇である。変動金利タイプの住宅ローンにおける返済額の見なおしには、規制がある。これは、融資利用世帯に対する金利上昇の影響を緩和する措置である。しかし、金利が上がれば、返済額に占める利息分の割合が増え、借入元本残高の減り方が遅くなることから、返済額が規制されると、返済期間はより長くなる。金利の上昇時に変動型から固定型に住宅ローンを借り換える対策があるようにみえる。しかし、先行するのは、固定型ローンの金利上昇である。このため、固定型の住宅ローンへの借り換えは、返済額の増大をともない、その実行に踏み切る人たちが多いとは限らない。

マイホームを取得した世帯は、それを維持しようとする。しかし、住宅所有の信用リスクが増えたことを反映し、景気変動に沿って、住宅ローン破綻が増減した。司法統計年報によれば、不動産に対する担保権実行としての競売と強制執行を合わせた件数は、一九九一年では四万四〇四八であったのに対し、九八年に七万八五三七に増え、二〇〇三年まで七万五〇〇〇前後の高い水準で推移した。この値は、二〇〇〇年代前半の景気好転によって減少したが、しかし、世界金融危機によってふたたび増え、〇八年と〇九年では六万七〇〇〇を超えた。ほとんどの年において、競売などの対象となる不動産の過半数は住宅である。競売・強制執行件数は、二〇一〇年代に大きく減少し、一八年では二万一五九五となった。その要因の一つは、競売になる前に債権者の同意のもとで担保物件を処分する任意売却が増大した点にあるとみられる。任意売却の実態は不明である。しかし、任意売却を促進するビジネスが現れ、成長している状況がある。任意売却では、競売に比べて、売却価格の高いケースが多く、それを選択する世帯が増えたと推測される。

住宅ローン破綻の一九九〇年代後半の増大は、住宅金融公庫のゆとり償還制度を一因とした。公庫融資の返済に関し、最初の五年間の負担を減らすステップ償還制度は、一九七九年に創設された。これは、公庫融資利用を促進する政策の一環であった。公庫は、一九九三年にステップ償還をゆとり償還に改変し、当初返済額をさらに下げた。しかし、融資返済の最初の五年間が終了しても、所得は伸びていなかった世帯が多く、それが延滞を増大させる原因となった。住宅ローン利用の促進に傾く政策が住宅ローン破綻をつくりだした点を注視する必要がある。ゆとり償還制度は批判を浴び、二〇〇〇年に廃止された。

住宅資産のデフレーション

成長後の時代に入った社会では、持ち家の資産価値はより不安定になる。バブル経済の破綻まで、住宅価格のインフレーションが続いたことから、含み益が増える持ち家は、資産形成の効率的な手段であった。多くの世帯が住宅購入に向かったのは、住宅所有が経済上の合理性をともなっていたからであった。しかし、ポストバブルの住宅デフレーションによって、資産としての持ち家の安全性は損なわれた。住宅を買うためのローン返済負担がより重くなったにもかかわらず、取得した持ち家は、資産形成に役立つどころか、大規模な含み損をもたらした（Hirayama, 2010a, 2011, 2012a）。

全国消費実態調査の結果から、世帯員二人以上の勤労者世帯が保有する住宅・宅地資産額の推移が把握される。不動産の市場価値の把握は困難である。このため、同調査では、住宅については、都道府県・構造別建築単価と構造・建築時期別残価率を用いた評価額、宅地については、国土交通省地価公示または都道府県地価調査にもとづく宅地単価を使った評価額が独自に算出される。[2] この住宅・宅地評価額から住宅・宅地のための負債現在高を差し引くと、住宅・宅地資産額（エクイティ）になる。

住宅ローンの返済義務をともなうモーゲージ持ち家では、評価額が下がり、債務はより大規模になった（表1－1）。住宅・宅地評価額（平均値）は、一九九四年の四四〇二万円から二〇一四年の二四五〇万円まで大きく減少し、一九八九年に七七八万円であった住宅・宅地のための負債現在高（平均値）は、二〇一四年には一六〇〇万円まで増大した。このため、住宅・宅地エクイティは急減した。住宅・宅地の平均評価額から平均負債現在高を引いた値を平均資産額とすると、その値は、一九八九年では三六〇四万円であったのに対し、二〇一四年には八五〇万円にまで劇的に減った。

さらに、持ち家が「負の資産」（ネガティブ・エクイティ）となる世帯が現れた。「負の資産」とは、その資産の取得に必要であった借入金の残高が市場評価額を上回る担保割れ資産をさす。不況は、住宅ローン破綻を増大させる。住宅融資の返済が難しくなった世帯では、持ち家売却によって債務を整理し、借家などに移って人生を立てなおすという選択がありえる。しかし、「負の資産」に住む世帯は、所有物件を処分しても負債を消せない。この意味で、担保割れ持ち家の危険は大きい。

持ち家が「負の資産」となるケースの増大は、経済変化だけではなく、住宅政策のあり方に起因した。バブルが破綻し、住宅デフレーションが続いたにもかかわらず、政府は、経済対策のために、持ち家取得を促し続け、LTVの高い住宅ローン商品の販売・購入を刺激した。その必然の結果として、住宅エクイティの大規模な目減りに直面し、さらに「負の資産」をかかえこむ世帯が増えた。若年層などの収入の低いグループでは、住宅ローンの頭金を少ししか用意せず、高いLTVで住宅を買う人たちが多く、取得した持ち家資産が、購入直後からの価値下落によって、瞬く間に「負の資産」となる多数のケースがみられた。

人びとの持ち家志向は、依然として強い。その理由は、多岐にわたる。賃貸セクターでは、家族向けの良質な住宅が乏しい。子どもを育てる夫婦は、マイホーム取得を望む。住宅ローン金利は低い水準で推移したことから、多くの世帯は、家を買う資力をもっているのであれば、家賃支払いの必要な賃貸住宅に住むのではなく、融資を調達し、持ち家を買おうとした。人びとの多くは、高齢期の経済安定を確保するために、自己所有の住宅を求めた。一方、ポストバブルの住宅デフレーションによって、持ち家の含み益形成に対する期待は減った。国土交通省の「土地問題に関する国民の意識調査」によると、「土地・建物については、両方とも所有したい」という回答者の割合は、一九九〇年代から二〇一〇年代にかけて、おおむね八割前後で推移し、大きな変化をみせなかった。しかし、「土地は預貯金や株式などに比べて有利な資産か」という設問に「そう思う」と答えた者は、一九九三年では六一・八%におよんだのに対し、九八年では三七・〇%に急減し、二〇一八年には三二・六%まで減った。住宅所有に対する渇望は持続し、しかし、資産としての私有住宅の安全性に対する評価は急落した。

住宅市場の時間／空間分裂

持ち家の資産価値は、バブル期まで、ほぼ一貫して上がり続け、バブル期に異様に上昇した後に、ポストバブル期では、下がり続けた。しかし、新たな世紀がはじまると、住宅市場の時間／空間上の不均質さがより顕著になった。住宅価格の変動幅は増大し、さらに、その動き方の地域ごとの違いが拡大した（Hirayama, 2005, 2017a）。住宅資産の価値は、全国的に単調に上がり続け、あるいは下がり続ける段階を終え、時代と地域ごとに分裂し、より複雑に動く段階に入った。

バブル期以前では、一九六一〜六二年、七三〜七四年に地価が高騰した。これらの地価上昇は、全国の多数の地域でほぼ同時に発生した。これに比べ、バブル経済の発生・破綻では、東京が他地域に先行した。不動産バブルは、東京から発生し、他の大都市、さらに全国に波及し、そして、東京で破裂し、続いて、他の地域で崩壊した。ポストバブルの地価は、長期にわたって、下がり続けた。

新しい世紀に入ると、不動産市場は、より短い期間のうちに変化し、東京と他の大都市および小都市でより顕著に違う動きをみせた。景況は、二〇〇〇年代前半にようやく回復しはじめ、都市部の不動産市場では、ミニバブルが〇六〜〇七年に発生した。ミニバブルによる住宅・土地価格の上昇は、東京で先行し、とくに大幅であった。東京と他の大都市の地価の差は、バブル期に比べ、ミニバブル期では、より大きくなった。小都市および農村部の地価は、ミニバブルの時期でさえ、下がった。ミニバブルは二〇〇七〜〇八年の世界金融危機とともに破綻し、短命に終わった。それ以来、住宅・土地価格の下落が続いた。しかし、大胆な量的・質的金融緩和のもとで、東京の不動産価格は二〇一四年に上昇に転じ、他の大都市がそれに続いた。不動産価格の上昇は、東京では、他の大都市に比べ、より大幅になった。住宅・土地市場の変動のタイミングと程度に関し、東京とそれ以外の大都市、そして小都市、農村地域は分割され、東京の先行・突出の度合いがさらに高まった。

政府は、一九九〇年代末から、都市再生政策に乗りだした（平山二〇一一a：Hirayama, 2005, 2017a）。グローバル経済が拡大するなかで、「世界都市」東京の大規模な再開発を推進し、それを踏み台として、日本経済の競争力を回復し、さらに増強する方向がめざされた。この政策は、不動産投資を内外から東京に集中する効果を生んだ。東京の都心部、ベイエリアでは、タワーマンションの大規模な開発が増え、住宅市場が過熱した。都市再生の政策推進を一因として、東京とそれ以外の大都市、地方小都市における住宅市場の違いはさらに拡大した。

不動産市場の時間／空間分裂は、住宅の資産価値に関する人びとの経験を差異化した。バブルピークの頃に住宅を買った人たちは、とくに大量の資産を失った。たとえば、郊外に移る人たちの大半は、一戸建て住宅の取得を希望する。しかし、バブル期では住宅価格が高騰したことから、相対的に低い価格の郊外マンションを購入する世帯が増えた。このタイプのマンションは、ポストバブル期に値崩れした。その所有者は、大規模な含み損をかかえ、身動きをとれなくなった。東京の都心部では、二〇一〇年代の半ばに住宅を買った人たちは、大胆な量的・質的金融緩和によって不動産価格が上がったことから、含み益を蓄えた。しかし、将来の不動産市場は安定しないとみられ、持ち家資産の価値が持続するかどうかは別問題である。地方の小都市および農村部では、住宅・土地市場は停滞し続け、空き家率が上がった。住宅を売ろうとしても、買い手がつかないケースが増えている。

仮住まい／マイホームという枠組み

持ち家の大衆化は、ある特定の条件——経済の力強い成長、雇用と所得の安定、分厚い中間層の形成、若年層の比率が高い人口構成、結婚と世帯形成の増大——のもとで成り立っていた。これらの条件は、成長後の時代になると、あらかた消失した。成長率の低下、雇用・所得の不安定化、中間層の縮小、人口の高齢化、結婚と子育ての減少などが、ポスト成長社会の新たな条件となった。

人びとを持ち家セクターに向かわせる「はしご」システムを支えたのは、住宅ローンの「魔法」に依存する政策であった。しかし、「魔法」の効力は減り、「はしご」は不安定になった。成長後の段階に入った社会では、人生の予見可能性は低下し、「人生設計」の確実さが減る。賃貸セクターにとどまるグループが拡大する一方、モーゲージ持ち家を取得するグループは縮小し、アウトライト持ち家に到達する見通しを得られない世帯が増えた。私有住宅の普及に根ざす社会の再生産を支えたのは、新たな世代が、先行世代に続いて、住まいの「はしご」をつぎつぎと登るというサイクルであった。このサイクルは少しずつ壊れ、持ち家中心の社会構造は綻びを呈した。

成長後の時代を迎え、住まいの条件が変わったにもかかわらず、経済刺激のために、持ち家を金融化し、その取得を推進する政策が続いたことは、住宅の「はしご」を維持するどころか、より脆弱にした。住宅ローン利用を促進し、国家だけでなく、個人に借金を負わせようとする政策がいかに執拗に続いても、モーゲージ持ち家を取得する世帯は増えなくなった。住宅ローン利用で家を買う世帯は、減ったとはいえ、存在する。その人たちは、より重い返済負担を課せられたうえに、資産価値の目減りに見舞われた。住まいの「はしご」のぐらつきは、国家の政策のあり方に起因した。

戦後日本の住宅政策は、借家を「仮住まい」とみなす一方、「定住」のための持ち家取得への支援を重視し、所有形態によって対応の仕方を変えるバイアスのかかったシステムを形成した。賃貸セクターの居住条件は低水準のままとなった。ここには、一時的に住む場にすぎない借家の劣悪さをとくに問題視する必要はないという暗黙の見方がある。政策支援のバイアスにもとづき、「仮住まい」から「定住」に向けて人びとを動かし、マイホーム取得に導く〝プロジェクト〟が展開した。

しかし、成長後の段階に入ると、仮住まい／マイホームのコントラストを構築する住宅政策の根拠は弱化した。住まいの「はしご」を登っていない、あるいはゆっくりとしか登らない人たちが増えた。民営借家に長く住む世帯が増大し、持ち家取得が安全と安定をもたらすとは限らなくなった。借家の長期入居者にとって、その住まいはもはや「仮住まい」とはいえない。持ち家は「定住」の場と考えられている。しかし、住宅ローンで家を買った人たちは、債務が残っている限り、高水準のセキュリティは得られない。収入減、失職、離婚などで持ち家を手放し、「はしご」を「降りる」人たちがいる。その持ち家は、彼らにとって、「仮住まい」でしかなかった。住む場所が「仮住まい」なのか、「定住」の場なのかは、絶対的ではなく、あくまで相対的である。賃貸セクターと持ち家セクターは、「仮住まい」または「定住」の場として機能する程度に関し、しだいに近づいている。成長後の社会において、仮住まい／マイホームを区分し、持ち家セクターばかりに資源を配分し、賃貸セクターを軽視する政策は、人びとの人生の条件と整合しなくなった。

第2章　個人化／家族化する社会の住宅政策

「結婚・持ち家社会」は続くのか

戦後日本の特徴の一つは、「結婚・持ち家社会」としての存立である。住宅政策の立案と実践を担う政府は、人びとの多くが標準パターンのライフコースをたどると想定し、中間層の持ち家取得を促進した。経済が力強く成長し、持ち家支援の政策が展開するなかで、多数の人たちが結婚し、自分の家族をもち、そして、住宅を取得・所有し、不動産資産を蓄えた。人びとのセキュリティを支えるうえで、結婚と持ち家の組み合わせは、とくに重要な役割をはたした。

戦後民主社会の中心を占めたのは、マイホームを所有する「独立・自立した世帯」であった。終戦に続く復興から高度成長の時代にかけて、多数の若い人たちが農村から都市に移り住んだ。都市地域では集合住宅団地が立てつづけに開発され、郊外には一戸建て住宅が大量に建てられた。ニュータウンは、都市に流れ込む膨大な人口の受け皿となった。新しい住宅地は、たいていの場合、画一的で、そのデザインは変化に乏しく、退屈、凡庸と評された。しかし、均質なランドスケープは、〝没個性〟であるがゆえに、そこに住む人たちが「どこから来たのか」「どういう家の出身なのか」「どの階層の生まれなのか」を問われず、独立・自立した存在として、平等な扱いを受けるという処遇のあり方をイメージさせた。人びとの社会のなかでの位置づけは、出自・来歴から無縁ではありえない。しかし、装飾を排した同じような住宅が建ち並ぶ景観は、少なくとも建前として、住人の平等を象徴した。団地の集合住宅のファサードは、どの住戸にどういう家柄の世帯が住んでいるのかをまったく表現しない。持ち家取得に到達した世帯は、その実績を認められ、出自・来歴にかかわらず、メインストリーム社会のメンバーシップを得ると考えられた。戦後の〝モダン〟な民主社会のなかで、マイホームは独立と自立の表徴となった。

しかし、前世紀の末頃から、〝成長後〟の時代がはじまると、標準パターンのライフコースを歩む世帯は減った。雇用と所得の不安定化、人口と社会の少子・高齢化、未婚・単身者率の上昇、住宅ローン返済負担の増大など、これらすべては人びとのライフコースを分岐させ、「結婚・持ち家社会」を壊しはじめた。

新たな社会・経済条件のなかで、住まいと人生の関係の変容はどのように理解されるのか。この問いの検討に向けて、本章では、住宅関連のライフコース変化をとらえるために、「個人化」と「家族化」に着目するアプローチをとる（Hirayama, 2017b; Hirayama and Izuhara, 2018）。

戦後日本では、家族変化に関し、直系家族制が衰退し、核家族制が台頭するとみなす定説があった（松原 一九六九、森岡 一九九三）。この見方のもとで、夫婦中心の「独立・自立した世帯」がマイホームを取得し、そこに住むというパターンが社会の輪郭を形づくると考えられた。しかし、人びとの「個人化」によって、未婚率が上昇し、単身世帯が増えた。さらに、親元にとどまる成人未婚の〝世帯内単身者〟が増大した。このグループの人たちは、配偶者をもたない点で「個人化」を含意し、親子関係から住む場所を得ている点で「家族化」を反映する。結婚した人たちは、持ち家を得ようとする。そこでは、親が子世帯の住宅購入を支援する「家族化」のケースが増えた。既婚子と親の同居を経て、持ち家が子世代に相続されるパターンは、根強く残っている。これに加え、親子が近くに住む近居の形態が住宅相続に結びつくケースがある。ここには、持ち家の「家族化」がみられる。

「個人化」と「家族化」は、人びとを正反対の方向に向かわせる力である。しかし、これらの相反する力は、「独立・自立した世帯」による持ち家取得という標準パターンを減らす点で、同一方向の変化をもたらす。「結婚・持ち家社会」とは、いいかえれば、〝世帯単位社会〟であった。この社会の「かたち」は、人びとの「個人化／家族化」によって、いわば引き裂かれ、分解の途上にある。

成長後の時代の個人化／家族化

人口と経済が成長後の段階に入ると、社会・経済条件の不安定さは、「独立・自立した世帯」の形成をより困難にし、人びとの「個人化」と「家族化」を同時に促進した（Hirayama, 2017b; Hirayama and Izuhara, 2018）。さらに、政府は、新自由主義の政策改革を推し進め、社会政策の展開に関し、市場メカニズムを使う傾向を強めた。住宅政策は大幅に縮小し、住宅と住宅ローンの大半が市場化した。労働政策の転換によって、雇用市場の規制緩和が進み、低賃金の非正規雇用が増えた。社会・経済変化に加え、市場化を重視する政策改革もまた、ライフコースの軌道をより不安定にし、「独立・自立した世帯」を減らす原因となった。

人びとの人生の実践は、市場経済に必ずしもダイレクトにさらされるのではなく、結婚、家族、企業、市場規制、政府支援などの社会制度の体系のなかに〝埋め込まれて〟いた。しかし、成長後の社会では、結婚と家族形成が減少し、企業環境の不安定化が進む。新自由主義の政策改革によって、多種の市場規制が緩められ、社会政策の公的支援は減った。社会・経済変化と政策転換のもとで、社会制度からの「脱埋め込み」を経験し、市場経済により直接的に挿入される人たちが増大した。そこでは、人生の不確実さがいっそう増え、それに対処する義務と責任はしだいに「個人化」すると考えられている（e.g., Beer et al., 2011）。広く知られているように、社会学者のウルリヒ・ベック（一九九八［一九九二］）は、〝リスク社会〟の形成を指摘し、人生を取り巻くさまざまなリスクが個人に分配されることを論じた。

一方、社会・経済の不安定化と社会政策の市場化は、人生のセキュリティを支える方法の「家族化」を刺激する。親たちの一部ないし多くは、成人未婚子の経済力が安定しないのであれば、自身の持ち家に彼らを世帯内単身者として住まわせ、そして、実家を離れ、結婚した子どもが住宅を買おうとするのであれば、それを支援する。ここには、家族制度を含む社会制度の弱体化が家族制度への人びとの「再埋め込み」を推進するという逆説がある。リスク社会のあり方を理解するには、社会制度からの「脱埋め込み」が「個人化」を促すだけではなく、それに合わせて、「家族化」による「再埋め込み」が進展する点をみる必要がある（平山二〇二〇：Hirayama and Izuhara, 2018）。

人びとの「個人化」と「家族化」がどう進むのか、あるいは進まないのかは、社会階層ごとに異なる。ライフコースの「個人化」は、より高い社会階層に属し、高収入を得ている人たちに対し、人生の道筋に関するより豊富な選択肢をもたらす。このグループのメンバーは、社会制度の伝統と慣習から解放され、高い資力と地位を用いることで、生き方をより自由に選ぶ機会を得る。低位の社会階層の人たちは、雇用市場の規制緩和のために、市場経済の無慈悲な競争関係のなかに投げ込まれ、低賃金かつ不安定な就労機会しか与えられないうえに、社会制度による保護を減らされ、人生の安全の程度に関する多様なリスクに直面する。政府が運営する住宅政策の規模が縮小し、住宅と住宅ローンの大半が市場化するなかで、高所得層は自由に商品住宅を選ぶのに比べ、低所得層は住む場所の確保さえ困難になる。

人びとがライフコースの「家族化」を選べるかどうかは、親世代の社会階層によって決まる部分が大きい。住まいを購入しようとする子世帯は、親が富裕であれば、その資金援助を得られるが、しかし、低所得の親は、子世帯の持ち家取得を支援するための経済上の余裕をもっていない。持ち家促進の政策が続くなかで、親世代では、多くの世帯が私有住宅を取得した。その住まいの内容は、均一ではない。好立地で、床面積が大きく、資産価値の高い持ち家に住む親世帯が存在する一方、狭く、老朽した、資産としてほぼ無価値の住宅しか所有していない親世帯もみられる。さらに、高齢期に入っても、持ち家セクターに到達せず、賃貸セクターにとどまる親たちがいる。子世帯の住宅・資産事情は、親世代が持ち家をもっているかどうか、所有しているとすれば、その住宅を子世帯が承継するのかどうか、承継するとすれば、どういう水準の住宅を受けつぐのか、といった変数に影響される度合いが高まった。

住宅政策のバイアス

ライフコースの「個人化／家族化」に対する政策反応は、中立ではなく、明確なバイアスをみせる。政府は、住宅政策の展開において、標準パターンのライフコースをたどる人たちの持ち家取得を促進すると同時に、住宅関連の「家族化」を支援対象とした。これに比べ、ひとり暮らし世帯の大半は政策対象に含まれなかった。この単身排除は、人びとの「個人化」が進み、単身世帯が増えてもなお、根強く維持され、政策形成の「伝統」となった。

戦後住宅政策の体系は、住宅金融公庫法（一九五〇年）、公営住宅法（五一年）および日本住宅公団法（五五年）を「三本柱」とした。地方公共団体は、国庫補助を使用し、低所得者のために低家賃の公営住宅を建設・所有・管理した。公庫のおもな仕事は、中間層の持ち家取得に対する低利融資であった。住宅公団は、おもに大都市地域の中間層を対象とし、集合住宅団地を開発した。

この「三本柱」に共通したのは、家族世帯の「定住」を支える住宅供給を優先させ、単身世帯を排除する方針であった（平山 二〇〇九：Hirayama, 2003）。戦後の「結婚・持ち家社会」では、配偶者をもたない人たちは、中心メンバーとはみなされず、住宅確保に関し、政府支援を得られなかった。

単身であることは、家族をつくるまでの一時的な形態と考えられ、「仮住まい」でしかない単身居住は、暗黙のうちに、政策支援に値しないとみなされた。多くの人びとは、結婚してはじめて住宅政策の対象に含まれた。

住宅金融公庫は、単身者に対し、住宅ローンを供給しなかった。公営住宅の制度は、入居資格の一つとして「同居親族要件」を設定し、単身入居を認めなかった。日本住宅公団は、単身者向け住宅を建設した。しかし、これは、必ずしも単身者の住宅改善を課題としたからではなく、住戸面積を切りつめ、建設戸数を増やすためであった。公団は、一九六〇年代から七〇年代半ばにかけて、原則的に単身者に住宅を配分しなかった。公庫は、融資対象の住宅の規模に下限を設けた。ここには、住宅面積の拡大を誘導し、より良質の住宅を増加させる意図があった。しかし、小世帯のために適切な小住宅を供給する必要についての認識はみられなかった。

住宅金融公庫は、一九八〇年代から単身者を融資対象に含めた。この方針変更は、単身者の住宅改善を支援するためだけではなく、住宅建設を増大させ、その経済効果を生むためであった。公庫は、一九八一年から四〇歳以上、八八年から三五歳以上の単身者を融資対象とした。単身者向け公庫融資の年齢制限がなくなったのは、一九九三年であった。日本住宅公団は、一九七〇年代後半から単身者に住宅を供給しはじめた。この時期の公団住宅には、空き家が増大した。単身者向け供給の目的の一つは、空き家入居者の確保にあった。公営住宅は、一九八〇年から高齢者などに限って単身者を受け入れた。これは、単身者の公営住宅入居を求めた法廷闘争の成果であった（河野ほか一九八二）。しかし、高齢者などを除く単身者は、公営住宅入居の資格を与えられないままであった。公営住宅の「同居親族要件」は二〇一一年にようやく廃止され、入居資格のあり方は一二年から自治体条例にゆだねられた。しかし、自治体の大半は、単身者の公営住宅入居を排除する条例をつくった。

新自由主義の影響下の政府は、前世紀の末頃から地方分権に乗りだした。この枠組みのもとで、自治体が独自の住宅政策を実施するケースが増えた。ここでもまた、多くの住宅対策が単身者を排除した。地方分権を進める政府方針によって、自治体は、経済自立と競争を求められた。これを反映し、自治体が重視したのは、中間層の住宅市場を拡大し、労働・消費・納税力をもつ人口の確保に役立つ住宅施策の展開であった。大都市地域を中心として、自治体による家賃補助が供給されてきた。その大半は、新婚世帯向けである。さらに、子育て世帯などを対象とし、持ち家取得を支援する自治体が増えた。新婚・子育て世帯の住宅確保を支援する施策は、その将来の収入増が地域経済と自治体財政を支えるという想定に立脚する。単身の人たちは、経済自立・競争の観点から、自治体の役に立つとはみなされていない。

他方、政府の住宅政策は、人びとの「家族化」を支援し、促進した。自由民主党は、一九五五年の結成以来、大半の期間にわたって、政権を握ってきた。戦後「三本柱」は、夫婦中心の「自立・独立した世帯」の住宅確保を支える役割を担った。そして同時に、保守政権の家族・住宅観には、三世代同居の「伝統」への憧憬がみられた。この同居を「伝統」といえるかどうかについては、検討の余地がある。核家族世帯は高度成長期に増えたとはいえ、戦前から全世帯の過半を占めていた。しかし、保守政治家は、三世代同居を「伝統」として〝構築〟し、その社会・文化的な価値を高く見積ってきた。自民党とその政権下の政府官僚は、〝日本型福祉社会〟の形成をめざす方針を一九七〇年代後半に打ちだした（新川 二〇〇五）。高度成長の時代は、一九七〇年代初頭のオイルショックなどを契機として終わった。これに続く低成長の文脈のなかで、人びとの自助と互助に根ざし、国家または政府ではなく、おもに家族と企業、さらに地域社会などが福祉供給を担うコミュニティとして、日本型福祉社会の建設がめざされた。とくに家族は、福祉供給の中心主体として位置づけられた。ここで住宅政策に求められたのは、三世代同居を支える持ち家の供給であった。住まいの私的所有を促進する住宅政策は、日本型福祉社会の構想に適合し、そして逆に、日本型福祉社会をつくる方針は、住宅政策を持ち家促進にさらに傾けた。

ライフコースと住まいの関係を「家族化」しようとする住宅政策の立案・実践が続いた。たとえば、住宅金融公庫は、住宅ローンの承継償還制度を一九八〇年に導入した。これは、単独世代ではなく、親子二世代にわたる家族での住宅ローン返済を可能にした。子世代の住宅購入に対する親の生前贈与に関し、二〇〇〇年代から非課税枠が拡大した。この施策は、高齢層に蓄積した金融資産を子世代に移し、経済を刺激する狙いをもつ。贈与税と相続税を一体化する相続時精算課税制度は二〇〇三年に導入され、子世帯の持ち家取得への支援を中心とする大型の生前贈与を促した。日本型福祉社会の構想以来、親・子世帯の同居を促進し、さらに近居を誘導しようとする施策が展開した。日本住宅公団の後継機関である都市再生機構は、親子近居に対する支援を二〇一三年から実施した。政府は、三世代同居対応の住宅リフォームに対する補助と所得税優遇を二〇一六年に開始した（第6章）。

新自由主義の政策改革によって、一九九〇年代半ばから、住宅と住宅ローンの大半が市場化した(Hirayama, 2007)。政府と異なり、市場は、単身者と家族を区別しない。しかし、家族世帯の収入は、ほとんどの場合、単身世帯の収入より高い。このため、住宅・住宅ローン市場では、家族グループが有利な位置を占め、単身グループは不利になる。低所得の単身者は、住宅市場では、低質の狭い家しか借りられず、住宅ローン市場では、融資を調達できないか、あるいは調達できるとしても、金利、融資額、保証料などに関し、不利な条件を課せられる。

政府は、住宅政策を市場重視の方向に転換すると同時に、人びとの「家族化」を支持し、「単身化」に冷淡な対応を示し続けた。住宅政策の市場化を反映・促進する住生活基本法は、二〇〇六年に成立した。これにもとづく住生活基本計画(全国計画)は、二〇〇六年、一一年、一六年に策定され、そのすべてにおいて、親子同居・近居促進が課題とされた。後述のように、若い世代では、住宅安定を確保できない人たちが増えた(第4章)。このため、二〇一六年の住生活基本計画(全国計画)は、若年層の住宅改善を課題とした。しかし、同計画の住宅支援は、若い世帯のうち「結婚・出産を希望する若年世帯」と「子育て世帯」のみを対象とし、結婚・出産を望まない人たちをていねいに排除した。出産と子育てを支援する若年層向け住宅施策の一つは、三世代同居・近居促進とされた。ここには、「単身化/家族化」に対する政策バイアスがはっきり表れている。

世帯形成の「タテ・ヨコ」関係

人びとの「個人化／家族化」の程度を測るために、世帯形成の「タテ／ヨコ」関係にもとづく居住類型を設定する（Hirayama, 2017b; Hirayama and Izuhara, 2018）。ここでの「タテ」は親子関係、「ヨコ」は夫婦関係を意味する。そして、「タテ」について、親と同居しているかどうか、「ヨコ」に関し、配偶者をもつかどうかを指標とし、個人を分類すると、「有配偶・親同居」「有配偶・親別居」「無配偶・親同居」「無配偶・親別居」の四つの型が得られる（図2－1）。

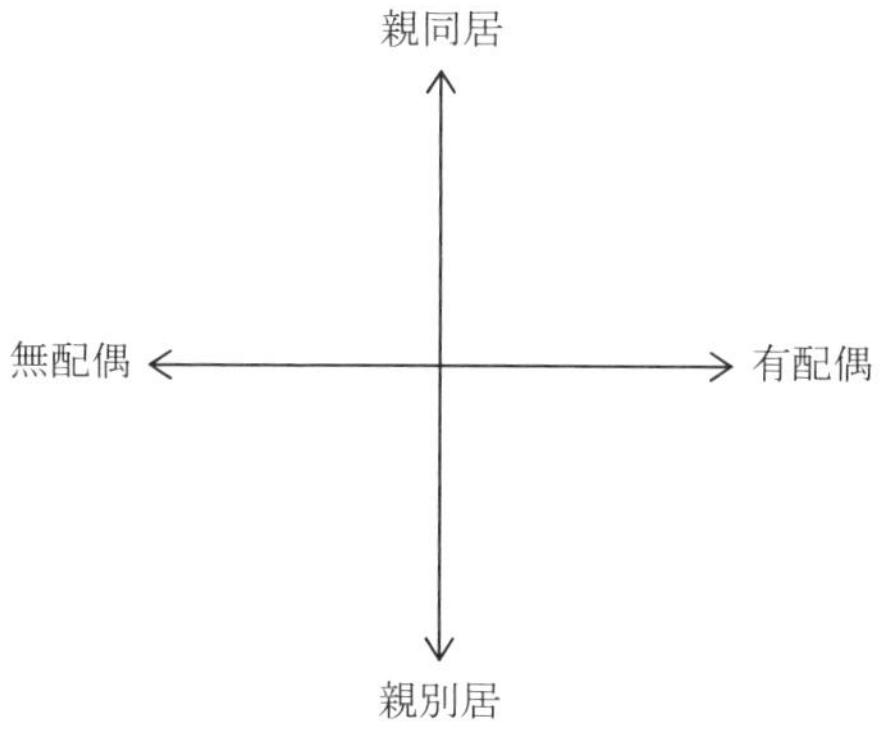

図２－１　世帯形成の「タテ・ヨコ」関係

戦後日本では、新たな民主社会の形成に関連して、封建的な「タテ」関係にもとづく直系家族制が後退し、「ヨコ」関係に根ざす核家族制が確立・普及すると予測する考え方が支配的であった（松原 一九六九、森岡 一九九三）。ここには、戦争で焦土となった空間から戦後の新しい社会をどのようにつくるのかについての展望と希望が込められていた。親との「タテ」関係から離れ、配偶者との「ヨコ」関係を重視する人たちが増え、「有配偶・親別居」という「独立・自立した世帯」が戦後民

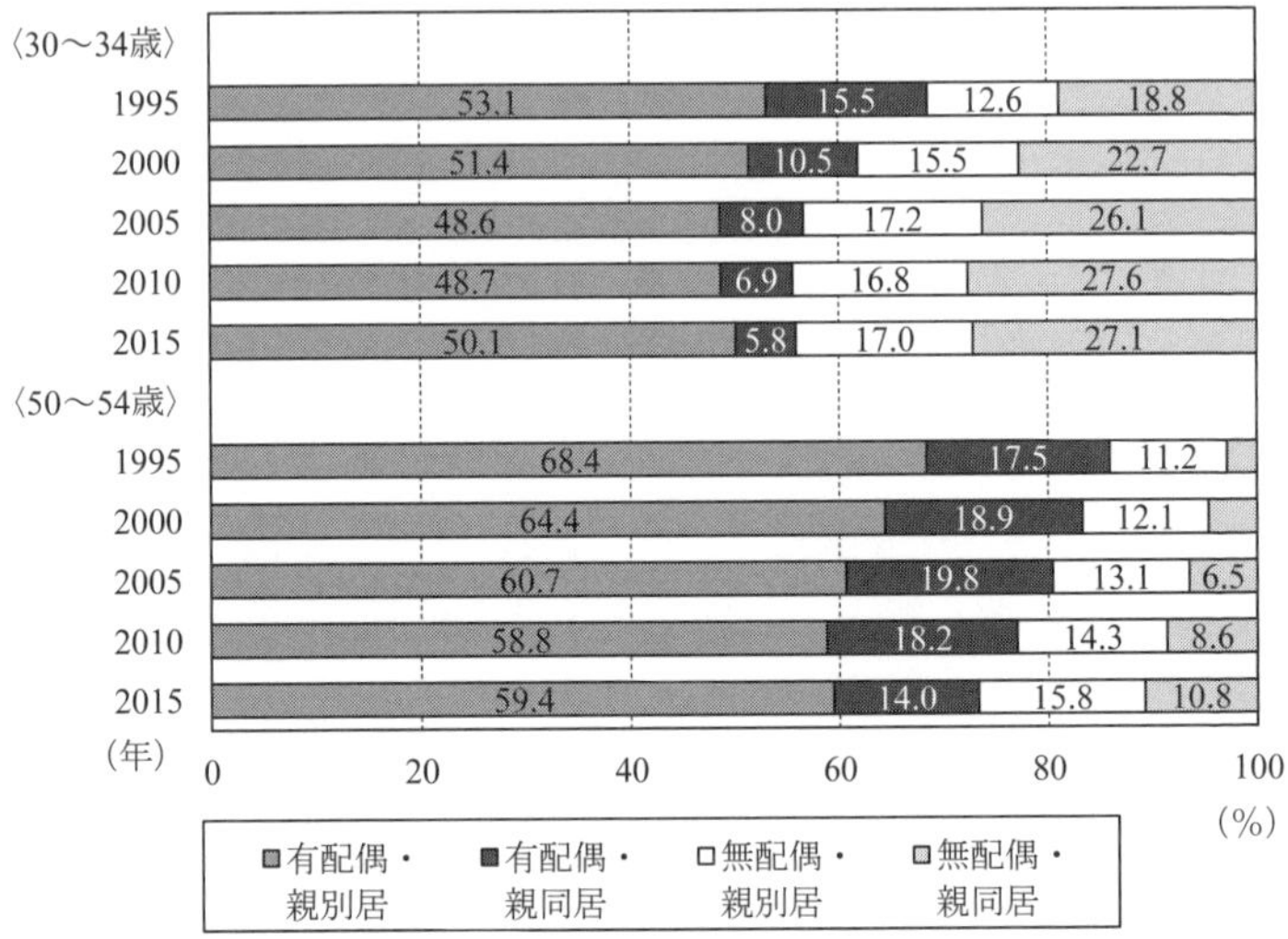

注）不明を除く。
資料）『国勢調査報告』より作成。

図２－２　居住類型の変化

主社会のメインストリームを形成するとみなす言説がつくられた。

国勢調査の結果から、若年層（三〇〜三四歳）と中年層（五〇〜五四歳）に関し、人びとの居住類型をみると、「有配偶・親別居」が最も多く、若年層では半数前後、中年層では過半数を占める（図２－２）。これは、核家族制が普及したという見方に符合する。しかし、「有配偶・親別居」のグループが縮小してきた点をみる必要がある。若年層では、「有配偶・親別居」は、一九九五年では五三・一％であったのに対し、二〇〇五年では四八・六％に減った。中年層での「有配偶・親別居」の割合は、一九九五年から二〇一〇年にかけて、六八・四％から五八・八％に下がった。居住類型のデータは、一九九五年以降に関してしか得られない。それ以前のデータが存在するとすれば、より長い期間にわたる「有配偶・親別居」の減少が明らかになると推測される。「有配偶・親別居」が減ったおもな原因は、未婚の増大にある。未婚率は、若年層では、一九八〇年の一五・四％から二〇一〇年の四一・〇％に上昇し、中年層では、一九八〇年と二〇一五年の間に三・三％から一六・四％に上がった。

「有配偶・親別居」率は、二〇〇〇年代半ばからは、下げ止まる傾向をみせている。夫婦中心の「独立・自立した世帯」は、戦後社会のコアを形成していたが、その割合は、大きく下がった後に、安定する段階に入った可能性がある。「有配偶・親別居」の二〇一五年の比率は、若年層では五〇・一％、中年層では五九・四％と微増となった。若年層の未婚率は、大きく上昇した後に、二〇〇〇年代半ばからは上がらず、おおむね横ばいとなった。若年層では、「有配偶・親別居」率が未婚率の動きに連動し、安定する時期に達したとみられる。中年層の未婚率は上がり続けている。その上昇は、過去の若年層における未婚の増大を反映している部分が大きい。中年層では、有配偶者は減っているが、そのなかでは、親別居が増え、「有配偶・親別居」率は、下がった後に、安定した状態をみせている。

無配偶者の住宅条件

核家族世帯とその持ち家取得が増えることで、人びとの住宅条件の均質さと平等の程度は上昇すると想像されていた。しかし、成長後の社会では、「有配偶・親別居」の人たちは減少し、ライフコースは分岐する。そこでは、居住類型ごとの住宅状況がどのように差異化し、どういう不平等が生成するのかが問題になる（Hirayama, 2017b）。

結婚の減少または遅れ、さらに離婚の増大によって、無配偶者のグループ――「無配偶・親別居」と「無配偶・親同居」――が拡大した。「無配偶・親別居」は、一人世帯をつくる単身者を中心とし、それに加え、母子世帯などを含む。「無配偶・親同居」の中心を占めるのは、親の家に住む成人未婚の世帯内単身者である。「無配偶・親別居」と「無配偶・親同居」を合わせた比率は、一九九五年から二〇一五年の間に、若年層では三一・四％から四四・一％、中年層では一四・一％から二六・六％に上がった（図2－2）。

「無配偶・親別居」のグループでは、住宅確保の困難に直面する人たちが多い。単身者は、ライフコースの「個人化」を反映し、増えているにもかかわらず、「結婚・持ち家社会」のなかでは、周縁の位置しか与えられない。政府の住宅政策は、家族世帯の安定を優先させ、単身世帯をほぼ完全に排除した。単身者の多くは、民営借家以外に住まいの選択肢をほとんどもたず、住宅の物的水準とコスト負担に関し、不利な状況に置かれた。家族世帯では、年齢の上昇につれて、持ち家率が増える。単身世帯では、年齢が上がっても、持ち家率は少ししか伸びず、民営借家率が高いままである。雇用と所得が不安定な場合が多い母子世帯のグループでは、持ち家率が低く、借家の割合が高い（葛西 二〇一七）。その住まいは、狭く、老朽しているケースが多い。母子世帯の中心を占めるのは、離婚によって母子化した世帯である。後章でみるように、離婚では、妻であった女性の多くは、元夫に比べ、住まいの確保に関し、より不利な変化を経験する（第5章）。

若い世代では、一九八〇年代から九〇年代にかけて、「無配偶・親同居」の世帯内単身者が大幅に増えた（平山 二〇〇八）。このグループは、親元に住むことを積極的に選ぶ人たちだけではなく、雇用・所得の不安定のために、独立した住宅の確保に必要な経済力を備えず、親の家を離れられない多数の人たちを含む。ここには、「個人化」した不安定就労の成人未婚者を「家族化」によって支える関係がある。若年層における「無配偶・親同居」率は、一九九五年の一八・八％から二〇一〇年の二七・六％に増大し、その後、一五年では、二七・一％と微減となった（図2―2）。これは、若年層の未婚率が大きく上がった後に、横ばいになったことに符合する。若いグループの世帯内単身者率は、高い水準で安定する段階に入ったとみられる。

親元に住む未婚者の年齢がしだいに上がる傾向に注意する必要がある。中年層では、「無配偶・親同居」は低い比率しか占めていないが、しかし、少しずつ増え、一九九五年では二・九％であったのに比べ、二〇一五年では一〇・八％となった。過去の若年層で世帯内単身者が増えたことが、その後の中年層の構成に影響したと考えられる。さらに、中年の世帯内単身層は、親の家に長くとどまっている人たちを中心とする一方、「ブーメランガー」（boomeranger）を含む。この「ブーメランガー」とは、親元をいったん離れ、独立し、その後、経済上の困窮などのために、親元に戻る、ブーメランのような動きを示す人びとをさす。世帯内単身者の内訳をみると、年齢が高いほど「ブーメランガー」が多い。

有配偶者の持ち家取得

核家族世帯をつくる「有配偶・親別居」のグループは、縮小したとはいえ、依然として「結婚・持ち家社会」のマジョリティを形成する。しかし、成長後の社会では、雇用と所得の安全が損なわれ、持ち家取得はより困難になった。前章で示したように、「所得デフレ」下の住宅ローン利用では、LTV（Loan To Value）――建築・購入した住宅の市場価格に対する住宅ローン借入額の比率――が上昇し、返済負担はより重くなった（第1章）。家を買おうとし、しかし、収入が上がらず、頭金を少ししか準備できない世帯は、LTVを上げざるをえない。

持ち家取得の経済変化に対する「有配偶・親別居」世帯の反応の一つは、妻の就業である。これは、夫婦の「ヨコ」関係の変化を含意する。標準パターンの世帯形成は、「男性稼ぎ主」型モデルにもとづいていた。しかし、男性世帯主の収入は減少し、既婚女性の労働市場参加が増大した。持ち家市場では、「男性稼ぎ主」の購入という旧来のパターンが依然として主流を占めているが、しかし同時に、夫婦共同での購入が増えている。後述のように、「男性稼ぎ主」だけではなく、妻の経済力が住宅購入のあり方に影響する度合いが高まった（第5章）。

住宅購入の経済上の困難に対するもう一つの反応は、親世代が子世代を支援する「家族化」である。ここには、親子の「タテ」関係の変化がみられる。若い世代の経済条件が悪化する一方、親世代には、金融資産を蓄積した世帯が多い。政府は、資産の世代間移転を促すために、住宅購入支援の生前贈与に関し、税制優遇を大胆に拡大した。この政策は、若い世代の住宅事情を改善するだけではなく、経済を刺激する狙いをもつ。マイホーム取得とは、若い人たちが出自・来歴から離れ、「有配偶・親別居」の「独立・自立した世帯」として、住宅安定を確保し、資産を蓄積する手段であった。この独立・自立の程度は、「家族化」によって、下がった。

直系家族制の再発見

戦後日本では、直系家族制は核家族制に移行し、世帯形成の中心軸線は「タテ」から「ヨコ」に変換すると考えられた。この定説は、夫婦中心世帯が増え、三世代世帯は減るという現実の変化を根拠としていた。しかし、核家族制の浸透は、戦後の人口特性のために、いわば〝実態以上〟に強調されていた面をもつ（原田 一九七八、伊藤 一九九四、落合 一九九四）。親と同居する既婚子は一人だけで、たいていの場合、長男である。このため、一九二〇〜三〇年代生まれの兄弟姉妹の多い世代の人たちがつぎつぎと結婚した五〇〜六〇年代頃、次三男と娘の核家族世帯が急増した。その結果、長男と親の同居慣行は、続いていたとしても、「みえにくく」なった。核家族世帯の比率の上昇は、制度としての直系家族制の衰退を必ずしも意味しない。高度成長期に農村から都市に向かった大規模な人口移動は、親子を空間的に切り離し、都市に増大した核家族世帯は、戦後の家族変化を象徴した。

さらに、家族制度の定説に対する一つの批判として、加藤彰彦（二〇〇五）は、直系家族制が持続しているとみなす考え方を出した。加藤が重視したのは、子世代の結婚時点での同居が減ったとはいえ、結婚から時間が経ってからの同居率はほとんど下がっていない点である。結婚時同居の減少は核家族制の普及の証拠とはいえず、同居率の統計は親子同居慣行の持続を示唆する。加藤は、同居を促す最大の要因として、持ち家の承継の必要をあげ、それ以外の理由として、子が長男であること、親の加齢・死去などを指摘した。

居住類型のデータをみると、若年層の「有配偶・親同居」は、一九九五年の一五・五%から二〇一五年の五・八%に減った(図2―2)。中年層では、「有配偶・親同居」率が高く、一九九五年から二〇一〇年にかけて、一七・五～一九・八%で推移し、二割弱を維持した。長男のケースに限定した統計が存在するとすれば、そこでは、同居率はより高くなると推測される。親世代から独立し、核家族世帯をつくった夫婦であっても、自分たちが中高年になる頃、老親を支え、持ち家を受けつぐために、同居への移行を選ぶことがありえる。この点が、中年層での「有配偶・親同居」率を若年層のそれより高くし、一定水準で安定させたとみられる。これは、持ち家が世代を超える資産として「家族化」している状況を含意する。中年層の「有配偶・親同居」は、二〇一五年には一四・〇%に下がった。この同居率の低下が一過性なのか、さらに続くのかをみていく必要がある。

一方、親・子世帯の近居は増えると考えられる。高度成長期にみられた若年人口の広域移動は減った。都市地域では、そこで生まれ、育った人たちが、その都市圏に住み続けるケースが増え、それが親子近居の増大の条件となった。住宅・土地統計調査(二〇一八年)の結果によれば、子どもをもつ世帯主六五歳以上の世帯のうち、子どもと同一建物・敷地に住んでいる世帯が四一・八%、別居子との時間距離が一五分未満の世帯が一七・六％を占め、両者を合わせると、五九・四％におよぶ。このデータは、高齢層における親子同居・近居の多さを表し、直系家族制の持続を示唆する側面をもつ。

持ち家相続は、親子の相互扶助に関係し、同居・近居の延長線上に実施されることがある。住宅購入に必要な経済負担がより重くなるにしたがい、親の持ち家の承継のために、同居・近居を選ぶ子世帯が増える可能性がある。老親は、さらなる加齢にともない、家事、介助などに関し、子どもからの支援を期待することがある。政府の住宅政策が親子同居・近居を支援することは、述べたとおりである。戦後日本のマイホームは、夫婦の「ヨコ」関係にもとづき、その独立・自立を反映・表現した。このパターンを中心とする社会の維持は、成長後の時代では、より困難になる。ここから、親子の「タテ」関係がふたたび可視化し、持ち家のいっそうの「家族化」が進むことがありえる。

住まいとライフコース分岐

戦後日本を形成した「結婚・持ち家社会」の枠組みが壊れるにともない、特定パターンのライフコースを標準とみなし、その軌道に乗る人たちの持ち家取得に支援を集中するのではなく、分岐した人生の道筋のそれぞれに中立に対応する住宅政策を実践する必要が高まる（平山 二〇〇九）。人びとの「個人化」と「家族化」は、マイホームに住む「独立・自立した世帯」を中心とする〝世帯単位社会〟の基盤を掘り崩す効果をもつ。結婚し、家族をもち、住宅所有に向かうグループは、依然として社会の中心を占めるとはいえ、大幅に縮小した。増えたのは、単身世帯、親元にとどまる未婚者、離婚した男女、不安定就労の人たち、借家により長く住む世帯などである。結婚するかどうか、持ち家を取得するかどうかにかかわらず、分岐する生き方をニュートラルに支える政策が求められる。

ライフコースの「個人化／家族化」に対する政府の反応には、根強いバイアスがある。自民党とその政権下の政府官僚は、住まいに関する人びとの「家族化」を好み、三世代同居、親子近居、子世帯の持ち家取得に対する親の支援などを促進する「伝統」をもつ。これに比べ、「個人化」した人びとが増え続けているにもかかわらず、ひとり暮らし、配偶者をもたない人たちに対し、政府は、おどろくほど冷淡な態度を保つ。単身層には、低収入で、住宅確保に困窮し、そして、公的支援の対象とならない人たちが多い。

住宅政策のバイアスは、克服される必要がある。標準パターンの軌道をたどる「独立・自立した世帯」が増えていた時代では、その持ち家取得と資産形成を促進する政策は、メインストリーム社会を拡大し、人びとの平等の程度を高めると想定されていた。しかし、ライフコースの「個人化」と「家族化」にしたがい、私有住宅が独立と自立を象徴する度合いは低下し、その普及による社会の平等化を展望することは、より困難になった。これに加え、「家族化」ばかりを支持し、「個人化」する人たちを排除し続ける住宅政策は、不平等を拡大せざるをえない。人びとの「個人化／家族化」に対する住宅領域の政策バイアスの原因はどこにあるのか、政府が単身者にひどく冷淡であり続けるのはなぜなのか、そして、このバイアスを解消し、分岐するライフコースに中立の住宅政策をどのように構築できるのか。これらの問いへの挑戦から住宅政策をつくりなおす仕事が、求められている。

第3章　住宅資産所有の不平等

住宅所有のフロー／ストック

社会のあり方の検討における重要な主題の一つは、経済上の平等である。不平等の拡大と放置は、人びとの信頼と連帯の関係を壊し、社会安定をむしばむ。不平等をどのように減らせるのかは、挑戦すべき難問として、多くの社会に立ちはだかってきた。この章では、不平等形成における住宅資産の位置と役割をみる。不平等を構成するのは、所得と資産の不均等分布である。資産は、おもに金融資産と住宅資産から構成される。不平等の形成において、住宅資産は重要な位置を占め、独特の役割をはたす。それにもかかわらず、不平等研究の多くは所得を対象とし、資産に関する研究では、住宅資産分析は乏しいままであった。不平等に立ち向かおうとするのであれば、そのメカニズムの解明がまず必要になる。この仕事に住宅資産分析の側面からアプローチすることが、ここでの関心事である。

戦前の都市地域では、住まいの大半は民営借家で、持ち家に住むことは一部の階層の特権であった。借家から成り立つ都市は、資産をほとんどもたない労働者とその家族を受け入れていた。戦後になると、めざましい経済成長のもとで、住宅の私的所有が増え、大衆化した。多くの人たちは、賃貸セクターから持ち家セクターへと住まいの「はしご」を登った。

ここから生成したのは、住まいとその資産価値を所有する中間層が戦後の新たな民主社会の中心をつくるという暗黙の見方である。とくに保守政権にとって、持ち家の普及は、「財産所有民主社会」(property-owning democracy) を安定させる意味をもっていた (平山 二〇二〇)。賃貸住宅は、住宅所有に到達するまでの一時的な「仮住まい」にすぎないと位置づけられた。人びとのマジョリティが「仮住まい」から抜けだし、小規模とはいえ、不動産資産をもつに至ったことは、社会経済史の分水嶺となった。

政府の住宅政策は、持ち家促進に力点を置き、低所得者向け住宅供給を少量のままにとどめた。それは、所得再分配の効果をほとんど生まず、住宅資産の所有/非所有の分割によって、新たな不平等をつくりだした。しかし、雇用と所得の安定のもとで、私有住宅を得る機会が増え、人びとが住まいの「はしご」をつぎつぎと登っている限り、中間層が膨らみ続け、平等の度合いは上昇すると考えられた。それは、不平等に対する意識を抑制する効果を生んだ。若い借家人の多くは、持ち家取得に向けて、仕事と貯蓄に励み、自身を将来の中間層のメンバーとみなしていた。所得再分配の制度を整えるのではなく、住宅資産をもつ中間層を拡大しようとした点に、戦後住宅政策の重要な特徴があった。

〝成長後〟の時代に入ると、持ち家取得に必要な負担が増え、「はしご」登りの〝フロー〟は停滞した。住宅所有者を増加させ、それによって平等の程度を上げようとする政策は、しだいに成り立たなくなった。一方、高度成長の時代から、持ち家支援の政策が長く続いたことから、私有住宅〝ストック〟の資産が蓄積した。持ち家セクターの内訳では、第1章で示したように、モーゲージ持ち家が減り、アウトライト持ち家が増えた。これは、持ち家に関する〝フロー／ストック〟のバランスが変わったことに符合する。成長後の社会の不平等形成を理解するには、持ち家取得の〝フロー〟ではなく、むしろ持ち家資産の〝ストック〟がどのように分布し、どう分配されるのかをみることが、より重要になる。この文脈のもとで、本章では、住宅資産と不平等形成の関係をみる。

蓄積した住宅資産

資本構造の歴史実証分析をふまえたトマ・ピケティの社会的不平等論は、住宅研究を含む幅広い分野から注目を集めた（Piketty, 2014）。ピケティによれば、欧州における資本の価値は、一八～一九世紀では安定していたのに比べ、二度の世界大戦のために激減し、第二次世界大戦後にふたたび増大した。そして、戦後の資本回復では、住宅価値の割合が目だって上がった。これは、戦後社会の不平等研究において住宅資産分析が不可欠になることを含意する。ピケティの不平等論の要点は、労働所得と資本所有の比較にある。ピケティによると、住宅を含む資本の所有に関連する不平等が労働所得のそれより大きく、その傾向は、経済成長率が下がると、より顕著になる。第一次世界大戦から第二次世界大戦後の高度成長期にかけて、戦争による資本破壊のために、資本所有にもとづく不平等は縮小し、増大する労働所得が人びとの平等化を推し進めた。これに対し、一九八〇年代以降の成長率が低下した時代では、労働所得の伸び率の減少につれて、戦後に蓄積した資本の所有の差から生じる不平等が拡大した。ピケティの議論は、成長率の下がった社会をより不平等にするドライバーとして、持ち家資産の役割に注目する必要を示唆する。

先進諸国の多くでは、世界金融危機を契機として、住宅所有形態の構成が変化し、持ち家取得が減ると同時に、民営借家が増えた。多数の国は、戦後に私有住宅が増え、その制度が社会に根づいてきた歴史をもつ。持ち家セクターの発達は、暗黙のうちに、戦後の経済拡大と社会発展を反映・促進し、高い普遍性をもつとみなされた。このため、世界金融危機に続いた民営借家の増加を「例外」と位置づける見方がありえる。しかし、ピケティは、不平等の長期分析にもとづき、第一次世界大戦後から一九七〇年代頃までは平等化が進んだ点で「例外」時代であったこと、そして、八〇年代頃から不平等がふたたび拡大したことを示した。この分析からすれば、住宅・都市社会学者のレイ・フォレストと筆者が論じたように、戦後の高度成長によって中間層が拡大し、持ち家が急増したことが、むしろ「例外」であったとみなす認識の仕方がありえる（Forrest and Hirayama, 2018）。

経済成長の「例外」時代が去り、民営借家が増えたことは、この所有形態が支配的であった戦前の住宅状況の再現には結びつかない。ある時代の住宅事情は、それに先行する時代の住宅変化を反映する。住まいの新たな状況の特性は、戦前とまったく異なり、戦後の「例外」時代に蓄積した大量の持ち家ストックが存在する点にある。そこでは、すでに堆積した膨大な私有住宅とその資産価値の分配のあり方が社会形成の構造に影響する（平山 二〇二〇：Hirayama and Izuhara, 2018）。

人口・経済が停滞する成長後の段階に入った社会では、持ち家資産の「不安定と偏在」が、人びとを階層化し、不平等を拡大する。日本の人口は、二〇〇八年にピークに達し、微減、微増の後に、一一年から減り続けた。一方、住宅ストックは依然として増え、空き家率は上がった。経済は、不確実さを増し、不動産バブルの破綻（一九九〇年代初頭）からポストバブルの長い停滞、大都市のミニバブル（二〇〇六〜〇七年）、世界金融危機（〇七〜〇八年）、非伝統的な量的・質的金融緩和（一三年〜）に至るまで、激しい変動をみせた。この人口・経済文脈のもとで、持ち家の資産価値は安全性を失い、その分布はより不均等になった。

住宅市場の時間／空間分裂が進んだ（第1章）。そのなかで、ある世帯は市場評価が上昇する「富」としての住宅を所有する一方、別の世帯が所有する住宅の資産価値は下がり続け、さらに、空き家のままで所有者に管理負担をもたらすだけの「無駄」な不動産が増えた。バブルピークの時期に家を買った世帯は、その後の住宅価格のデフレーションのために、大規模な含み損をかかえた。東京、それ以外の大都市、地方の小都市では、住宅市場の動き方が差異化し、地域ごとに住宅価格の違いが広がった。東京では、未曽有の量的・質的金融緩和に沿って、住宅価格が上昇し、世界金融危機後に持ち家を買った人たちは、含み益を取得した。しかし、東京の住宅価格は安定せず、住宅の資産価値は安全とはいえない。地方の小都市では、ミニバブル、量的・質的金融緩和の時期でさえ、住宅価格は下がり続け、空き家のままの不動産が増えた。成長後の時代の住宅資産は、時間／空間上の「不安定と偏在」によって、「富」と「無駄」に分裂し、不平等の新たな仕組みを構成した（平山二〇一八、二〇二〇）。

持ち家と社会階層

不平等形成の理論と実証において、持ち家資産に注目することが、なぜ必要なのか。社会階層を示す指標として、とくに重視されたのは、労働市場での地位であった。雇用形態、職種、職階などが社会階層構成における人びとのポジションを表すと想定されていた。これは、生産領域の社会関係が不平等形成のメカニズムの中心をつくるとみなす考え方にもとづく。消費領域の住まいの実態は、職業とそれに相関する所得から決定する従属変数にすぎないとされ、社会階層分析では、ほとんど扱われなかった。高所得の人たちは、良質で、広く、快適な住宅に住み、低所得者は、低劣な居住条件を経験する。

しかし、戦後の持ち家セクターの成長は、社会階層形成に対する住まいの重要さを増大させた(e.g., Dunleavy, 1979; Saunders, 1978, 1990)。生産領域では賃金労働者として働く人たちの多くが、消費領域では持ち家を取得し、不動産資産を所有した。これを反映し、労働過程での地位だけではなく、消費過程において住宅を所有するかどうか、所有するとすれば、どういう価値の不動産をもつのかが社会階層の新たな指標になるという見方が示された。

さらに、住まいは、消費対象であるだけではなく、資産を形成し、消費財一般に比べ、はるかに高い耐久性をもつことから、世代を超えて受けつがれる。持ち家ストックが増大するにつれて、不平等を形づくる住宅資産の役割は、より重要になった(Arundel, 2017; Hirayama and Izuhara, 2018)。持ち家資産は、おもに家族の範囲内で蓄積・分配され、そのプロセスは、生産過程から分離していることから、不平等形成の構造のなかで、独立した固有の位置をもつ（Forrest and Hirayama, 2018; Kurz and Blossfeld, 2004）。ピケティが示唆したように、成長率が下がる時代になると、労働所得の伸びは停滞し、不平等の理解のために、資産の不均等分布に着目する必要がいっそう高まる。

加えて、人口の高齢化は、社会階層形成の仕組みを変え、そこでの持ち家資産の重要さを引き上げる。労働市場から退出する高齢者が増えるにともない、社会全体のなかで、労働関連指標にもとづく階層分析が有効性をもつ範囲は減らざるをえない。労働過程に参加する人口が減るところに、高齢化する社会の不可避の特質がある。高齢者の多くは、退職によって、収入減に見舞われる一方、資産を保有する。この資産のなかで、居住用不動産は大きな比重をもつ。このため、持ち家を中心とする資産の不均等分布が高齢層の不平等をつくる中心要因になる。持ち家ストックが蓄積した社会の階層分析では、高齢者率の上昇にしたがい、職業と収入だけではなく、むしろ住宅資産の役割を重視する視点が必要になる（平山 二〇二〇：Hirayama and Izuhara, 2018）。

偏在する住宅資産

では、居住用不動産の資産は、どのように分布し、不平等をどのように構成するのか。ここでは、全国消費実態調査（全消調査）のミクロデータ（個票）を独自に集計した結果を用い、住宅・宅地資産の実態をみる。(3) 全消調査における住宅・宅地資産額とは、第1章で述べたように、同調査の定義する住宅・宅地評価額から住宅・土地のための負債現在高を差し引いたエクイティをさす。全消調査は、五年ごとに実施される。日本では、ミクロデータの公開がきわめて遅く、全消調査については、一九八九年から二〇〇四年までの四回分の結果しか利用できなかった。しかし、これらのデータは、バブルの絶頂と破綻から経済衰退が続いた時期の世帯の資産状況を表し、日本社会の歴史的に重要な変化をとらえる意味をもつ。

住宅資産の特徴を知るには、それを、収入と資産、そして、住宅・宅地資産と金融資産等の比較のなかで把握することが、有力な方法になる（表3―1）。金融資産等とは、預貯金・有価証券等の貯蓄に若干の不動産以外の実物資産を加えた資産から、不動産関連以外の負債を引いた資産を意味する。金融資産等の九割強は、貯蓄である。

全消調査の二〇〇四年の結果から、世帯年収、資産総額について、一世帯当たり平均値をみると、それぞれ五九一万円、三四八九万円であった。資産総額は世帯年収の六倍近くにおよぶ。資産の内訳を観察すると、住宅・宅地資産は二〇四八万円、金融資産等は一四四一万円であった。住宅・宅地資産は、金融資産等より多く、資産全体の六割近くを占めた。

収入と資産の不平等の程度をみるために、金額の低い方から高い方に世帯を並べ、下半分と上半分に二分したうえで、上半分については、トップ一割を分節し、すなわち、下位五割（下から〇～五〇％）、中位四割（下から五〇超～九〇％）、上位一割（下から九〇超～一〇〇％）という階級区分を設け、どの階級がどの程度の収入・資産を占有しているのかを計測した。

全消調査ミクロデータ（二〇〇四年）の独自集計によれば、収入より資産、金融資産等より住宅・

表３－１　所得と資産の不均等分布

年	全世帯 平均値 （千円）	全世帯 中央値 （千円）	下位５割 占有率 （%）	中位４割 占有率 （%）	上位１割 占有率 （%）
〈世帯年収〉					
1989	5,917	5,110	31.3	45.3	23.4
1994	6,917	6,000	26.9	48.4	24.7
1999	6,533	5,560	25.8	49.2	25.0
2004	5,907	4,990	25.9	48.7	25.4
〈資産総額〉					
1989	59,522	30,160	10.2	39.2	50.6
1994	50,104	26,598	10.0	42.9	47.1
1999	38,410	23,390	10.1	47.9	42.0
2004	34,886	21,171	10.1	47.6	42.3
〈住宅・宅地資産額〉					
1989	34,699	10,650	1.9	35.4	62.6
1994	36,490	15,465	4.4	39.8	55.8
1999	24,445	12,640	3.2	46.0	50.8
2004	20,480	10,591	2.9	44.5	52.6
〈金融資産等額〉					
1989	24,822	15,930	15.3	41.4	43.3
1994	13,614	8,325	13.5	46.5	40.0
1999	13,965	8,288	11.7	47.5	40.8
2004	14,405	8,269	14.3	44.8	40.9

注）1）下位５割、中位４割、上位１割は、金額の低いほうから高いほうへ世帯を順に並べ、10等分した10グループのうち、金額の低いほうから１～５番目、６～９番目、10番目のグループ。

2）住宅・宅地資産額は、住宅・宅地評価額から住宅・土地負債現在高を引いたもの（本文参照）。

3）金融資産等は、預貯金・有価証券などの貯蓄に、若干の住宅・宅地以外の実物資産を加えた資産から、住宅・宅地関連以外の負債を引いたもの（本文参照）。

4）不明を除く。

資料）全国消費実態調査のミクロデータより集計・作成。

宅地資産の偏在が著しい（表3－1）。下位五割階級の占有率は、世帯年収では二五・九％を示すのに対し、資産総額では一〇・一％と低く、住宅・宅地資産については、二・九％といっそう低い。これに対し、上位一割階級の占有率は、世帯年収（二五・四％）より資産総額（四二・三％）で高く、なかでも住宅・宅地資産では五二・六％とさらに高い。住宅・宅地資産全体のほぼ半分をトップ一割のグループが占有している実態が注目される。関連して、収入、資産の平均値と中央値を比べると、中央値より平均値が高い（表3－1）。これは、収入・資産分布がより上位の階層に偏っていることを意味する。収入に比べて、資産、とくに住宅・宅地資産では、中央値に対する平均値の倍率がより高く、偏在の程度がより大きいことが確認される。住宅・宅地資産の不均等所有は、経済不平等を拡大する主要なドライバーとして、とくに重要な役割をはたしている。

持ち家資産所有のトップグループを構成するのは、高地価の特権的な場所に住む世帯である。不動産資産の中身をみると、建物より宅地の価値の比重が大きい。この傾向は、より大量の不動産資産を所有する世帯でより顕著になる。全消調査ミクロデータ（二〇〇四年）から、住宅・宅地資産の評価額について、建築部分に対する宅地部分の比を計算すると、全世帯では三・八倍と高い値を示し、住宅・宅地資産所有のトップ一割のグループでは六・二倍といっそう高い。住宅・宅地資産全体の五割強を占有するトップ一割階級について、住宅延べ床面積の占有率を計算すると、二四・九％とそれほど高くない。これは、大規模な建築ではなく、高地価の土地がトップグループの不動産資産の中心を構成することを示している。住宅市場の時間／空間分裂がより顕著になったことは、述べたとおりである。東京、それ以外の大都市、地方の小都市では、不動産価格の動き方が差異化し、とくに東京は、特権的な場所を形成し、持ち家の資産価値の高さについて、突出した位置を占めた。

バブルピークの一九八九年からポストバブルの二〇〇四年にかけて、収入と資産はどう変化したのか（表3－1）。バブル破綻によって、経済の基調はデフレーションに転じ、それは、収入、資産の双方を減少させた。バブルとは、〝資産バブル〟であった。これを反映し、資産の減少幅は、収入のそれに比べ、きわだって大きい。世帯年収の平均値は、一九九四年と二〇〇四年の間に、一四・六％の減少となった。同じ期間に、住宅・宅地資産額の平均値の減少率は四三・九％に達した。バブルが破綻してから、収入の不平等は少し拡大した。世帯年収に関する一九八九年と二〇〇四年の間の変化をみると（表3－1）、下位五割階級の占有率は減少し（三一・三％から二五・九％）、上位一割階級の占有割合はやや増加した（二三・四％から二五・四％）。不動産所有の不平等は縮小した（太田二〇〇三）。住宅・宅地資産の上位一割階級の占有率は、一九八九年では六二・六％であったのに対し、二〇〇四年では、前述のように、五割強まで下がった。住宅・宅地資産額の中央値に対する平均値の倍率もまた、その偏在の程度が下がったことを反映し、ポストバブルの時期では、バブルピーク時より低くなった。資産バブルの破綻は、上位階級が保有する不動産の価値をとくに大きく削減した。しかし、バブルが破綻してもなお、収入に比べ、住宅資産の分布がいっそう不均等で、その過半がトップ一割階級に集中していることは、すでにみたとおりである。さらに、一九九九年と二〇〇四年を比べると、住宅資産に関するトップ一割の占有率は、少し上昇した（五〇・八％から五二・六％）。バブル破綻に続く不動産資産の急激なデフレーションが一段落し、その所有の偏りが再び拡大した可能性がある。バブルの発生・破綻は、文字どおり「異常」であった。この「異常」は、住宅資産の規模と不平等に関する異様な振幅を生んだ。そして、バブルという「異常」が消失した「平常」時においてなお、住宅資産分布の不均等が経済不平等の中心要因であり続けている。

ライフコースと住宅資産形成

住宅資産所有の不平等は、階層差ではなく、年齢差にもとづくという見方がありえる。この認識が正しいのかどうかを検討するために、住宅資産形成の実態をライフコースのあり方に関連づけて観察する。住宅関連の標準ライフコースでは、年齢の上昇とともに持ち家率が上がり、不動産資産が増える。若年世帯の多くは、借家に住み、住宅資産をもっていない。年齢の上昇につれて、持ち家取得が増える。若年・中年期の持ち家の多くは、住宅ローン債務をともなう。その返済負担は重い。しかし、ローン返済が進むにしたがい、負債は減り、エクイティが増える。高齢者の多くは、住宅ローンを完済し、アウトライト住宅に住む。

持ち家率は、世帯主三四歳以下では二三・〇%と低いのに対し、六五歳以上では八五・一%におよぶ（二〇〇四年）（図3―1）。高齢層の持ち家の大半はアウトライトである。住宅・宅地資産額（一世帯当たり平均）は、世帯主三四歳以下では五一〇万円と少なく、六五歳以上では三一八一万円と多い。

したがって、不動産資産所有の不均等が年齢差にもとづくという見方は正しい。しかし同時に、

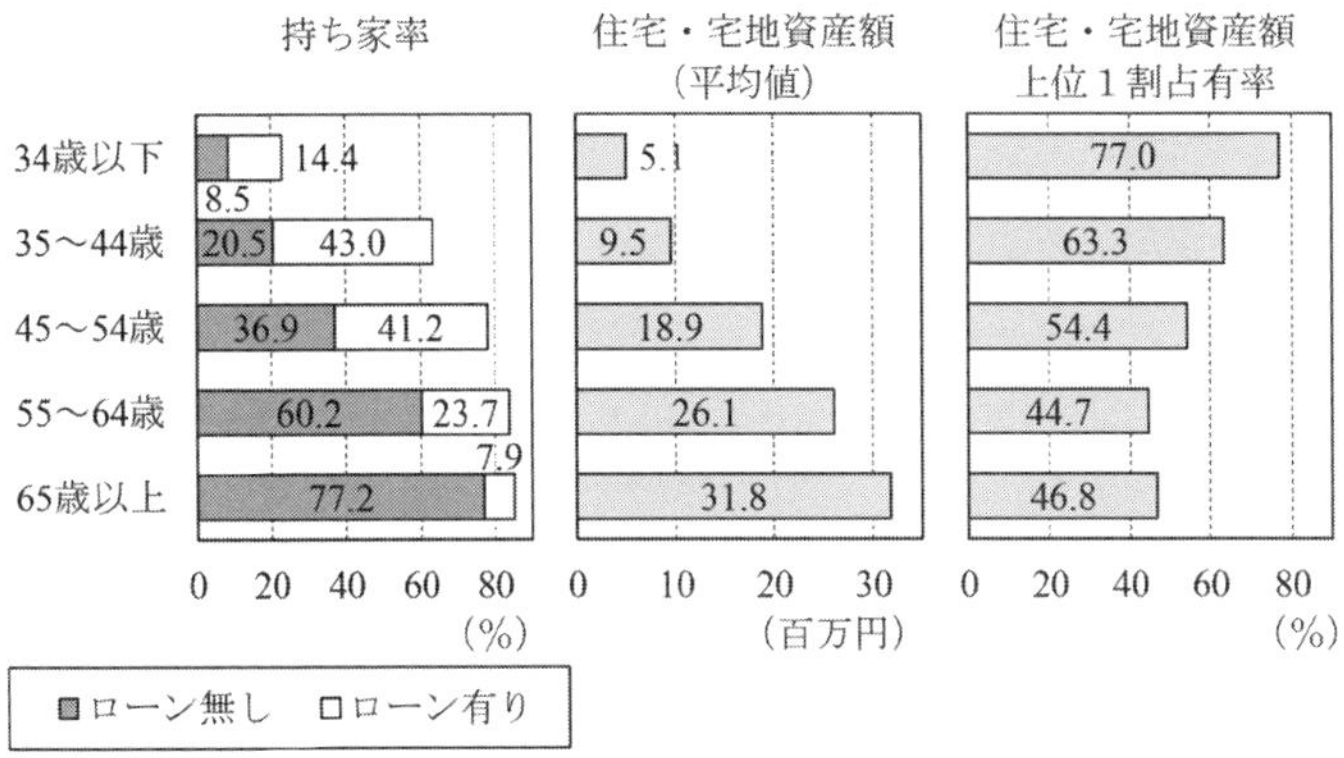

注）1）住宅・宅地資産額上位1割は、額の低いほうから高いほうへ世帯を順に並べ、10等分した10グループのうち、額の最も高いグループ。
2）住宅・宅地資産額は、住宅・宅地評価額から住宅・土地負債現在高を引いたもの（本文参照）。
3）不明を除く。
資料）平成16年全国消費実態調査のミクロデータより集計・作成。

図3－1　世帯主年齢と住宅資産（2004年）

住宅・宅地資産規模の階層差もまた大きい。年齢帯ごとにトップ一割階級による住宅・宅地資産の占有率をみると、世帯主三四歳以下では、七七・〇%ときわめて高い（図3－1）。若いグループでは、大半の世帯が借家に住んでいるため、少数の持ち家世帯に不動産資産が集中する。住宅・宅地資産のトップ一割階級の占有率は、年齢の高いグループで相対的に低く、世帯主四五〜五四歳では五四・四%、六五歳以上では四六・八%であった。しかし、高齢期になってなお、トップ一割のグループに住宅・宅地資産の半分近くが集まっている実態がある。高齢者の大半は持ち家に住んでいる。しかし、その資産価値は大きな違いをみせ、平等からほど遠い。持ち家資産の不均等分布は、年齢差を原因とし、同時に、年齢帯ごとの階層差を反映する。

高齢層では、多くの世帯は持ち家に住み、借家人はマイノリティである。しかし、持ち家／借家の分裂は、高齢グループを階層化するとくに深刻な要因になる（Hirayama, 2010b）。多くの人たちは、高齢期のセキュリティを求め、住まいの「はしご」を登った。高齢層にとって、住宅ローン債務をともなわないアウトライト持ち家は、住居費負担が軽く、さらに、不動産資産を形成する点で、経済安定の基盤になる。いいかえれば、高齢期までに持ち家取得と住宅ローン完済に到達しなかった人たちは、セキュリティの危機に直面する。持ち家セクターが支配的な社会では、高齢者を支える年金制度は、アウトライト住宅の所有者を「暗黙のモデル」とし、住居費負担の軽さを前提とする。住宅ローン返済が終わった持ち家は、「隠れた所得」をもたらし、「自己年金」の役割をはたす（平山二〇二〇）。住宅所有の普及に根ざす社会では、賃貸セクターの高齢層は、きわめて不利な状況に置かれる。政府の住宅政策は、賃貸住宅の改善に公的資源をほとんど配分しなかった。物的に低劣な民営借家に住む高齢者は資産をほとんどもたず、その高い住居費は年金給付の効果を削減する。高齢層におけるアウトライト住宅の所有／非所有は、経済セキュリティのレベルについて、重大な階層差をつくった。

ネガティブ・エクイティ

ポストバブルの持ち家資産はデフレーションに見舞われた（Hirayama, 2010a, 2012a）。先述のように、住宅資産所有のトップグループでは、資産の減少幅が大きい。これに比べ、ボトムグループに起こった変化の特徴は、買った住宅が「負の資産」（ネガティブ・エクイティ）――住宅ローン残債が市場評価額を上回り、資産価値がマイナスとなった住宅――になるケースの増加である。

ポストバブルの持ち家取得では、購入価格に対する住宅ローン借入額の割合であるLTV（Loan To Value）が上昇した（第1章）。経済停滞のなかで、多くの世帯の収入は下がった。所得の低い世帯は、住宅を買おうとするとき、ローンの頭金を少ししか準備できず、LTVを上げようとする。そして、ポストバブルの持ち家の資産価値は下がり続けた。高いLTVと資産デフレーションの組み合わせは、「負の資産」の必然の増大に結びついた。

とくに若年グループでは、収入が減少し、高いLTVの住宅購入が増えたことから、「負の資産」をかかえる世帯が増加した。全消調査ミクロデータ（二〇〇四年）の独自集計によると、持ち家世帯のなかでネガティブ・エクイティをもつ世帯の割合は、世帯主三四歳以下では一三・六％、三五～四四歳では二四・〇％まで上がった。家を買った世帯は、ネガティブ・エクイティをかかえていても、住宅ローンを返済し続け、エクイティを増やそうとした。しかし、返済に並行して、住んでいる持ち家の市場評価額は下がった。その資産価値がいつになったらプラスに転じるのかは、明確ではなかった。

前世紀の後半、持ち家の取得・維持は、有利な条件での資産形成を「約束」していた。インフレ経済は、住宅ローン債務の実質負担を減らし、所得を伸ばした。住宅資産価値の上昇速度は、所得・物価のそれをはるかに上回った。これに比べ、ポストバブルのデフレ経済は、収入を減少させ、住宅ローン債務の実質負担を増大させた。持ち家を買った人たちは住宅ローン返済の重い負担をかかえたにもかかわらず、取得した住宅の資産価値は減った。「負の資産」となった持ち家は、反故になった「約束」の残骸を象徴した。

経済変化だけではなく、持ち家促進の住宅政策が「負の資産」を増やす原因となった。ポストバブルの持ち家資産が安全ではなくなったにもかかわらず、政府は、経済対策として、住宅建設を推進し、景気悪化のたびに、住宅ローン供給を増大させた。それがネガティブ・エクイティをつくりだした。住宅金融公庫のローン供給は、一九九〇年代前半に史上最高レベルにまで拡大した。民間住宅融資の金利規制は一九九四年に解除され、住宅ローンの販売競争のもとで、高いＬＴＶの大型ローンを組む世帯が増えた。人びとに「負の資産」をもたせてでも経済を刺激しようとする施策が続いた。

家賃を得る／支払う

成長後の社会では、私有住宅の大量のストックが蓄積し、自己居住用の住まいとは別に〝付加住宅〟を保有する〝複数住宅所有〟世帯が増える。付加住宅の取得のおもな経路は、投資と遺産相続である。付加住宅を所有する世帯は、賃貸住宅として運用する〝レントアウト〟から家賃収入を得るケースがある。付加住宅の用途をみると、四一・〇％が賃貸用で、それ以外では、四三・一％が親族居住用、一五・九％がその他であった（二〇〇四年全消調査ミクロデータ）。複数住宅所有の増加にともない、自己居住用の「消費財としての持ち家」だけではなく、「収入源としての持ち家」の役割に注目する必要が高まる。

付加住宅の貸しだしが可能なのは、住宅資産を豊富にもつ人たちに限られ、レントアウトは、経済不平等を反映・拡大する。アウトライト持ち家が「自己年金」に相当することは、述べたとおりである。レントアウトによる家賃収入は、付加住宅をもつ世帯の「自己年金」をさらに増大させる。ピケティは、不平等形成の要因の一つとして、地代、家賃、金利などの不労所得で生活を維持するランティエ（rentier）階層の形成に注意を促した（Piketty, 2014）。レント（rent）という語句は、日本では「家賃・地代」と訳されることが多いが、それに加え、より広く「不労所得」を意味する。

全消調査ミクロデータ（二〇〇四年）の独自集計によれば、全世帯のうち、付加住宅を所有する世帯は一五・二％を示し、そのうち家賃収入を得ている世帯は三一・六％を占めた。これらの値は、不動産資産をより多くもつグループでより高くなる。住宅・宅地資産所有のトップ一割階級では、付加住宅の所有世帯が五三・九％におよび、その五〇・六％が家賃収入を得ていた。住宅・宅地資産をより多く保有する世帯では、家賃収入がより多い。家賃を得ている世帯のうち、家賃年収が三〇〇万円以上の世帯の割合をみると、住宅・宅地資産所有の下位五割のグループでは九・三％と少ないのに対し、上位一割のグループでは四〇・七％に達する。

付加住宅のレントアウトには、不動産資産に関する不平等の特徴が表れている。後にみるように、成長後の社会の若い世代は、持ち家取得の困難が増えるにしたがい、民営借家により長く住む〝賃貸世代〟を形成した（第7章）。一方、不動産資産を蓄積し、付加住宅を賃貸住宅市場に出す階層は、そこから家賃収入を得る。金融資産などの不平等は、その所有量の差から形成される。これに比べ、住宅資産の不平等を組み立てるのは、資産規模の違いに加え、非所有者である借家人が家主としての所有者に家賃を支払う関係である（Forrest and Hirayama, 2015）。家賃は、借家人の労働所得から支出され、家主の不労所得になる。付加住宅の取得に投資し、そのレントアウトから収入を得る裕福な人たちが存在し、さらに、遺産相続によって住宅資産を承継し、それを賃貸住宅として運用する家族がいる。その一方、賃貸世代を構成する若年層は、家賃を支払い、家主の収入増に貢献しない限り、住む場所を得られない。

世襲される住宅資産

前章でみたように、戦後に生成したのは、持ち家に住む「独立・自立した世帯」を中心とする〝世帯単位社会〟であった（第2章）。ここでの住宅資産の不平等は、世帯ごとの所有規模の違いから生じるとみなされた。これに比べ、成長後の時代に入った社会では、住宅ストックとその資産価値の「家族化」が進む。持ち家は、それを所有する世帯の資産であるだけではなく、家族の資産を形成し、遺産相続によって、次世代に承継される（Forrest and Hirayama, 2018）。高齢層の持ち家率は高く、そこに住宅資産が集中している実態がある。一方、少子化が進み、兄弟姉妹は減る傾向にある。したがって、持ち家の相続が増え、子世代では、親世代の住まいを受けつぐ確率が上がる。この住宅相続は、均質ではありえず、複数世代にわたる家族を単位とする不平等形成の中心要因になる。

居住用不動産の相続が若い世代の住宅・資産事情の改善に役立つ度合いは低い。寿命が延びたことから、親世代の持ち家を相続するのは、たいていの場合、「若年の子世代」ではなく、「高年の子世代」である。このため、相続は、住宅資産を子世代に移すとはいえ、高齢層の範囲内で循環させる結果しか生まない（荒川 二〇〇三）。

しかし、住宅相続が次世代の資産所有に影響し、家族の豊かさの程度を反映する点に変わりはない。親世代が持ち家を所有しているかどうか、所有しているとすれば、どういう住宅をもっているのか、その不動産を相続するかどうかが、子世代の資産水準を左右する因子として、より重要になった。

大都市圏（首都・関西圏）に住み、世帯主・配偶者の片方または両方が住宅を相続した世帯を対象として、二〇一七年一〇月にインターネット・アンケート調査を実施し、九八六世帯による一三一七戸の相続に関するデータを得た（平山 二〇一九）[4]。これによると、相続世帯の収入階層に応じて、相続住宅の利用形態に違いがみられる。低収入のグループでは、相続住宅に住んでいる世帯が多いのに対し、高年収のグループでは、相続住宅を賃貸住宅として運用しているケースが多い。

相続住宅がどのように利用されるのかは、その立地によって異なる。相続世帯は、自身が住んでいる地域の住宅を相続すると、それを所有し続け、自己居住用、賃貸住宅用として利用する傾向をみせる。ここでの相続住宅は、「富」を構成する。遠隔地（相続世帯が住む大都市圏の外）の実家を受けついだ人たちは、それを利用できるとは限らない。遠隔地に立地する相続住宅の約半分は売却され、残りの約半分では、親族居住用としての利用がみられると同時に、空き家率が著しく高く、四三・四％におよぶ。遠隔地の相続住宅は、管理負担または解体費用を必要とする「無駄」な空き家にしかならない場合が多い。

相続された住宅資産の価値は、相続世帯の収入階層と明快に相関する。年収一〇〇〇万円以上の世帯では、相続し、所有し続けている住宅のうち、資産価値が三〇〇〇万円以上におよぶケースが四五・二％を占めるのに対し、その値は、年収三〇〇万円未満の世帯では、一四・一％と低い。以上の調査結果は、住宅相続が人びとの経済上の不平等をさらに押し広げることを示している。

遺産相続に加え、生前贈与は、家族を経路とし、親世代が蓄積した資産を子世代に移転する役割をはたす。政府は、経済対策の一環として、子世帯の持ち家取得を支援する生前贈与に関し、税制上の優遇措置を拡大してきた。この施策は、不動産相続の場合と同様に、資産蓄積に関する親世代の不平等を子世代に反映する。金融資産を豊富にもつ親は、子世帯の持ち家購入を支援することによって、税制優遇を受け、資産が少ない親は、子どもの住宅改善を助ける力をもっていない。政府は、生前贈与の促進が不平等を維持・拡大することを認識し、それでもなお、経済刺激を優先させてきた。

居住用不動産についての不平等研究では、特定世代の「世帯」を単位とするのではなく、複数世代を含む「家族」を分析単位とする必要が高まった。社会の上層には、親世代から子世代にかけて、「富」としての住宅資産をさらに増やす「蓄積家族」（real estate accumulators）が現れる（Forrest and Hirayama, 2018）。高収入の子世帯は、価値の高い持ち家を自身で取得し、さらに、投資のために好立地の不動産を買い、そのうえで、親世帯の大規模な住宅資産を受けつぐ。豊富な住宅資産の一部は、賃貸住宅として市場に出され、家賃収入を生む。不動産市場についての知識と情報をもつ家族は、居住用不動産の売買からキャピタルゲインを得る。下位の階層には、住宅資産がしだいに目減りする「食いつぶし家族」(housing wealth dissipaters)がいる。収入がそれほど高くない子世帯は、自身のために、立地などの条件がよいとはいえない住宅を買い、その資産価値は安定しない。彼らが地方の小都市または農村の出身で、大都市に住んでいるとすると、実家を相続しても、売却・賃貸のための市場はほとんど存在せず、その不動産の多くは「無駄」な空き家になる。親の家に住む世帯内単身者のグループには、収入が低いままで年齢の上がる人たちが含まれる。その住宅の一部または多くは老朽化し、修繕されないままで放置される。親の住宅が世帯内単身者に受けつがれる場合、その物的状態と資産価値は保全されないことがある。社会のより低い階層では、親・子世代ともに持ち家を取得せず、したがって、住宅資産をいっさいもたず、賃貸住宅に住み続ける「賃貸家族」(perpetually renting families)が存在する。住宅所有の普及にもとづく社会では、賃貸セクターに対する政策支援は、最小限にとどめられ、持ち家と無縁の家族は、複数世代にわたって、住宅困窮を経験する。

慎ましい資産所有——再開発、高経年マンション、空き家

住宅政策の課題として重要さを増したのは、ストック更新の促進である。終戦から一九七〇年代にかけて、「住宅不足の時代」が続いた。政府は、住宅建設を推進する政策を展開した。それは、

住宅供給を増大させると同時に、経済拡大を刺激する手段として位置づけられた。住宅建設が旺盛に進んだ結果、前世紀の末には、「住宅余剰の時代」がはじまった。大量の住宅ストックが蓄積し、空き家率が上がるなかで、住宅建設の拡大はしだいに困難になった。一方、老朽した既存住宅が増え、その建て替えの必要が指摘された。経済対策の一環として住宅政策を運営する方針に変化はない。住宅ストックの更新を支援する施策は、ビジネスの新たな分野を切りひらくと考えられた。

不動産関連の資本は、開発の〝フロンティア〟を必要とする（平山 二〇一一 a）。前世紀後半の都市では、人口と経済の拡大にともない、フロンティアは外側に向かって広がり続けた。その不断の開発は、一戸建て住宅が建ち並ぶ郊外住宅地、多数の集合住宅団地、大規模なニュータウンをつくりだした。前世紀末に成長後の時代に入ると、人口・経済の伸びは停滞し、住宅ストックを十分に蓄えた都市は、旧来のフロンティアをもはやもっていない。そこでは、すでに市街化した都市の内側が新たなフロンティアとみなされ、それをふたたび開発しようとする力が増大する。

既存住宅の建て替えを支援する新たな制度整備が進んだ。しかし、ストック更新の施策と手法には、住宅資産所有の階層差に関係し、不動産を少ししかもたない人たちから、それをとりあげる側面がある。再開発を進めようとするディベロッパーにとって、小規模な不動産所有は、しばしば〝抵抗力〟になる。低収入・高齢の人たちは、所有している土地・住宅を売却せず、住み続けることを希望するケースが多い。この状況を突破し、小規模な不動産を〝整理〟するために、新たな手法が必要とされた。再開発などの事業では、「公共の福祉」のために私権が「邪魔」になるという言説がつくられる。しかし、「邪魔」とされる私権をもつのはどういう人たちなのかに注意する必要がある。不動産に関する富裕層の私権が「公共の福祉」の実現を妨げるといわれるケースは、ほとんどない。

持ち家促進の政策のもとで、所得がより低いグループにまで住宅所有が普及した。小さな住まいと土地を所有する低収入・高齢者にとって、その所有の維持には困難がつきまとう。老朽した持ち家に住む世帯は、その修復に必要な資金を準備できないことがある。古くに建築されたマンションでは、収入の減った高齢者が管理費と修繕積立金の負担に困難をきたすケースがある。低収入・高齢の人びとは、住宅所有が安定しないとしても、あるいは安定していないがゆえに、それをどうにかして維持し、自身の安全を守ろうとする。しかし、不安定な持ち家ストックに更新の圧力が加わるとき、その所有はさらに脆くなる。

高経年マンションの建て替えを進めるための制度が整えられてきた。区分所有法（建物の区分所有等に関する法律）の一九八三年および二〇〇二年の改正によって、建て替え要件は緩和され、区分所有者等の五分の四以上の賛成での建て替え決議が成立するとされた。続いて、マンション建て替え法（マンションの建替えの円滑化等に関する法律）の二〇一四年改正（マンションの建替え等の円滑化に関する法律）では、区分所有者等の五分の四以上の賛成にもとづく敷地および建物の売却決議が可能になった。これらの建て替え・売却に反対する区分所有者には、所有権の時価での売り渡しが請求される。反対者には、より高齢、より低い所得の世帯が多くなると推測される。マンション建て替えでは、容積率制限の緩和措置が適用される場合がある。建て替え促進の新しい手法は、ディベロッパーに新たなビジネスの機会を用意し、低収入・高齢者の「慎ましい資産所有」を脅かす可能性をもつ。

空き家対策特措法（空家等対策の推進に関する特別措置法）は、二〇一四年に成立した。適切な管理をともなわない老朽空き家が増え、それに対処する必要が高まった。新たな法律は、自治体による空き家への立入調査、固定資産税情報利用にもとづく空き家所有者の把握を可能とした。そして、保安上の危険要因、衛生上の有害物などになるおそれのある空き家は「特定空家等」と定義され、その所有者に対し、自治体は、除却・修繕などの措置をとるように助言・指導、勧告、命令し、さらに、家屋解体などの行政代執行を実施できるとされた。腐朽・破損した空き家の残存要因の一つに、住宅用地に関する固定資産・都市計画税の特例がある。これは、二〇〇平方メートル以下の小規模な住宅用地の固定資産税を六分の一、都市計画税を三分の一（二〇〇平方メートル超部分については、それぞれ三分の一、三分の二）に軽減する措置で、空き家が残る敷地をも対象とすることから、その除却を抑制する要因になる。これに対し、「特定空家等」と位置づけられ、勧告以上の措置の対象となった不動産については、固定資産・都市計画税の特例を適用しないとされた。

空き家対策の新たな制度の運用にともない、極度に劣悪な住宅とその不適正管理に対する注目と批判が集まった。行政代執行にまで至ったケースにおける所有者からの費用回収の困難にも非難が向けられた。しかし、重要なのは、崩壊しそうなほど傷んだ空き家に対処するだけではなく、空き家の適切な管理を担えない所有者が増え、より広範な空き家ストックの劣化が進む状況への対応である。低収入・高齢の人たちは、相続などで空き家を取得しても、その管理を適切なレベルに保てるとは限らない。新たな制度は、空き家管理の重い負担を低収入・高齢者に課す機能をもつ。さらに、老朽した空き家を適切に管理できない所有者は、物件処分を促される。空き家管理の適正化を要求する制度のもとで、空き家とその土地を取得しようとする不動産業者、ディベロッパーなどは、空き家所有者との交渉をより有利に進められる。空き家対策の新しい法律は、土地・家屋の「慎ましい所有」を脅かし、その物件を市場に出させる効果をもつ。不動産業者などが空き家所有者に空き家対策特措法の仕組みを解説し、物件売却を勧めるケースが増えた。一方、都市地域の縁辺部、地方の小都市では、不動産市場がほとんど存在しないエリアがある。ここでは、空き家の所有者は、重い管理負担を引き受けるか、あるいは、負担に耐えられないのであれば、「慎ましい所有」物件の劣化を放置せざるをえない。

出自を問う／問わない社会

戦後に拡大した持ち家社会とは、自己所有の住宅に住む「独立・自立した世帯」を単位とする社会であった。そこでは、人びとがどの階層、どの地域、どういう家の出身なのかを問われる頻度が減り、出自・来歴から分離した世帯が住まいの「はしご」を登ると考えられた。戦後民主社会は、「財産所有民主社会」としての側面をもつ。人びとの多くは、持ち家取得による資産形成がメインストリーム社会のメンバーシップをもたらすとみなしていた。出自から無縁の人生をおくることは、現実には、きわめて困難である。しかし、出自の影響の程度を下げることは不可能ではない。戦後に増大した持ち家取得は、人びとの独立・自立を反映・促進し、「出自を問わない」社会の構築を支える意味をもっていた。

戦争によって膨大な住宅ストックが失われ、いわば巨大な空白となった都市で、経済の力強い発展に乗って、多数の世帯が住宅所有に向かうことは、中間層を拡張し、より平等な社会形成に結びつくと想像された。政府の住宅政策は、所得再分配の機能をほとんど備えなかった。しかし、持ち家とその資産価値を所有する機会は増大し、中間層のライフスタイルは社会のより多くのグループに行きわたるとみなされた。戦災からの復興とそれに続く経済拡大は、成長率に関する資本主義社会の「例外」時代をもたらした。そこでの持ち家の普及は、平等の度合いが高まる社会形成の構造に埋め込まれると考えられた。

しかし、成長後の段階に入った時代では、大量の住宅資産がすでに蓄積し、その不均等分布が不平等を拡大するドライバーになる。持ち家を取得する「独立・自立した世帯」は減少し、「はしご登りの〝フロー〟の縮小によって、中間層は縮小しはじめた。これにともない、積み上がった持ち家〝ストック〟がどう分配されるのかが、人びとを階層化する新たなメカニズムを構成した（平山二〇二〇）。

この文脈において、住宅資産に関連する不平等の仕組みをとらえるには、「世帯」ではなく、複数世代にわたる「家族」を単位とする社会のあり方をみる必要が高まる。世代を超えて不動産資産を増大させる「蓄積家族」、住宅資産が目減りする「食いつぶし家族」、さらに、持ち家セクターに入ったことがない「賃貸家族」が分裂し、持ち家資産を変数とする家族間の不平等が増大した（Forrest and Hirayama, 2018）。

住まいとその資産価値の「家族化」にともない、「出自を問う」社会がふたたび現れるのかどうかが、見すごせない問題になる。前世紀後半の若い人たちは、親から独立し、自身の家族をもち、そして、社会・経済上の自立をめざし、マイホームを得ようとした。前世紀末からの成長後の社会では、住宅資産がすでに蓄積し、子世代の住宅・資産事情には、親世代が何を所有しているのかが影響する。前章で述べたように、保守政権下の政府は、住宅資産の「家族化」を促進する施策を展開した（第2章）。親子世代の同居・近居に対する支援が増え、子世帯の持ち家取得への親世帯の支援に関する税制上の優遇が拡大した。住まいに関する家族レベルの再分配が増える一方、社会レベルの再分配はいっそう縮小した。住宅所有が人びとの独立・自立を反映・促進しなくなるとすれば、それは、持ち家社会の根柢からの変質を含意する。問われるのは、住宅資産の所有に関し、出自・来歴がより重要な役割をはたす社会の再興をそのまま受け入れるのかどうかである。

第Ⅱ部
実家住まい

第4章　親元にとどまる若者たち

人生の道筋と住まい

この章では、大都市圏に住む〝若年・未婚・低所得〟の人たちの住宅事情をみる。このグループの実態は、〝成長後〟ないし〝ポスト成長〟の時代の住宅問題を理解するうえで、一つの鍵になる。戦後日本の社会形成では、多くの人たちが標準パターンのライフコースを歩むという想定があった。人生の道筋の輪郭は、「家族」「仕事」「住宅」の推移からつくられる。親の家を出て、賃貸住宅を確保し、仕事に就き、そして、結婚し、家族をもち、安定した雇用のもとで、所得を増やし、より良質の借家に移り住み、さらに持ち家を取得するというパターンがライフコースの社会標準を意味した。人生のセキュリティをつくったのは、結婚と家族、雇用と所得、そして住まいの安定であった（平山二〇〇九）。

しかし、若い世代では、標準ライフコースをたどる人たちが減った。結婚の遅い人たち、あるいは結婚しない人たちが増え、低賃金の不安定就労が増加した。親元にとどまる成人未婚の〝世帯内単身者〟が増大し、離家の遅れは若い世代の目だった特徴となった。雇用と収入の不安定さは、世帯内単身者を増加させる原因になった。親の家を離れたグループでは、民間の賃貸住宅に住む単身者が多い。その住居費負担は重く、家計を圧迫した。若年層のライフコース変化と住まいの状況を明らかにし、それをふまえて、住宅問題の新しい局面をとらえることが、この章の関心事である。

若い世代にとって、メインストリーム社会に入るための通路は、より狭くなった。若年期に住宅安定を確保できるかどうかは、その時期だけではなく、人生の全体の「かたち」を描くうえで、重要な意味をもつ。若いグループでは、安定した住まいを得られず、成人としての人生をスタートさせるための「足がかり」さえつかめない人たちが増えた。若年期に「足がかり」をもたなかった人たちにとって、人生の「かたち」の構想は、より困難になる。

若年層の住宅問題という主題が重要であるのは、それが彼ら自身に影響するだけではなく、社会持続のサイクルを弱らせ、壊すからである（平山 二〇一一a）。社会の再生産を支えるのは、若い世代が先行世代に続いて人生の軌道を整えるパターンの継起である。人びとが住む場所を安定させ、それを拠点として、仕事に就き、家族をもち、さまざまな経験を重ね……というサイクルがあってはじめて、社会が持続する。住宅安定の確保が困難になれば、社会維持のサイクルは停滞せざるをえない。

若いグループの不安定さに対する社会関心は、前世紀の末から高まった（玄田 二〇〇一、小杉 二〇一〇、宮本 二〇〇四、白波瀬 二〇〇五、山田 二〇〇四）。しかし、注目を集めたのは、「家族」と「仕事」の実態ばかりで、住まいのあり方が若年層におよぼす影響の深さは、ほとんど見すごされてきた。ここでは、若い世代の人生の軌道を支えるうえで、「住宅」からのアプローチが重要な役割をはたしえることを強調する（平山 二〇〇九：Hirayama, 2012b, 2013）。

人口が成長後の段階に入った時代のなかで、社会の再生産を脅かす重要な因子の一つは少子化である。若年層における住宅確保の困難は、少子化を促進する一因となった（平山 二〇一一a）。若者が親の家を離れ、独立するには、アフォーダブル——適正な範囲内の負担で入居可能——な賃貸住宅が必要になる。結婚もまた、ローコストの住宅を必要とする。出産は、適切な質の住まいがあってはじめて可能になる。少子化の原因について、幅広い検討が重ねられた。しかし、アフォーダブル住宅の不足が若者の離家・結婚・出産を抑制することは、おおかた見おとされてきた。結婚するかどうか、子どもをもつかどうかは、個人の選択の問題である。社会と国家の保全のために家族をつくる必要はない。しかし、結婚と出産を願い、それが困難な人たちが増えているとすれば、その希望の実現を支えることは、社会課題になる。そこでは、若年層に住宅安定をとどける政策の立案・実践が必要とされる。

成長後の社会において、経済の長い停滞は、若年層にとくに強く影響し、そのライフコースをぐらつかせた。ポストバブルの一九九〇年代の不況は、雇用と所得を不安定にし、適切な住宅の確保をより難しくした。経済は、二〇〇〇年代前半に回復しはじめた。しかし、景気好転のもとでさえ、雇用・所得は安定しなかった。アメリカのサブプライム・ローン破綻は二〇〇七年に表面化し、そこから拡大した世界金融危機は、日本を巻き込んだ。深刻な不況は、住む場所の発見さえままならない人たちを増やした。

しかし、若年層の住宅事情の変容を説明しようとするとき、大切なのは、経済変化だけではなく、住まいに関連する政策・制度の組み立て方に注目する視点である（平山二〇〇九）。戦後日本の住宅政策は、「中間層」の「家族」による「持ち家」取得の促進に力点を置いた。住宅金融公庫は、住宅購入支援のために大量の低利融資を供給した。公庫が二〇〇七年に廃止されてからは、おもに税制上の技法を使った持ち家支援が続いた。これに比べ、「低所得」「単身」「借家」世帯のための住宅施策は小規模であった。公営住宅の建設は少なく、その供給の大半は単身者を排除した。民営借家建設に対する支援はほとんどなく、公的家賃補助の供給は皆無に近い。低所得者向け住宅施策は、周縁的な位置づけしか与えられなかった。

ここで分析する若年・未婚・低所得者の住宅事情に反映するのは、経済次元の要因だけではなく、政策・制度次元の要因である（Hirayama, 2012b）。経済が順調に成長していた時代では、若い人たちは、自力で親の家を出て、賃貸住宅を確保し、そして、「中間層」の「家族」を支援する住宅政策のもとで、結婚し、所得を安定させ、「持ち家」取得をめざした。しかし、成長後の時代を迎えた社会において、「低所得」「単身」「借家」層に公的資源を配分しない住宅政策は、若い人びとに人生の「足がかり」さえ用意できない。住まいに関連する政策・制度は、社会的な構築物にほかならない。住宅政策の組み立て方が、若い世代の困難を解決できず、むしろこじらせているのであれば、それをどこに向けて転換するのかが重要な問いになる。

調査について

この章で用いる資料は、①首都圏（東京都、埼玉・千葉・神奈川県）と関西圏（京都・大阪府、兵庫・奈良県）に住む、②二〇～三九歳、③未婚、④年収二〇〇万円未満の個人を対象として、二〇一四年八月に実施した居住実態と生活状況に関するインターネット・アンケート調査の結果である。(5) 学生は、調査対象に含めていない。回答者の選定では、首都・関西圏の別、性別、年齢が偏らないように留意した。回答者数は、一七六七であった（首都圏九〇四、関西圏八六三：男性九三八、女性八二九：二〇歳代八八八、三〇歳代八七九）。

本調査で四〇歳近い人たちまでを「若年」として対象に含めたのは、「より若い若年」層と「より高年の若年」層を比較し、「若年」グループのなかで、年齢差によって住宅関連の実態がどう変わるのかをみるためである。さらに、若年層では、世帯内単身者が増加した。その実態を調べることは、若年層の状況をとらえるうえで、要点の一つになる。低収入層を対象とした本調査の結果によれば、後述のように、世帯内単身者の割合がきわだって高い。第2章でみたように、世帯内単身者率は、より若いグループでは、大幅に上がった後に、安定推移の段階に入ったのに比べ、年齢がより高いグループでは、依然として増える傾向をみせている。この点から、本調査では、「より若い若年」層だけではなく、「より高年の若年」層をも対象とした。

この調査の対象である「年収二〇〇万円未満」の人たちは、若年・未婚層のなかでは、特殊な小集団ではない。就業構造基本調査（二〇一二年）によると、首都・関西圏に住む二〇〜三九歳の未婚・有業者のうち三〇・〇％の人たちが年収二〇〇万円未満であった。有業・無業者を合わせた未婚者のデータをみると、年収二〇〇万円未満の者は、四五・五％に達する。調査の対象は、特殊なグループではなく、それどころか、大規模なグループを形成していると考えてよい。

就業構造基本調査の結果によれば、年収二〇〇万円未満の有業者の割合は、男性より女性、年齢の低いグループで、より高い。いいかえれば、「年収二〇〇万円未満」の位置づけは、性・年齢別に異なる。ここでの調査は、性別、年齢の高低にかかわらず、年収二〇〇万円未満の人たちを対象とした。したがって、本調査の対象者では、女性（男性）より男性（女性）、年齢のより高い（低い）人たちは、同一性・年齢の集団のなかで、相対的な所得がより低い（高い）といえる。

親との同居／別居と結婚意向

若年・未婚者の住宅事情をみるには、まず、彼らが誰とどのような世帯を形成し、結婚について、どういう意向をもっているのかを知ることが、必要になる。人生の軌道をつくる要素の一つは「家族」の推移である。世帯形成と結婚のパターンは、「家族」に関連する人生の輪郭をつくり、住宅確保の条件を形成する。

最初に、親との同別居の実態を把握する。親元に住んでいるのか、親から独立しているのかは、成人未婚者の住宅状況を大きく左右する。若者と親の同居は、多くの場合、住宅確保に関し、若者が親に頼っている関係を示唆し、親と別居している若者の多くは、住まいを自力で確保する。後述のように、親同居のグループでは、若者自身が住まいを所有・賃借し、そこに親が同居しているケースが含まれているが、大半は、親の所有・賃借住宅に若者が住んでいるケースである。親別居のグループは、親所有・賃借の住宅に親と離れて住んでいる若者を含んでいるが、その多くは、自身で住まいを所有・賃借している若者である。

調査の結果から、親同居の割合が七七・四%におよぶことが明らかになった。国勢調査（二〇一五年）の結果から、未婚の若者一般（首都・関西圏の二〇～三九歳）に関し、親同居率をみると、六三・三%であった。本調査の回答者では、親同居の割合がきわだって高く、それは、経済力がより弱く、親元に住むことで生活を維持しようとする人たちが多いことを示唆する。若者一般では、年齢が上がるにつれて、離家を選ぶ人たちが増え、同居率が下がるのに対し、回答者のグループでは、年齢と同居率は規則的な関係を示さない。親との同居は、若者一般では、男性より女性で多いのに比べ、回答者では、女性より男性で少し多い。先に述べたように、回答者のうち男性、高年齢のグループでは、若者一般との経済力の差がより顕著で、それを一因として、若者一般との親同居率の違いが大きくなると推察される。

次に、若者が誰と同居しているのかを表す世帯類型をみる。親同居のグループでは、「本人と両親」が五八・〇%におよぶ一方、「本人と母」が一五・四%、「本人と父」が四・〇%を示す。夫婦と子世帯が中心を占めると同時に、ひとり親世帯が多い点に注意する必要がある。親別居のグループでは、同居者をもたない「単身者」（一七・五%）が多く、それ以外のパターンは少ない（「本人と恋人・パートナー」二・八％、「その他（本人と兄弟姉妹、本人と友人・ルームメイトなど）」二・三％）。

調査対象の人たちは未婚である。彼らは、結婚について、どういう意向をもっているのか（表4－1）。回答率が最も高いのは、「結婚したいと思わない」（三四・一％）であった。これに次いで、「将来、結婚したいが、結婚できるかわからない」（二〇・三％）、「将来、結婚したいが、結婚できないと思う」（一八・八％）および「わからない」（一七・八％）が多い。これに対し、「結婚したいし、結婚できると思う」は六・六％と少なく、「結婚の予定がある」は二・五％とほぼ皆無であった。回答者の大半は、結婚の予定をもたず、結婚を希望するかどうかにかかわらず、結婚の可能性は低いと考えている。この要因は、明確にはわからない。しかし、回答者の年収は二〇〇万円未満と低く、さらに、後述のように、預貯金などの金融資産も乏しい。経済力の弱さは、結婚意欲を減退させる要因になる。

結婚についての意向は、性・年齢・親との同別居別に違いをみせる。男性・高年齢・親同居のグループにおいて、結婚の可能性を低いとみている人たちがより多い。男性では、女性に比べ、「結婚したいと思わない」「わからない」がより多く、高年齢のグループでは、低年齢のグループに比べ、「結婚できないと思う」「結婚したいと思わない」および「わからない」の比率がより高い。本調査の回答者では、男性、高年齢の人たちは、同一性・年齢の集団のなかで、相対的な所得がより低く、その点が結婚意向に影響したとみられる。さらに、年齢が上がるにつれて、年齢要因から結婚の可能性は低いと考える人たちが増える。

結婚意向のあり方は、親との同別居に関係し、「結婚できないと思う」「結婚できるかわからな

表4－1　親との同別居別　結婚意向、雇用形態、年収

	親同居	親別居	計
	%	%	%
〈結婚意向〉			
結婚の予定がある	1.5	6.0	2.5
結婚できると思う	5.5	10.3	6.6
結婚できるかわからない	21.5	16.3	20.3
結婚できないと思う	20.0	14.5	18.8
結婚したいと思わない	35.2	30.3	34.1
わからない	16.4	22.6	17.8
〈雇用形態〉			
正規社員（職員）	7.5	8.8	7.8
契約・嘱託・派遣社員（職員）	7.5	14.3	9.1
パート、アルバイト、臨時・日雇い	36.9	41.9	38.0
自営業、自由業	5.3	8.3	6.0
無職（小計）	42.8	26.8	39.2
〈無職（求職中）〉	〈18.4〉	〈11.8〉	〈16.9〉
〈無職（非求職）〉	〈24.3〉	〈15.0〉	〈22.2〉
〈年収〉			
なし	28.9	19.5	26.8
50万円未満	23.9	19.0	22.8
50万～100万円未満	18.9	20.6	19.3
100万～150万円未満	17.0	21.8	18.1
150万～200万円未満	11.3	19.0	13.0
(回答者数)	(1,368)	(　399)	(1,767)

い」「結婚したいと思わない」の回答率を合わせると、親別居のグループでは六一・二％であったのに対し、親同居のグループでは七六・七％におよんだ（表4－1）。後述のように、親同居と親別居の人たちを比べると、親同居のケースにおいて、無職率がより高く、収入がより少ない。経済力が低く、結婚志向が弱いために、親元に住み続け、親同居の継続が結婚志向をさらに弱めるサイクルが生成している可能性がある。

仕事、収入、資産

若者が人生の「足がかり」を確保し、ライフコースの経済基盤をつくろうとするとき、良質の「仕事」が必要になる。稼働年齢の多くの人びとにとって、就労にもとづく収入は、経済上のセキュリティを確保する中心手段である。しかし、この「仕事」に関し、低所得の若者たちは、困難な状況に置かれてきた。

本調査の対象者には無職の人たちが多い（表4－1）。国勢調査（二〇一五年）の結果から未婚の若者一般（学生を除く首都・関西圏の二〇～三九歳）のデータを抜きだし、その無職率をみると、一二・八％であった。これに比べ、調査回答者では、無職の比率が三九・二％に達し、きわめて高い。無職の内訳では、求職中が一六・九％、非求職が二二・二％で、職探しをしていない人たちがより多かった。雇用形態を観察すると、「正規社員（職員）」は七・八％にすぎないのに対し、「パート、アルバイト、臨時・日雇い」が三八・〇％と高い比率を示し、さらに「契約・嘱託・派遣社員（職員）」

が九・一％を占める。調査対象となった未婚・低所得の若者は、無職の場合が多く、有職の場合でも、その雇用の大半は安定を欠く。若者の就業状況は、親との同別居と明確に相関する。無職率は、親別居では二六・八％であったのに比べ、親同居では四二・八％と大幅に高い。

経済状態を決める因子の一つは収入である（表4－1）。回答者の年収は、二〇〇万円未満である。その内訳を五〇万円ごとに区分してみると、年収「なし」（二六・八％）が最も多く、次いで「五〇万円未満」（二二・八％）の割合が高い。回答者の多くは、「年収二〇〇万円未満」の範囲のなかで、収入がより低いグループに属し、あるいは無収入の状態にある。年収の指標からみる限り、いわば「極貧」の人たちが多い。年収は、親との同別居に関係し、親同居の若者の収入がより低い。年収「なし」または「五〇万円未満」の割合は、親別居では三八・六％、親同居では五二・八％であった。

続いて、回答者の金融資産（預貯金・株式など）では、資産「なし」が多く、四三・〇％におよび、資産をもつ場合でも、「一〇万円未満」が一五・二％、五〇万円未満までで二九・二％を占め、小規模資産しか保有していないケースが多い。資産が一〇〇万円以上の回答者は二〇・二％にとどまる。低所得の若者の多くは、低所得であるがゆえに、資産をほとんど蓄積できない状況にある。親との同別居は、資産規模と明確な相関は示さない。親別居の場合に比べ、親同居の若者の個人所得はより低い。しかし、親同居のグループでは、生活に必要な個人支出は、親別居のグループより少ないとみられる。その結果、金融資産の規模が親同居と親別居で同程度になるという推測がありえる。

苦難の経験

調査対象の若者たちは、自身の家族をつくらず、安定した仕事をもたず、そして、低収入または無収入で、将来の結婚の可能性は低いとみている。この状態の原因がどこにあるのかは、容易には解けない問いである。しかし、その一つとして、これまでの人生の途上で何らかの苦難が生じ、それが現在の生活状況にまで影響している可能性が考えられる。

本調査では、家庭、学校、仕事、病気・事故に関するさまざまな困難の経験の有無をたずねた。その結果によると、育った家庭については、「親の経済困窮」（一六・三％）、「家族関係の不和・断絶」（一三・一％）、「父母の離婚・別居」（一一・一％）などの回答率が一割を超え、学校生活に関して、「いじめ」を経験した人たちが三四・二％と多く、さらに「不登校・ひきこもり」の経験者が二二・五％を占めた。仕事関連では、「職場での人間関係のトラブル」（二八・四％）、「新卒期の就職活動での失敗・挫折」（二二・〇％）の回答率が二割を上回る。これに加え、「うつ病などの精神的な問題」をかかえた人たちが二七・六％と多い。

苦難の経験に関し、回答率が二割を超えた五項目について、性別、就労状況、親との同別居との相関を調べた（図4－1）。性別によって差を示し、女性での回答率が高かったのは、「いじめ」（男三一・一％、女三七・八％）、「不登校・ひきこもり」（男二〇・一％、女二五・二％）および「職場での人間関係のトラブル」（男二四・七％、女三二・四％）であった。就労状況別のデータによると、求職活動を

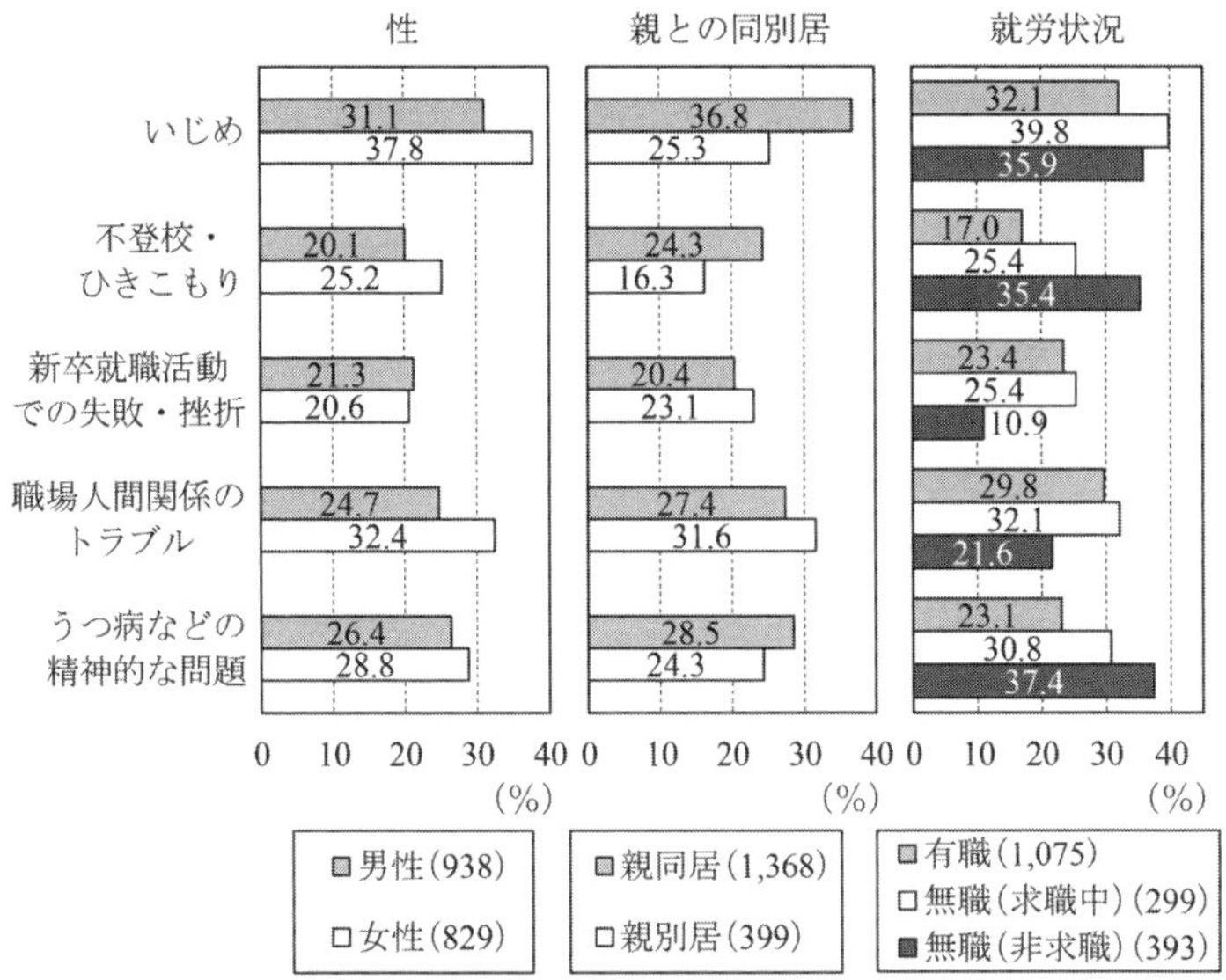

注）1）全回答者での経験率が２割を超えた５項目の困難について図示。
2）（　）内は回答者数。

図４－１　性・親との同別居・就労状況別　困難の経験

していない無職の若者で「不登校・ひきこもり」（三五・四％）と「うつ病などの精神的な問題」（三七・四％）の回答率が顕著に高い。これらの経験は、現在における就労困難の要因を構成すると推察される。無職（非求職）のグループでは、仕事関連の苦難に関する回答率は低く、その一因は、就労経験の少なさにある。同別居別にみると、親同居では、「いじめ」（同居三六・八％、別居二五・三％）、「不登校・ひきこもり」（同居二四・三％、別居一六・三％）、「うつ病などの精神的な問題」（同居二八・五％、別居二四・三％）などの回答率が高い。これらの困難を経験した若者の離家がより難しくなっている可能性がある。

相談相手と孤立リスク

未婚・低所得の若者は、困りごと、悩みごとに直面したとき、誰に相談するのか。この点を複数選択方式でたずねたところ、「親」が最も多く、四八・二％を占めた。これに次いで多いのは、「相談できる人はいない」で、その割合は三六・〇％におよんだ。ここには、孤立リスクの高い若者の存在が示唆されている。親以外では、「友人」（二八・一％）、「兄弟姉妹」（一五・一％）、「恋人・パートナー」（二〇・五％）を相談相手とする回答者がそれぞれ約一割から三割弱を示す。「親・兄弟姉妹以外の親族」（二・二％）、「職場の同僚・上司」（三・九％）に相談する若者はきわめて少なく、また、「ＮＰＯなどの支援団体」（一・六％）、「行政などの専門機関」（三・〇％）などの組織対応を利用しようとする回答者はほぼ皆無であった。

相談相手を性別にみると、「相談できる人はない」が女性での二三・九％に比べ、男性では四六・七％と顕著に多く、男性の孤立リスクがより高いと推測される。女性は、男性に比べ、「親」（男四〇・八％、女五六・六％）、「友人」（男一九・九％、女三七・四％）に相談するケースが多い。就労状況別のデータによると、「相談できる人はいない」の比率が、有職での三一・四％に比べて、無職（非求職）では四五・三％と大幅に高い。求職活動をしていない無職の若者は、生活上の何らかの困難をかかえている場合が多いと考えられ、それにもかかわらず、より高い孤立リスクをもつ。相談相手として「友人」をあげた回答者の比率は、有職かどうかで大きな差をみせ、有職では三四・〇％

を示すのに比べ、無職（求職中）では二五・四％と低く、無職（非求職）では一四・二％とさらに低い。親との同別居別に観察すると、「親」に相談する若者は、親別居での三七・三％に比べ、親同居では五一・四％と多い。しかし、親同居の若者は、親同居であるにもかかわらず、約半数しか「親」に相談しないともいえる。一方、「恋人・パートナー」を相談相手とする若者は、親別居では二〇・六％を示すのに比べ、親同居では七・六％と少なかった。

住宅所有形態について

若年・未婚・低所得の人たちは、住む場所について、どういう状況に置かれているのか。人びとの居住条件をみようとするとき、住宅所有形態は、とくに不可欠の指標とされる（第1章）。この所有形態の分析では、多くの場合、住んでいる世帯が住宅を所有しているのか、借りているのかを問い、その世帯のなかの誰が所有・賃借しているのかまでは問題にしない。しかし、若者と住まいの関係をみるには、「その住宅を所有・賃借しているのは誰か」を調べる必要がある。なぜなら、若者は、自身で住まいを所有・賃借しているとは限らず、親が所有・賃借している住宅に住んでいる場合が多いからである。自己所有・賃借の住宅に住んでいるのか、親の家に住んでいるのかによって、若者の居住条件は大きく異なる。

ここでは、持ち家と借家のそれぞれを、親の所有・賃借なのか、若者自身の所有・賃借なのかによって分け、「親持ち家」「親借家」「自己持ち家」「自己借家」および「その他」という所有形態の

表4－2　世帯類型別　住宅所有形態

		親持ち家	親借家	自己持ち家	自己借家	その他	(回答者数)
親同居	%	73.5	15.4	4.0	5.8	1.2	(1,368)
本人と両親	%	78.8	12.5	3.8	3.4	1.5	(1,025)
本人と母	%	56.8	24.9	4.8	13.2	0.4	(273)
本人と父	%	61.4	20.0	4.3	12.9	1.4	(70)
親別居	%	17.5	5.8	6.0	66.4	4.3	(399)
単身	%	16.2	4.2	6.5	68.3	4.9	(309)
本人と恋人・パートナー	%	10.0	4.0	6.0	80.0	0.0	(50)
その他	%	37.5	20.0	2.5	35.0	5.0	(40)
計	%	60.9	13.2	4.5	19.5	1.9	(1,767)

注）1）世帯類型のその他は、本人と兄弟姉妹、本人と友人・ルームメイトなど。
2）住宅所有形態のその他は、間借り・下宿、シェアハウス、定まった住居がないケース。

分類をつくった。この「親」は親以外の親族を含み、「自己」は同居の恋人・パートナーを含む。「その他」には、間借り・下宿、定まった住居のないケースなどが含まれる。

調査結果から住宅所有形態をみると、親所有・賃借の住宅に住む人たちが七四・一％におよぶ（表4－2）。「親持ち家」が多く、六〇・九％に達し、「親借家」は一三・二％であった。未婚・低所得の若者のマジョリティは、親の持ち家に住み、それによって生活を維持してきた。親が借家のグループでは、若者だけではなく、親もまた低収入のケースが多いとみられる。自己所有・賃借の住宅に住む人たちは、二四・〇％を占め、その内訳では、「自己借家」（一九・五％）が多く、「自己持ち家」（四・五％）は少ない。未婚・低所得の若者は、住宅購入に必要な経済力を備えず、自己所有の持ち家は、相続・贈与、親・親族との共有などで取得した場合が多いと推察される。

親との同別居に関連づけて住宅所有形態をみ

る。親同居のグループでは、「親持ち家」が七三・五％、「親借家」が一五・四％を占め、両者を合わせると、八八・九％に達する。親と同居する若者の大半は、親所有・賃借の住宅に住む。他方で、若者が所有・賃借する住宅に親が同居しているケースがみられ、親同居の五・八％が「自己借家」、四・〇％が「自己持ち家」であった。親同居のケースでは、住宅確保に関し、若者が親に頼るパターンが主流であると同時に、親が子どもに頼る場合が少しあるとみられる。親同居のグループについて、世帯類型別に住宅所有形態をみると、「本人と両親」では、「親持ち家」の割合がとくに高く、七八・八％におよぶ。これに対し、「本人と母」、「本人と父」では、「親持ち家」が五六・八％、六一・四％と相対的に低く、その一方、借家世帯が多くみられ、「親借家」が二四・九％、二〇・〇％、「自己借家」が一三・二％、一二・九％を示した。夫婦と子世帯とひとり親世帯の住宅所有形態の違いは、経済力の差を反映する部分が大きい。

親別居の若者の多くは、自身で確保した住居に住み、その六六・四％の住まいは「自己借家」である。これに「自己持ち家」の六・〇％を合わせると、七二・四％になる。また同時に、親所有・賃借の住宅に親から離れて居住しているケースがみられ、親と別居している人たちの住宅の一七・五％は「親持ち家」、五・八％は「親借家」であった。これは、親別居の場合でも、住宅確保に関し、親の支援を得ている若者が存在することを含意する。

親に頼れる／頼れない

若い世代では、親同居の成人未婚子である世帯内単身者が増えた。この傾向は、低所得層において、とくに顕著である。世帯内単身者の大半は、親の家に住み、その内訳では、「親持ち家」が目だって多く、同時に、「親借家」もある。ここでは、親所有・賃借の住まいで親と同居している若者の実態をみる。

世帯内単身の人たちは、親元に住み続けているというイメージがある。調査結果から、親の家での居住パターンをみると、「親の家にずっと住んでいる」が八二・〇％と大半を占める（表４－３）。しかし、他方で、「自分の住宅から親の家に戻った」が一八・〇％を示す。親元を離れ、単身世帯として独立し、しかし、経済力の弱さなどから、独立世帯を維持できず、親元に戻るブーメランのような経路をたどる人たちが存在する。この「ブーメランガー」(boomeranger) の割合は、回答者の年齢と相関し、二〇～二四歳では九・五％と少ないのに対し、三五～三九歳では二四・二％とより多い。

親の家に住む理由を複数選択方式で質問したところ、住居費と家事に関連する回答が多かった。「親の家を出ても、住居費を自分で負担できない」の回答率が五三・七％と高く、さらに、「親の家を出て住居費を自分で負担できるが、親の家に住むとその負担を軽減できる」が九・三％を示した。親同居の若者の過半数は、住居費負担を避けるために、親元に住んでいる。「親の家に住んでいれば、家事負担が軽い」は五四・〇％に達し、炊事・洗濯・掃除などに関し、世帯内単身者の多くは、

表4－3　年齢別　親の家での居住パターン

		親の家にずっと住んでいる	自分の住宅から親の家に戻った	（回答者数）
20～24歳	%	90.5	9.5	（241）
25～29歳	%	83.8	16.2	（427）
30～34歳	%	79.5	20.5	（307）
35～39歳	%	75.8	24.2	（322）
計	%	82.0	18.0	(1,297)

注）親持ち家または親借家で親と同居している回答者について集計。

親に依存する傾向をもつ。

世帯内単身者が親に納めている生活費の月額を質問した。その結果をみると、「納めていない」が多く、六三・七%におよぶ。生活費を納めている場合でも、その月額は低く、四万円未満までで二九・八%を占め、六万円以上は一・九%と皆無に近い。調査対象の若者は、低収入または無収入であるため、生活に必要なコストに関し、同居の親に依存する度合いが高い。

これらのデータは、親の家が低所得の成人未婚子を保護し、そのセキュリティを形成することを示している（平山二〇一一ａ：Hirayama, 2012b, 2013）。親の家の大半は、持ち家である。戦後日本の住宅政策は、持ち家取得の促進に力点を置いた。この枠組みのなかで、親世代の多数の世帯が住宅所有を達成した。持ち家ストックの蓄積は、親が成人未婚子に住む場所を提供するパターンを増大させる条件となった。

しかし、親の家に住むことを選べるのは、若年層の全体ではない。ここに生じるのは、「親持ち家」の安定と「自己借家」の不安定さのコントラストである。大都市では、地方出身者が減ったとはいえ、依然として多い。彼らは、大都市に住み続けようとする限り、借家を自力で確保する必要がある。若者が大都市出身で、そこに住み続ける場合でも、親の家が狭く、あるいは親子関係が良好ではなく、同居の難しいケースがある。彼らもまた、自分の借家を確保する必要に迫られる。「自己借家」の若者は、「親持ち家」の若者に比べ、住宅の物的水準、居住の安定性、住居費負担などに関し、不利な状況にある。親同居の若者の多くは、同居理由として住居費負担の回避をあげた。この文脈において、増大した持ち家ストックは、低所得の未婚者を支える役目を担うと同時に、若年層を親に頼れる／頼れないグループに分割し、居住のセキュリティについて、「親持ち家」と「自己借家」を階層化する効果をもつ。

一方、「親持ち家」での世帯内単身者の「安定」は、必ずしも持続可能とはいえない。親元に住む未婚の若者の一部または多くは、未婚のままで、そこに住み続け、しだいに中年期に入る。これに合わせて、親が加齢する。親と未婚子の同居は、時間が経ち、双方の年齢が上がるにしたがい、「安定」を失うケースが増える。

第一に、経済条件が変化する。親同居のグループでは、低収入または無収入、そして不安定就労ないし無職の若者が多い。彼らは、親世代の収入に頼ってきた。しかし、親の収入は、定年退職などによって、大きく減少する。親が高齢期に入れば、その年金が世帯のおもな収入源になる。しかし、親が死去すれば、年金収入は失われる。世帯内単身者本人が良質の雇用を確保し、年齢の上昇に沿って、収入を増やすのであれば、その所得増が親の所得減を補填する。しかし、親同居の若者の多くは、収入増を期待できる仕事に就いていていない。

第二に、住居費の条件変化がある。「親持ち家」の大半は、アウトライト住宅である。アウトライトとは、住宅ローンを完済し、あるいは住宅ローンを利用せず、債務をともなわない状態を意味する（第1章）。このため、住居費負担の軽さが「親持ち家」を特徴づける。しかし、経年にともない、住宅は劣化し、その修繕のための費用負担が必要になる。

さらに、第三に、同居する親子の関係は、収入だけではなく、家事労働などに関連し、年が経つにつれて、変化する。世帯内単身者が若い時期では、彼らが親に依存するパターンが支配的である。母親が家事全般を担当し、世帯全体の日常生活を支えるケースが多い。しかし、親子の年齢が上がると、親が子どもに頼るケースが増える。世帯内単身者は家事労働の引き継ぎを求められ、さらに老親の介助、介護が必要になる。そこでは、親子関係をめぐるストレスの蓄積がありえる。

世帯内単身者の多くは「親持ち家」に住んでいるが、その一部が住むのは「親借家」である。この「親借家」では、親子ともに低所得で、両世代が支え合って生活を維持しているケースが多いとみられる。しかし、経済基盤の脆さのために、親子同居の安定が続くとは限らない。先述のように、両親を含む世帯では「親持ち家」が大半を占めるのに比べ、経済上の不安定さをともなうひとり親世帯では「親借家」が多い。持ち家に比べ、民営借家は狭く、低水準の設備しか備えていない。そこでの重い家賃負担は、家計を圧迫する。狭小なアパートなどでの成人子と親の同居は、プライバシー確保の困難などのストレス要因をともなう。

異様に重い住居費負担

低所得の若者にとって、住まいの確保は経済上の難題になる。この点の検討のために、住居費負担の実態をみる。まず、調査対象の人たちが住居費（家賃、住宅ローン返済、管理・共益費）を負担しているのかどうかが問題になる。この点について、「住居費なし」「負担なし」「負担あり」の三つの区分を設定し、回答者がどの類型に当てはまるのかを調べた。その結果、住居費支出を必要としない「住居費なし」の住宅が二九・八％を示した。その代表例は、アウトライトの持ち家である。住居費の支払いが必要な住宅に住み、しかし、住居費を負担していない「負担なし」の若者は、三七・八％を占める。このグループの人たちは、同居の親などによる住宅ローン・家賃負担によって、住居費支出から逃れている。「住居費なし」と「負担なし」を合わせた比率は六七・六％に達する。これは、低所得の若者の多くが住居費負担を回避できる住まいを確保し、それによって生活を維持することを表している。ここに低所得・若年層の生存戦略がある。これに対し、住居費を負担している「負担あり」の若者は三二・四％を示す。低所得の若者たちが住宅コストを負担する／しないグループに分化している状況がある。

住居費の負担実態は、住宅所有形態によって大きく異なる。「親持ち家」のグループでは、「住居費なし」の比率が高く、また、住居費支出が必要な場合でも、それを親が担い、「負担なし」になるケースが多い。「親持ち家」での「住居費なし」は四二・〇％、「負担なし」は四二・〇％を示し、住居費を負担していない回答者が八割を上回った。これに対し、「自己借家」では、「負担あり」が七八・八％と高い割合を示した。

住居費を支払っている人たちの経済状態を調べると、その負担がおそろしく重く、生活基盤を脆くしている様相がみてとれる。住居費「負担あり」の回答者に就労収入（手取り月収の過去三カ月平均）を質問したところ、「なし」が一八・五％を占めた。就労収入「なし」の若者は、仕送り、失業給付、生活保護、預貯金の取り崩しなど、就労以外の何らかの手段によって収入を確保し、そこから住居費を支出していると考えられる。さらに、月収一〇万円未満が二三・六％、一〇万〜一五万円未満が三三・四％と収入がきわめて低い若者が多く、二〇万円以上を得ている回答者は六・一％にすぎない。手取り月収「なし」と一五万円未満の人たちを合わせると、七五・五％に達する。負担している一カ月当たり住居費を観察すると、四万〜六万円未満が最も多く、三三・九％を占めると同時に、幅が認められ、四万円未満が三五・一％、六万円以上が三〇・九％を示した。

ここでアフター・ハウジング・インカム（ＡＨＩ）に着目する。すでに述べたように、住居費支出は、税金・社会保障費支出と同様に、強い硬直性を示す（第1章）。この点をふまえ、ＡＨＩは、収入総額から税金・社会保障費を差し引いた手取り収入から、さらに住居費を引いた「より実質的な手取り収入」として算出される。住居費「負担あり」の若者に関し、ＡＨＩを計算すると、「マイナス」の回答者が二七・八％におよんだ。就労収入が少なく、あるいは皆無であるため、住居費支出によってＡＨＩが「マイナス」になる人たちは、就労以外からの所得を必要とする。ＡＨＩがプラスのグループにおいても、五万円未満が一七・〇％、五万〜一〇万円未満が三二・九％ときわめて低い水準の人たちが多く、一五万円以上は四・五％にすぎない。ＡＨＩが「マイナス」または一〇万円未満のケースを合わせた比率は、七七・六％におよぶ。住居費を負担する低収入の若者は、より厳しい「極貧」状態にある。そして、硬直性の高い住居費支出は、長期にわたって、低所得者の家計を圧迫し続ける。

親の家の内／外

調査対象の若者は、現在の住まいに定住しようとしているのか、あるいは転居を望んでいるのか。定住・転居志向を質問したところ、「住み続けたい」が六二・八％、「住み替えたい」は三七・二％で、定住志向の人たちがより多かった（図4―2）。

回答者が若く、未婚である点からすれば、人生の新たな展開を計画し、転居希望が多くなるという予測がありえる。しかし、ここでの調査の結果は、定住志向の若者が多いことを示した。回答者の多くは、安定した仕事をもたず、低収入または無収入で、結婚の可能性を低いと考え、したがって、「変化」の構想・計画に積極的に取り組む条件をもっていないと推察される。そして同時に、親元に住む若者が多い。親の家の「内」にとどまる世帯内単身者は、住居費負担を逃れ、住む場所の確保に苦労する必要はなく、その意味で、「安定」した状態にある。この安定が続くとは限らない。しかし、少なくとも親の家という住まいが確保され、親の高齢化までは、親に頼れる場合が多い。これに比べ、親の家の「外」に出ると、重い住居費を支払い続けない限り、住む場所を得られないという「不安定」がある。未婚・低所得の若者のこうした状況――「変化」の構想・計画の困難、親の家の「内」の「安定」と「外」の「不安定」――は、親元に住む人たちの定住志向を説明すると考えられる。

定住・転居志向は、住宅所有形態によって異なる（図4―2）。持ち家での定住志向は強い。「自

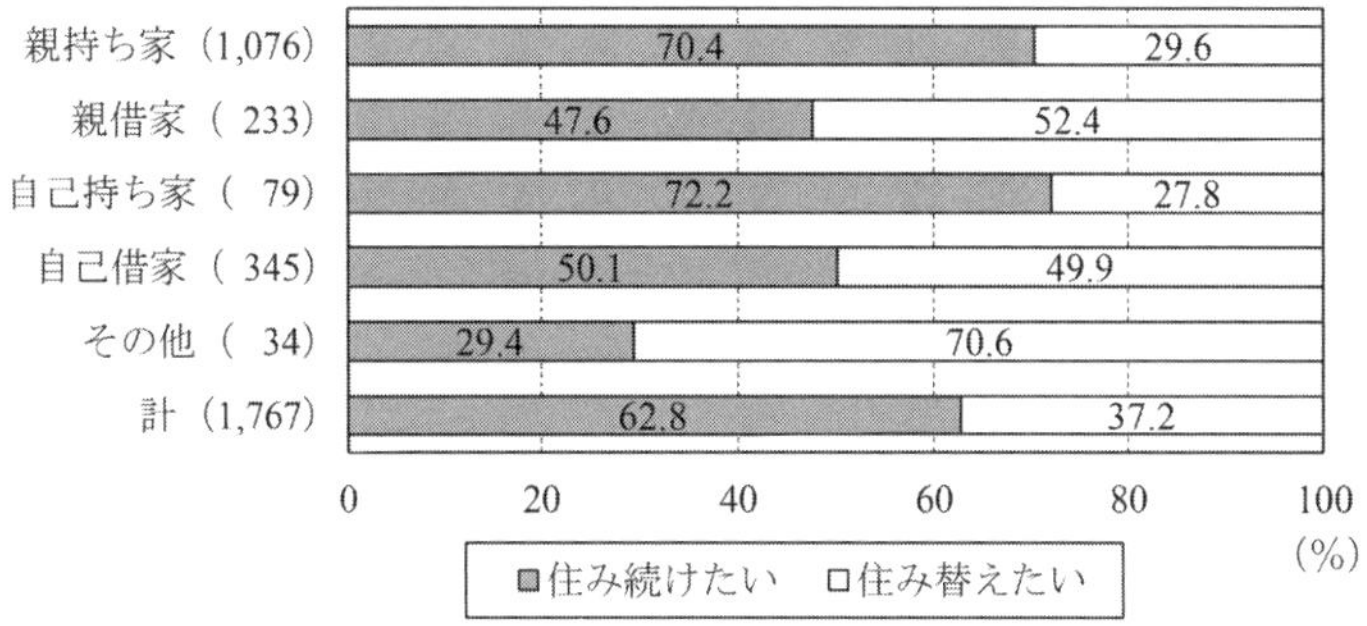

注）1）その他は、間借り・下宿、シェアハウス、定まった住居がないケース。
　　2）（　　）内は回答者数。

図４－２　住宅所有形態別　定住・転居志向

己持ち家」では、「住み続けたい」が七二・二％に達する。これに対し、「親持ち家」は、成人した子どもにとっては、高校および大学に通っていた時期までとは異なり、「仮住まい」と化し、「出ていくべき場所」になると考えられている。しかし、「親持ち家」に住む回答者の定住志向は強く、「住み続けたい」が七〇・四％におよぶ。低所得の若者の多くは、親の家の「内」で「安定」した状態にある。その「外」には「不安定」な世界しか待っていない。彼らにとって、「親持ち家」は、「出ていくべき場所」であるどころか、「とどまるべき場所」になる。借家では、転居志向をもつ若者が多く、「住み替えたい」の割合は、「親借家」で五二・四％、「自己借家」で四九・九％を占める。しかし、低所得の若者は、転居を具体的に予定できるとは限らない。「住み替えたい」と答えた回答者の内訳をみると、「住み替えたいし、住み替えるつもり」の若者は、「親借家」では一一・六％、「自己借家」では一五・七％にとどまった。

現在／将来の暮らし向き

未婚・低所得の若者は、現在の暮らし向きをどのように認識し、その将来をどう予想しているのか。暮らし向きについての現状認識と三年後の予想をたずねたところ、現在に関して、「やや苦しい」と「苦しい」を合わせた比率が五七・九％におよび、三年後については、「ゆとりが出る」「ややゆとりが出る」は一七・三％と少ないのに比べ、「やや苦しくなる」「苦しくなる」は三八・二％とより高い比率を示した（図4－3）。

暮らし向きに関する意識は、性別・年齢・親との同別居と相関する。女性より男性、低年齢より高年齢のグループにおいて、現在の暮らし向きを「苦しい」と感じ、三年後に「苦しくなる」と予想する人たちが多い（図4－3）。先述のように、男性と年齢の高い回答者は、同一の性・年齢の若者一般に比べ、相対的な所得がより低い。この点が暮らし向きについての意識に影響したと推察される。

親との同別居別にみると、現在の暮らし向きについては、親同居より親別居のグループで「やや苦しい」「苦しい」が多い。しかし、三年後の暮らし向きに関する予測では、親別居より親同居のグループがより悲観的である。この〝逆転〟は、親同居による若者の安定が持続可能とはいえないことに関係する。親同居のグループでは、親別居のケースに比べ、低収入、無職の人たちの割合が高くなっているが、しかし、生計に関して、親に依存し、住居費を負担しない場合が多いことから、

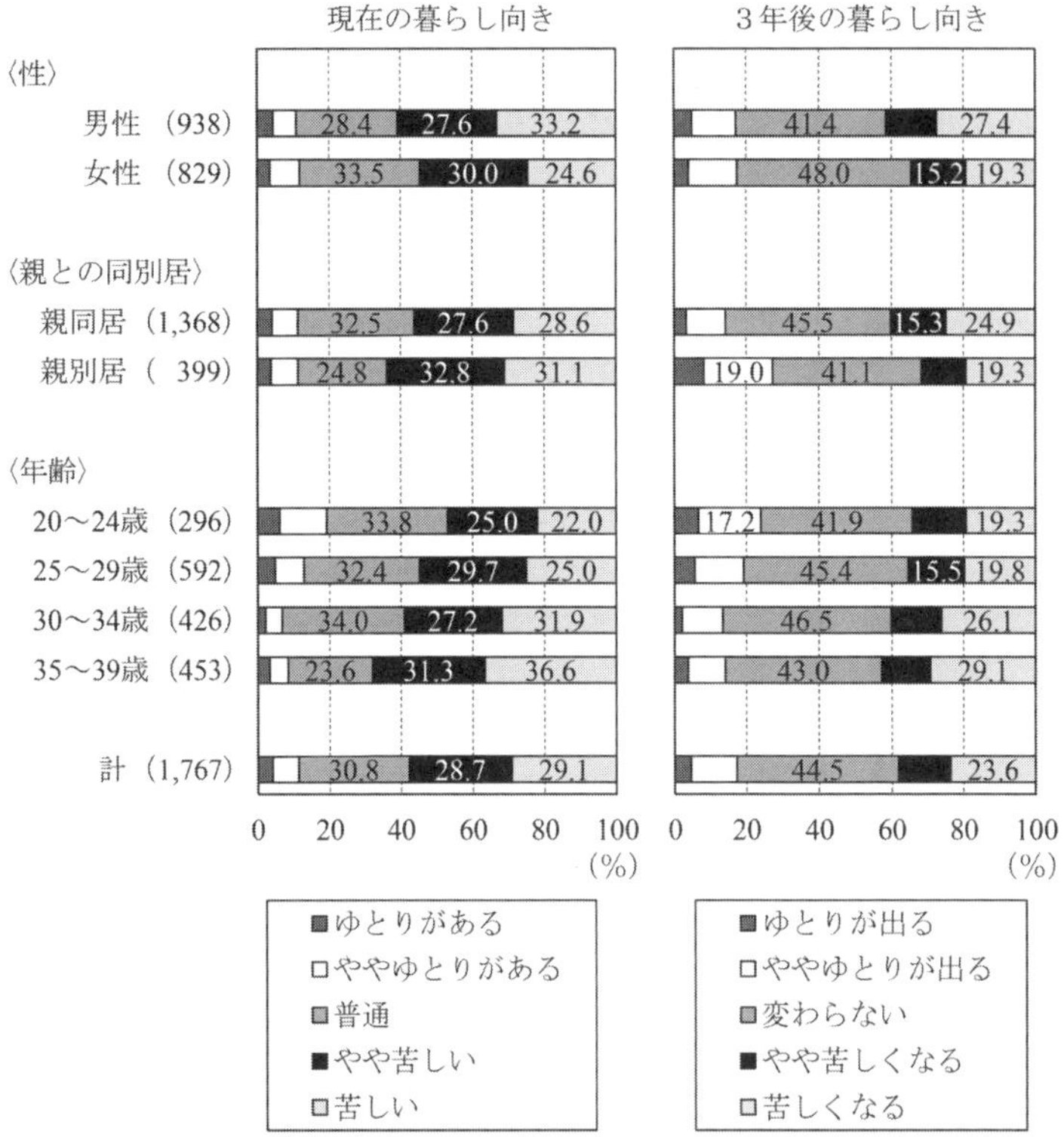

現在の暮らし向き
3年後の暮らし向き
〈性〉
男性（938）
女性（829）
〈親との同別居〉
親同居（1,368）
親別居（ 399）
〈年齢〉
20～24歳（296）
25～29歳（592）
30～34歳（426）
35～39歳（453）
計（1,767）
28.4 27.6 33.2
33.5 30.0 24.6
32.5 27.6 28.6
24.8 32.8 31.1
33.8 25.0 22.0
32.4 29.7 25.0
34.0 27.2 31.9
23.6 31.3 36.6
30.8 28.7 29.1
41.4 27.4
48.0 15.2 19.3
45.5 15.3 24.9
19.0 41.1 19.3
17.2 41.9 19.3
45.4 15.5 19.8
46.5 26.1
43.0 29.1
44.5 23.6
0 20 40 60 80 100 (%)
0 20 40 60 80 100 (%)
ゆとりがある
ややゆとりがある
普通
やや苦しい
苦しい
ゆとりが出る
ややゆとりが出る
変わらない
やや苦しくなる
苦しくなる

注）（　　）内は回答者数。

図4－3　性・親との同別居・年齢別　現在および3年後の暮らし向き

「やや苦しい」「苦しい」がより少なくなったと考えられる。しかし、経年にともない、親の定年退職などによって、世帯の収入は低下し、さらに、高齢化した親が子どもに頼るケースが増える。このため、親同居の若者は、将来の暮らし向きを楽観できず、「やや苦しくなる」「苦しくなる」と回答する場合が多くなるとみられる。

住宅政策から社会持続へ

ここまで、若年・未婚・低所得の人たちの住宅事情を調べた。調査の結果からいえるのは、若い世代の人生の道筋を支え、社会持続の新たなサイクルを形成するために、住宅政策のあり方を見なおす必要が大きいということである。若年層の不安定さが増すなかで、その「仕事」と「家族」についての分析が重ねられた。これに対し、この章では、若い世代の状況をとらえ、その改善を展望するために、「住宅」からのアプローチの重要さを示そうとした。

未婚・低所得の若年層では、「親持ち家」に住む人たちが中心グループを形成し、これに次いで、親の家を離れ、「自己借家」を確保した人びとが大きな位置を占める。「親持ち家」の世帯内単身者の多くは、安定した仕事をもたず、低収入ないし無収入で、経済力が弱く、その一方、親元に住むことで、住居費負担から逃れ、「安定」した状態にある。親の家の保護を期待できない人たちは、借家を探さざるをえない。しかし、「自己借家」の人たちは、低収入であるがゆえに、住居費負担が著しく重く、居住の「不安定」を経験してきた。親の家の「内」／「外」における「安定」／

「不安定」のコントラストが若年・未婚・低所得者の住宅事情を特徴づける。

前世紀後半の大都市における若年層の住宅問題は、いわば「動的」なイメージをもっていた。地方から大都市に流れ込んだ若者は、木造アパートに入居し、狭さ、日照・通風の乏しさ、重い家賃負担に苦しめられた。しかし、経済の力強い成長のなかで、多くの人たちは、仕事を得て、家族をつくり、収入を増やし、より良質の住宅に移り住み、さらに、持ち家を取得し、資産を形成した。

これに比べ、成長後の時代に入った大都市では、若い世代の住宅問題には、「停滞」のイメージがある。未婚が増え、雇用の安定は失われ、所得は下がった。不安定就労または無職の多数の若者が「親持ち家」に住み続け、その「安定」のもとで、かろうじて生活を維持する状況にある。低所得の若者にとって、親の家は、「仮住まい」の「出ていくべき場所」ではなく、「とどまるべき場所」となった。「自己借家」に住む若者の多くは、その「不安定」から抜けだす展望をもっていない。

伝統的な住宅問題研究における関心の中心の一つは、「自己借家」の問題状況にあった。高度成長期に増大した木造アパートは、劣悪な住宅事情のハードコアを構成し、それに関する調査・分析の蓄積は、住宅問題研究の確立と発展を支えた。これに対し、ここでの考察は、成長後の社会を生きる若年層の住む場所として、「自己借家」に加え、「親持ち家」が重要な位置を占めることを示した。

戦後日本の住宅政策は、多数の人たちが標準パターンのライフコースを歩むと想定し、家族世帯の住宅確保に対する支援を重視した。未婚・単身の人たちは、住宅政策の大部分から排除された。

成長後の時代に入り、若い世代の経済条件が劣化したことから、政府は、二〇一六年の住生活基本計画（全国計画）の策定において、若年層の住宅改善を課題とした。この計画は、若い世帯のうち、子育て世帯と結婚・出産を希望する世帯のみを支援対象とし、結婚、出産を望まない人たちをわざわざ排除した。政府が家族世帯を重視する傾向は根強い（第2章）。しかし、人びとの多くが標準ライフコースをたどるという筋書きは、ほとんど成り立たなくなった。若いグループに増えたのは、低賃金の不安定就労者、親元に住み続ける世帯内単身者、賃貸セクターにとどまる単身世帯などである。ここでの分析から指摘されるのは、未婚・低所得の若年層を住宅政策の対象に含める必要である。

良質のアフォーダブル住宅を増やし、さらに、家賃補助の供給などによって、住居費支出を軽減する方策が求められる。それは、住まいに関する若年層の選択肢を増やす意味をもつ。「自己借家」の若者は、過度に重い家賃負担に苦しめられている。この状況を克服する施策展開が重要になる。「親持ち家」に住む若者は、親との同居を積極的に選んでいるとは限らない。その多くは、親同居の理由として住居費負担の回避をあげた。アフォーダブル住宅が豊富に存在すれば、離家を選ぶ若者が増える可能性がある。

人間が移動するかどうかは、プッシュ要因とプル要因の組み合わせから説明される部分がある。世帯内単身者の増大は、親の家から若者を押しだすプッシュ要因が弱いことを示唆する。親世代が取得した広い持ち家は、子世代の住む場所として機能し、離家を抑制した。若者を親の家から引きだすおもなプル要因の一つは、結婚である。しかし、低収入の若者の多くは、結婚の可能性を低いと考えている。借家市場には、低家賃の木造アパートがある。その空き家率は高い。しかし、木造アパートは、老朽・劣化しているケースが多く、若者を引きつける要因にはならない。良質の親の家で育った若者は、木造アパートの家賃がいかに低くとも、親元にとどまることを選び、劣悪な空き家には移転しない。この文脈において、ローコストかつ良質の住宅ストックを増大させることが、世帯内単身者にとって、プル要因を形成し、住まいに関する選択の幅を広げる効果をもつ。

調査結果が示すように、若年・未婚・低所得のグループには、いじめ、不登校、ひきこもり、就職活動の失敗・挫折、職場での人間関係のトラブル、うつ病などの苦難を経験した人たちが含まれる。これらの経験に起因する若者の現在の困難への対応は、住宅施策の課題の範囲を超えているようにみえる。しかし、困難をかかえる若者へのカウンセリング、生活・就労支援などは、住まいの安定があってはじめて成り立つ。良質・低家賃の住宅を整えることは、苦難の経験をもつ若者にとって、親元からの独立を含む選択肢の生成を意味し、人生を立てなおす機会の基盤になる。

さらに、低所得者の住宅安定のために、「親持ち家」の保全が新たな政策課題になる。親の家の「安定」は必ずしも持続しない。経年にしたがい、住宅の物的劣化が進むにもかかわらず、高齢の親と低収入の子は、修繕に必要な資力を有していない。私有財産である持ち家に対する政策支援は、容易には成立しない。しかし、「親持ち家」という〝私的〟な空間が低収入の若年層に住む場所を供給し、〝社会的〟な役割をはたしている点に注目する必要がある。ここでの親の家は、いわば公営住宅を代替する位置をもつ。この点に、「親持ち家」の保全への政策支援の根拠が成り立つ可能性がある。

若い人たちを「停滞」させる住宅問題は、社会持続のサイクルを衰退させた。住まいの選択肢の乏しさのもとで、多くの若者が人生の〝次の段階〟に踏みだせない状況にある。住宅政策に求められるのは、住まいを供給するだけではなく、それによって、若者に人生の「足がかり」を提供し、社会の「動的」な持続を支える役割である。高度成長期から前世紀の末頃まで、若い世代が、先行世代に続いて、標準ライフコースをたどることによって、社会が維持されるという想定があった。しかし、新たな世代にとって、人生の道筋は単数ではありえない。アフォーダブル住宅のストックを増大させ、住む場所の選択の幅を広げる必要がある。人生の「かたち」をより自由に描く若者が増えれば、その多様な軌跡の集積から社会形成の新しい「かたち」が現れるのではないか。社会持続の将来のあり方を展望するために、新たな住宅政策の構想が必要になる。

第5章　ジェンダーと住宅政策

「結婚・持ち家社会」の女性

戦後日本社会では、自己所有の住宅に住む世帯が増え、持ち家が支配的な所有形態となった。この持ち家社会の特徴は、高度にジェンダー化し、「男性稼ぎ主」型の世帯をおもな構成単位とする点にある。そこでの女性は、「結婚」と「夫の持ち家」からセキュリティを得る。持ち家は住んでいる世帯が保有しているというイメージがある。しかし、持ち家の所有者を特定すれば、その大半は男性世帯主である。結婚して子どもをもち、家事と育児を担い、夫の所有物である持ち家に住む、というパターンが女性にとっての「普通の人生」とされた。女性の大半は、個人として住宅を所有するのではなく、「男性稼ぎ主」の妻として持ち家を取得した（Hirayama and Izuhara, 2008）。

一方、女性たちのライフコースは、変容の途上にある。初婚年齢の上昇、未婚と離婚の増加、単身者率の上昇などは世帯形成のあり方を変え、結婚とその持続は「当たり前」ではなくなった。夫婦を含む世帯では、共働きが増えた。経済の長い停滞のなかで、「男性稼ぎ主」の所得の不安定さが増し、妻の稼働の必要性が高まった。持ち家取得の経済条件は、より不利になった。所得減のために、住宅ローンの借り入れが大型化し、返済負担が家計を圧迫した（第1章）。これらの変化の結果、「結婚」と「夫の持ち家」を核とする女性のセキュリティが成立しないケースが増えた。

この章では、「結婚・持ち家社会」における女性、結婚および住宅の関係を検討する。女性のライフコースに影響する因子として、ここで重視するのは、住宅政策である。戦後日本の政府は、多くの人たちが標準パターンのライフコースをたどると想定し、持ち家促進の政策を続けた。女性たちの人生の軌道は分岐し、拡散しはじめた。それにもかかわらず、持ち家支援に傾く政策に変化はみられない。住宅政策が「普通の人生」を支援対象として位置づける一方、ライフコースの実態はより多様になった。人生の道筋に関する想定と実態の不整合が拡大するにつれて、女性たちの住宅条件は、より不安定になる。ライフコースの輪郭をつくるのは、仕事、家族、住宅の推移である。仕事と家族について、多岐にわたる分析が厚く蓄積した。これに比べ、住宅関連の考察と議論は乏しいままである。この章の意図は、女性のライフコース形成に対して住まいとそれに関する政策が重要な意味をもつことを示す点にある。

住宅政策とライフコース形成

戦後日本の社会形成では、ライフコースのあり方に枠組みを与える一連の制度が整備され、その標準化が進んだ。社会学者の嶋﨑尚子（二〇一三）によれば、「皆が同じような人生を歩める社会」

の形成を支えた制度として、社会保障体系、企業中心主義、標準家族世帯モデル、教育と労働市場の連結がある。しかし、これに加え、住宅政策とライフコース形成の密接な関連をみる必要がある。ライフコースの標準パターンをつくるうえで、住宅関連の制度が重要な役割をはたしたにもかかわらず、その点はほとんど見おとされてきた。

戦後の住宅政策は、一貫して、中間層の持ち家取得に対する支援に傾いてきた（平山 二〇〇九 二〇二〇：Hirayama, 2007, 2014a）。住宅政策の体系は一九五〇年代に整備され、すでに述べたように、住宅金融公庫法（五〇年）、公営住宅法（五一年）、日本住宅公団法（五五年）を「三本柱」とした（第2章）。しかし、「三本柱」のそれぞれは均等に重視されたのではなく、中心を占めたのは、持ち家取得への住宅ローン供給を担う公庫であった。高度成長が終わり、低成長の時代に入った一九七〇年代から、政府は、持ち家建設の推進を経済対策の中心手段として位置づけた。これ以降、「三本柱」のなかで公庫融資だけが突出して増大し、住宅政策が持ち家支援に傾斜する度合いがいっそう強まった。

住宅政策を運営する政府は、家族世帯への支援に力点を置いた（平山 二〇〇九 二〇二〇：Hirayama, 2003; Hirayama and Izuhara, 2008）。単身者の住宅困窮は居住密度などの指標からみて深刻ではないと判断され、同時に、単身世帯とは家族をつくるまでの一時的な世帯形態にすぎないとみなされた。住宅金融公庫は、長期にわたって単身者を融資対象から外していた。公庫が単身者に融資しはじめたのは、一九八〇年代に入ってからである。公団住宅は単身者向け住宅を含んでいるが、その大半は家族向けであった。公営住宅の制度は、入居資格に「同居親族要件」を設定し、単身者の入居を排除した。高齢者などに限って、一九八〇年から単身入居が認められた。続いて、二〇一二年には「同居親族要件」が廃止された。しかし、公営住宅を管理する自治体の大半は、単身入居を制限する条例をつくった。住まいを求める人たちは、多くの場合、結婚し、家族をつくってはじめて政策支援の対象となった。

持ち家／借家、家族／単身世帯への支援にバイアスをかける住宅政策は、既婚者の住宅購入を支援することで、ライフコースの標準化を推進し、「結婚・持ち家社会」の形成を支えた。さらに、日本の住宅供給システムの特徴として、企業セクターが一翼を担う点をみる必要がある（平山二〇〇九二〇二〇、大本 一九九六：Sato, 2007）。政府は、社宅建設への公庫融資、住宅公団による社宅建設、税制上の手法などを用い、企業福祉の一環としての住宅供給を促した。とくに大企業は、住宅制度を充実させた。それは、社員とその家族を標準パターンのライフコースに乗せる役割をはたした。未婚の若い社員は独身寮に入居し、あるいは家賃補助を受け、民営借家に住んだ。独身寮の利用は結婚退寮を前提とし、その大半に入居期限が設けられた。結婚した社員とその家族は社宅に住む資格を与えられ、持ち家取得の希望者は勤務先から低利融資を受けた。

「結婚・持ち家社会」におけるライフコースの〝標準化〟とは、〝ジェンダー化〟にほかならない。男性と女性の人生の道筋は、――高校・大学を卒業すると、男は企業に雇われ、定年まで働き続け、女は、結婚または出産まで働いた後に、妻・母としての仕事、さらに老親の世話を担当するという――まったく異なるパターンをもち、〝標準世帯〟は、「男性稼ぎ主」と被扶養者である妻と子から成り立つと想定された。高度成長期に普及したマイホームという用語は、持ち家を意味するにとどまらず、それがジェンダー化した家庭とリンクしていることを表した。このマイホームでは「男性稼ぎ主」が給料をもちかえり、妻は家事と子育てを担うと考えられた。

ライフコースの標準化またはジェンダー化は、「自然現象」ではなく、制度上の構築物である。労働市場では、女性は低い地位に置かれ、昇給・昇任の機会を少ししか得られなかった。このため、多くの女性にとって、自身のセキュリティを得るには、結婚し、「男性稼ぎ主」をもつことが、必須の条件になった。所得税制では、妻の所得が一定以下の夫に所得控除がある。年金制度の一九八五年の改革では、所得が一定未満で、夫に扶養される妻は「第三号被保険者」とされ、保険料を納付することなく基礎年金を受給する資格を付与された。これらの税制・社会保障制度は、夫と専業主婦を中心とする標準世帯を優遇し、その形成を誘導した。企業福祉による配偶者手当の供給などは、多くの場合、所得税制などに準拠し、妻の所得が一定以下であることを要件とした。政府と企業の住宅支援制度は、標準世帯の安定を優先させ、単身世帯などを排除した。

政府は、一九九〇年代半ばから住宅政策を大規模に転換し、住宅生産・消費とそのファイナンスの市場化を推し進めた（平山 二〇二〇：Hirayama, 2007）。住宅政策の伝統的な「三本柱」は解体した。住宅金融公庫は、二〇〇〇年代に入ると、融資を減らし、〇七年に廃止された。公営住宅の新規建設はほとんど停止した。住宅・都市整備公団（旧・日本住宅公団）は一九九九年に都市基盤整備公団、二〇〇四年に都市再生機構に再編され、これらの機関の住宅事業は大幅に縮小した。

政府は、持ち家促進の方針を保ち、新たな手段として、市場経済の利用を重視した（第1章）。公庫の廃止によって、銀行は、住宅ローンの大規模な市場を与えられた。民間住宅融資の金利規制は一九九四年に廃止され、住宅ローン販売の競争が激化した。この競争は、融資商品を多様化し、借入コストを下げる効果を生んだ。大企業は、資本調達の主力を銀行融資から株式発行に移してきた。このため、銀行にとって、住宅ローン商品の販売はコア・ビジネスになった。政府の持ち家支援では、税制利用が中心手段となった。景気対策の一環として、一九九九年から二〇〇一年にかけて、大型の住宅ローン税額控除が実施された。これ以降、住宅ローン減税は少しずつ縮小した。しかし、二〇〇七〜〇八年の世界金融危機による深刻な不況に対応するために、翌〇九年に住宅ローン減税が拡充された。経済衰退からの回復に向けて、未曽有の量的・質的金融緩和が二〇一三年にはじまった。この金融緩和は、住宅ローン供給を促進した。さらに、消費税の二〇一四年と一九年の引き上げにともなう景気後退予想に関連して、住宅ローン減税による経済刺激策が講じられた。

政府の住宅政策は、家族世帯の住宅購入を促し続けた。しかし、「結婚・持ち家」を核とする社会の成り立ちは、一九八〇年代頃から、しだいに不安定になった。結婚しない人たちが増え、持ち家取得はより困難になった。住宅政策は家族の持ち家取得ばかりを支援し、ライフコースの標準パターンを保全しようとするのに対し、それとは異なるライフコースを歩む人たちが増えた。政策と実態の食いちがいから、住宅関連の政策支援を得られないグループが拡大した。配偶者をもたない人たち、住宅を買おうとしない世帯は、住宅政策の対象にほとんど含まれない。市場経済は、住宅政策とは異なり、有配偶者と無配偶者を区別しない。しかし、市場メカニズムは、消費力をもつグループの需要にしか反応しない。家族世帯は、単身者に比べて、たいていの場合、より高い住宅取得能力を備える。このため、住宅と住宅ローンの販売者は、家族の需要を重視し、低収入の単身者がどういう需要をもっているのかには興味を示さない。

イデオロギーの役割

住宅政策の構築においてイデオロギーがはたす役割の重要さを見おとすべきでない。イデオロギーは、多面の機能をもっているが、その中心は「自然化」である。戦後に拡大した「結婚・持家社会」では、配偶者をもち、マイホームを所有することが、適切で、望ましく、当然で、そして自然とみなされる。この「自然化」には、根拠説明を必要としないという含意がある。

イギリスの社会学者、クレイグ・ガーニーは、持ち家を「正常」とし、借家を「異常」とみなす「誇りと偏見」の言説に関する議論を展開した（Gurney, 1999）。ミシェル・フーコー（一九七五［一九六二］一九七七［一九七五］二〇〇六［一九九四］）が「正常」と「異常」の区分を構築する権力のあり方を論じたことは、よく知られているとおりである。ガーニーは、フーコーの権力論を用い、「良き市民」のホーム——物的な住宅ではなく、「自分の家」という意味でのホーム——が持ち家であることを「当たり前」と位置づける「正常化の言説」のメカニズムを分析してみせた。アメリカの住宅・都市社会学者で、借家人運動の研究を残したアラン・ヘスキンによれば、財産所有に根ざす社会を形成する同国において、借家人であることは、〝アメリカン・ドリーム〟の一部であったことがまったくなく、借家人という地位は、安全で、心地よかったことがまったくない。ヘスキンは、住宅所有形態の分裂が、アメリカ社会のイデオロギーの織物における矛盾の核を構成すると指摘した（Heskin, 1983）。

先進諸国の多くでは、私有住宅が増えるにしたがい、住宅所有の大衆化を戦後民主社会の発展に関連づける見方が現れ、持ち家という財産を所有する人たちが「財産所有民主社会」（property-owning democracy）の中心を形づくると考えられた。イギリスの社会学者、ピーター・ソーンダースは、〝住宅所有者の国〟について考察し、持ち家に住む人たちは、借家人に比べて、社会・経済変化と政策動向に利害関係と関心をもち、民主社会により積極的に参加すると書いた（Saunders, 1990）。オーストラリアの住宅・都市社会学者であるイアン・ウィンターもまた、経済・政治・政策の「ステイクホルダー」である住宅所有者はより自発的に社会運営に関与すると考えた（Winter, 1994）。

多くの人びとは、「結婚・持ち家社会」に自分を適応させるために、家族形成と住宅所有を達成し、その実践を通じて、自身が勤勉と自主独立の価値を認め、家庭とコミュニティを大切にすることを表明した。ここでは、結婚と持ち家は、「市民権」の表徴になる。フーコーの示唆にもとづいていえば、人びとが、自身の「正常化」に向けて、自らの振る舞いを律しようとするのは、あくまで〝主体的〟に、である。多くの標準世帯は、「結婚・持ち家社会」のメンバーであり続けることを望み、そこから排除される危険と不安を取り除こうとする。この枠組みにおいて、夫は、職業上の地位の向上、金融上のクレジットの保全、近隣での適切な態度の維持などを重視し、妻は、家庭の円満さの管理、適切な子育て、子どもを媒体とするコミュニティでの良好な人づきあいなどに取り組んだ。この〝振る舞いのプロジェクト〟は、強制されるのではなく、自主的に実践される。

住宅ローンの供給は、一九七〇年代から増え、人びとの持ち家取得を促進するなかで、借入世帯に向けて、その生き方をコントロールさせる効果を生んだ（平山 二〇二〇）。住宅を買うために、大規模な債務を背負い、〝人生を担保に入れた〟人たちは、長い年月にわたる返済を終えるまで、ライフコースの〝適正な軌道〟から外れないように、自身の振る舞いを自分で管理した。多くの「男性稼ぎ主」は、住宅ローン返済の重荷を投げださず、その義務に自身を従わせるために、家庭を守る必要を「自然化」するイデオロギーを受け入れ、それに沿って生きるように、自分をコントロールした。勤め先から住宅ローンを借りた社員は、完済しない限り、その会社を辞められず、たとえば、転勤命令などに服従するしかないことを、自分にいいきかせた。標準世帯の妻たちは、住宅ローンの完済に至る道筋を歩むために、家事と育児、夫の世話に工夫を重ねる生き方を主体的に選んだ。

個人単位分析に向けて

住まいに関する女性の状況を解明するには、分析の単位を「世帯」から「個人」に移す必要がある（平山 二〇〇七 二〇〇八 二〇〇九）。住宅研究の領域では、世帯単位の分析が通例の手法であった。住宅はそこに住む世帯が占有することから、世帯レベルでの実態把握が重視される。住宅・土地統計調査をはじめとする住宅関連の政府統計は、世帯レベルの住まいの状況をとらえている。世帯の状態を測るうえでは、世帯主の年齢、職業、収入などを調べることが多い。世帯主の状態は、世帯全体のそれを示唆する代理指標として用いられる。

しかし、世帯主に着目した世帯単位の分析では女性の状況はみえてこない。世帯主の大半は「男性稼ぎ主」である。住宅・土地統計調査は世帯主の性別に住宅実態を示しているが、世帯主が女性であるケースは単身世帯と母子世帯にほぼ限られる。世帯レベルの分析は、子ども、若い人たち、高齢者、そして女性など、世帯主以外の世帯員の状況を覆い隠す効果さえもつ。世帯のメンバーは同一の住宅に住んでいる。しかし、世帯員と住宅の関係は、世帯員ごとに異なる。たとえば、持ち家に住んでいる世帯では、その住宅は、世帯主にとって、定住の場を構成し、不動産資産を意味するのに対し、そこに住んでいる子どもにとっては、たいていの場合、進学、成人、就職、結婚などを契機として「出ていくべき場所」である。女性の住宅条件を明らかにしようとするのであれば、世帯だけではなく、個人に焦点を合わせ、彼女らが世帯のなかでどういう位置を占め、住んでいる住宅とどういう関係をもつのかを把握する作業が必要になる。

人びとの状態を個人単位でとらえるのか、世帯単位でみるのかは、分析上の技術問題であるだけではなく、社会のなかの人間が「まず個人として存在する」と認識するのか、「個人である以前に世帯という共同体のメンバーとして生きる」と考えるのか、という人間・社会観の違いを反映する側面さえもつ。世帯単位分析を伝統としてきた住宅研究の分野に個人単位分析の方法を導入することは、世帯のなかに〝埋没〟していた女性、子ども、若者、高齢者などの個人の住宅状況を〝可視化〟し、論ずるに値する主題として位置づける役割をはたす。

親の家から出る

では、女性たちは人生の軌道をどのように形成し、そこに住宅のあり方はどのように関係するのか。まず、若年期のライフコース・パターンをみると、それが均一さを失い、分岐に向かう実態が認められる（平山 二〇〇八 二〇〇九：Hirayama, 2010a, 2012b, 2013）。若者のおもな〝居住類型〟には、親元に住む無配偶の〝世帯内単身者〟、一人世帯をつくる無配偶の〝単身者〟、そして、独立した世帯をつくる有配偶の〝世帯形成者〟がある。この類型は、若者個人が誰と住み、世帯とどういう関係をもつのかを示す指標である。若い人たちは、年齢上昇にともない、世帯内単身者から単身者、そして世帯形成者に移行し、あるいは世帯内単身者から世帯形成者にダイレクトに移ることによって、標準ライフコースをたどると想定されてきた。しかし、このパターンの軌道に乗らない若者が増えた。

国勢調査のデータが示すように、世帯内単身者と単身者が増大し、世帯形成者は減少した。世帯内単身者の割合は、一九八〇年から二〇一五年にかけて、二五～二九歳では二四・〇％から四〇・七％に上昇し、年齢の高い三五～三九歳でも二・九％から一八・九％に上がった。単身者もまた増えている。これに対し、世帯形成者の割合は、一九八〇年と二〇一五年の間に、二五～二九歳では四六・〇％から二七・九％、三五～三九歳では八〇・四％から六〇・二％に大きく下がった。

ライフコース変化のおもな要因は、未婚の増大である。未婚率が上がるにしたがい、世帯形成者は必然的に減少し、それに代わって世帯内単身者と単身者が増える。未婚を増加させた要因は、多岐にわたる。しかし、その一つは、経済変化に関係する。景況の長い停滞のもとで、雇用と所得の不安定さは、結婚を減らし、親元にとどまる若者を増やす原因となった。

すでに述べたように、若年層の未婚率は、大幅な上昇の後に、安定する段階を迎え、二〇〇〇年代半ばから、おおむね横ばいになった（第2章）。これを反映し、居住類型の構成もまた、急激な変化をへて、それほど大きな変化は示さなくなった。若いグループのライフコースは、分岐・拡散した後に、標準パターンの道筋をたどる人たちが減ったままで、安定する段階に入った可能性がある。この段階から将来に向けて、ライフコース・パターンがどのように変化するのかを注視していく必要がある。

居住類型ごとに、住宅所有形態はまったく異なる（平山 二〇〇九：Hirayama, 2012b, 2013）。増大している世帯内単身者が住んでいるのは、ほとんどの場合、親の持ち家である。親世代が住宅所有を達成したことが、親子同居を可能にした。世帯内単身者は、親との同居を積極的に望んでいるとは限らない。雇用と所得の不安定さから、親元にとどまる若者が多い。前章で示したように、低収入の若年層では、親の家に住む人たちの割合がとくに高い（第4章）。単身者の大半は、賃貸住宅に住む。彼らが持ち家を取得するケースは少ない。世帯形成者のグループでは、年齢が上がるにともない、持ち家率が上昇する。住宅所有をめざし、達成するのは、世帯形成者にほぼ限られている。

住宅政策のあり方は、居住類型の構成を変化させる一因となった。親の家から離れ、独立しようとする若者は、賃貸住宅を必要とし、結婚しようとする若者もまた、多くの場合、新婚世帯として住むための借家を探す。しかし、政府の住宅政策は、持ち家セクターばかりを重視し、賃貸セクターを改善しなかった。公的賃貸住宅のストックは少ないうえに、若い単身者はそこに入居する資格をほとんど与えられない。民営借家に対する政策支援は、ほぼ皆無である。日本の住宅政策は、他の多くの先進諸国と異なり、公的家賃補助の制度を備えていない。企業が家賃補助を供給するケースはある。しかし、中小企業では、家賃補助の制度はまったく存在しないか、存在するとしても、給付水準は低い。雇用と所得が不安定化し、未婚が増えるなかで、賃貸セクターに対する政策支援の乏しさは、人びとのライフコースを分岐させる結果を生んだ。

居住類型のジェンダー化に注意する必要がある。男女の居住類型を比べると、男性では世帯内単身者と単身者、女性では世帯形成者の割合が高い。これは、男女が同じ年齢層であれば、男性の未婚率がより高いためである。増大した未婚者の大半は、世帯内単身者または単身者である。この両者のバランスは男女間で違いを示し、女性は単身者より世帯内単身者である場合が多い。単身者数に対する世帯内単身者数の倍率を、たとえば二〇一五年の三〇～三四歳について計算すると、男性では一・七六倍であるのに対し、女性では二・三〇倍とより高い。その含意は、未婚女性は未婚のままでの離家を選ばず、女性の離家は結婚を契機とするケースが多いということである。

居住類型は、なぜ、ジェンダー化するのか。「嫁入り前」の女性が実家にとどまる傾向は、暗黙のうちに「自然」「当然」とされてきた。企業が若年女性を雇用するとき、実家からの通勤を前提とする場合がある。福利厚生制度では、女性向け独身寮は少なく、女性の多い一般職および契約社員は家賃補助などの対象に含まれない。これらの雇用・福利厚生制度のあり方は、親元に住む女性を増やす。

さらに、未婚女性の離家の少なさは、住宅確保の条件に関係する。単身者の男女を比べると、女性では、収入がより低いにもかかわらず、より高い家賃を支出するケースが多い。女性には、住まいに関し、通勤の便利さ、高水準の設備と防犯性能、友人との付き合いを維持するための都心立地、安全な近隣環境などを求める傾向がある。より高水準の住宅を必要とし、より低い収入しか得ていない単身女性は、単身男性に比べ、独立した住宅の確保に関し、より不利な位置にある。未婚女性の単身者としての離家の困難は、居住類型をジェンダー化する要因となった（平山二〇一一a）。

夫所有の家に住む

親の家を出て、結婚し、独立した世帯をつくり、そして、持ち家を取得しようとする人たちは、減ったとはいえ、依然としてマジョリティである。この持ち家という所有形態のジェンダー化が注目される。持ち家とその資産価値は、そこに住んでいる世帯に帰属するようにみえる。しかし、住宅を所有するのは、世帯ではなく、個人で、共同所有のケースでは、個人ごとの持ち分が明確にされる。そして、住宅の所有者を特定すると、それは、たいていの場合、「男性稼ぎ主」である。女性が持ち家に住んでいるというとき、その多くのケースは、女性は自己所有の住宅に住むのではなく、夫の所有物である住宅にいわば〝同居〟し、その資産はもっていない、という状態を意味する。女性の大半は、「結婚・持ち家社会」に個人として参加するのではなく、「男性稼ぎ主」の妻として加わってきた（Hirayama and Izuhara, 2008）。

旧・財団法人家計経済研究所（二〇一〇年公益財団法人、一七年解散）の「女性と資産に関する調査」研究委員会（筆者参加）は、全国の二五〜五四歳の女性を対象としたアンケート調査を二〇〇四年に実施し、二二〇五人から回答を得た（平山 二〇〇七 二〇〇九、家計経済研究所 二〇〇六）[6]。その結果から土地、建物、マンションを所有する世帯について、所有の名義人をみると、土地の七五・二％、建物の七四・五％、マンション住戸の七七・七％は「夫のみ」が所有していた。女性本人の所有権をともなう不動産は、土地では二〇・二％、建物では二〇・二％、マンション住戸では二〇・八％とそれぞれ約二割にすぎない。ここには、「結婚・持ち家社会」が「男性稼ぎ主」の住宅所有から成り立っていることが示されている。女性が不動産の所有権をもつ世帯に関し、その持ち分の比率をみると、土地、建物、マンション住戸のすべてにおいて、五割以下が大半を占め、それぞれ七七％、八三％、七七％におよんだ。女性の大半は、住んでいる住宅が〝持ち家〟であっても、それを所有せず、所有している場合でも、その持ち分は少ない。

この調査は、持ち家を購入したケースについて、住宅ローンの頭金および現金購入の若干の事例における現金の調達の仕方を明らかにした。頭金・現金の調達方法では、「夫の資金」を使った世帯が七八・四％におよんだ。持ち家資金を準備するうえで、「男性稼ぎ主」は中心的な役割を担う。しかし同時に、「妻の資金」を用いた世帯が四七・三％と半分近くを占める。ここで注意すべきは、持ち家の所有権または持ち分をもつ女性の割合より「妻の資金」の利用率が高い点である。その含意は、女性の資金を使って取得した持ち家に女性の所有権を設定していないケースがあるということである（利谷二〇〇五）。

住宅とその資産価値が「男性稼ぎ主」に帰属する傾向の一因は、夫婦財産制のシステムが共有制ではなく、別産制に立脚する点にある。明治民法は、夫と妻に別産制を認めていたが、夫に妻の財産の管理権を与え、帰属不明の財産を夫の所有物と推定した。これに比べ、戦後の新しい民法は男女平等の原則にもとづき、夫婦財産の別産制を導入した（利谷二〇〇五）。この制度は、個人としての妻の財産を保護する狙いをもつ。ところが、結婚後に資産を蓄積するのは、おもに「男性稼ぎ主」である。夫が住宅投資に必要な所得をもつのに対し、多くの妻は資力を有していない。ここから、「男性稼ぎ主」が住宅を所有し、妻は夫の所有物に住むパターンが普及した。標準世帯では、妻が家事を担い、夫の稼働に貢献するという想定がある。しかし、妻の貢献は不動産所有に反映せず、夫が取得した不動産は夫個人の所有物になる。離婚時の財産分与などでは、婚姻中に夫婦が協力して取得した不動産・預貯金などは、夫婦の一方が所有していても、実質的には双方の共有財産とみなされる。しかし、婚姻が続く間は、妻の持ち分は潜在的にしか存在しない。

共働きで家を買う

持ち家の経済条件が悪化したことは、すでに述べたとおりである（第1章）。住宅購入に必要な負担は、より重くなった。バブル経済が一九九〇年代初頭に破綻して以来、経済の基調はデフレーションまたはディスインフレーションとなった。住宅・土地価格は下がり、住宅ローンの金利は低いままで推移した。しかし、経済のデフレ化によって、住宅ローン債務の実質負担が増え、所得は減ったことから、住宅購入はより困難になった。住宅ローン利用では、LTV(Loan To Value)——購入住宅の価格に対する借入額の割合——が上昇し、返済負担の重い世帯が増大した。政府は、所得条件が悪化するにもかかわらず、経済刺激のために、住宅ローン利用を促進した。バブル破綻までの日本では、住宅・土地価格は、ほぼ一貫して上昇し、持ち家は含み益を生んでいた。住宅所有は資産蓄積の効率的な手段であった。しかし、バブルが破綻すると、不動産価格の下落によって、持ち家に大規模な含み損が発生した。住宅を買う人たちは、より重い債務を負い、そして、より少ない資産しか得られなくなった。

持ち家取得の経済困難に対する世帯の反応の一つは、妻の就労である。「男性稼ぎ主」の収入は減った。これを反映し、既婚女性の労働市場参加は増大した。「男性稼ぎ主」が家を買うという持ち家取得の旧来のパターンは依然として支配的である。しかし同時に、夫婦の協力にもとづく住宅購入が増えている。

ここで重要なのは、妻の就業を変数とする世帯の階層化である。住宅研究の領域では、世帯の住まいの状況は、「男性稼ぎ主」の経済力によって決まると考えられてきた。男性世帯主がどの程度の収入を得るのかが持ち家取得の可能性を左右することは、事実である。しかし、増大する共働き世帯では、「男性稼ぎ主」だけではなく、妻の経済力が住宅購入の内容を決定し、階層化する因子になる。全国消費実態調査のミクロデータ(個票)を用い、既婚女性の所得が世帯の持ち家率に影響するかどうかを調べると、両指標の明確な相関が認められた(平山 二〇一一a)。住宅条件に関する世帯の経済状況を調べようとするとき、「男性世帯主」だけでなく、妻に照明を当て、その稼働実態に注目する方法が必要かつ有効になる。

首都圏の持ち家に住み、子どもをもつ三〇歳代の既婚・就業女性を対象とし、インターネット利用のアンケート調査を二〇〇九年に実施した（平山 二〇一一a 二〇一一b）[7]。その結果によれば、共働き世帯の持ち家取得では、夫だけではなく、妻の就労状況が住宅購入の質を左右する。妻が正規被用者のグループでは、良質かつ高額の住宅を大型の住宅ローンで購入するケースが多く、世帯の収入が高いために、住居費負担率は低い。妻の大半は正規雇用での就業を継続し、その安定した経済力が世帯の持ち家取得を支えた。このグループは、住宅所有の経済に関し、とくに有利な条件をもつ。しかし、共働きによって高額住宅を買った世帯は、妻の就労が困難になれば、持ち家を維持できないというリスクをかかえる。いいかえれば、大型の住宅ローンの返済のために、夫だけではなく、妻も、労働市場からの退出を選べない。既婚女性の正規就労が良質住宅の取得を可能にし、そして、持ち家保全の必要が女性就労の継続を不可欠にするという連関がある。他方、妻が非正規被用者のグループでは、夫の経済力が低く、持ち家を取得した後に、住宅ローン返済のために妻の稼働が必要になったケースが多い。彼らが購入した住宅の多くは、それほど良質とはいえず、低価格である。しかし、このグループでは、妻が働いてもなお、世帯の収入は低く、住居費負担率が高い。

夫婦の働き方の分岐は、持ち家市場を階層化し、分裂させる効果をもつ。夫婦ともに正規被用者の世帯は、通勤時間を短くするために、都心居住を希望し、その実現に必要な収入をもつ。東京をはじめとする大都市の中心部では、世界金融危機後の量的・質的金融緩和にともない、マンション建設が増え、住宅価格が上昇した。夫婦ともに大企業に勤め、高い収入を得ている世帯は、都心部のハイエンド住宅に対する需要を発生させ、その価格を押し上げた。安定雇用の夫と専業主婦を含む世帯は、中間層の典型であった。この「男性稼ぎ主」型のグループは、夫婦ともに大企業勤務の世帯に比べれば、収入が相対的に低く、中間層向け市場で住宅を確保する。そして、夫が低収入で、妻が無職またはパートタイマーの世帯は、住宅市場のなかで、より不利な位置に置かれ、ローエンド住宅の購入層を形成した。

離婚と住宅確保

持ち家社会の住宅政策は、多くの人たちが結婚し、家を買い、そして、夫婦関係と住宅所有を持続するという想定をもつ。しかし、一九七〇年代から、離婚が増え、標準パターンとは異なるライフコースをたどる人たちが増えた。離婚は、住宅条件にどういうインパクトを与えるのか。インターネットを利用し、三〇～五九歳の離別者を対象とするアンケート調査を二〇〇九年に実施した（川田・平山 二〇一一）。この結果から、まず、離婚直前の住宅所有形態をみると、男女ともに持ち家（「持ち家」または「親持ち家」）の割合が四割強を占めていた（表5－1）。これは、同年代の平均持ち家率に比べて、大幅に低い。離婚した人たちの多くは住宅を買えるほどの経済力をもっていなかったという推論がありえる。住まいに関する離婚の影響は、ジェンダー化し、男女差をみせ

表5－1　離婚直前・直後・現在（調査時）の住宅所有形態

	男性（468）			女性（450）		
	離婚直前	離婚直後	現在	離婚直前	離婚直後	現在
	%	%	%	%	%	%
持ち家	33.8	25.9	30.1	28.4	9.8	19.6
親持ち家	9.6	11.8	18.2	13.3	19.6	18.2
公営借家	6.0	3.6	5.1	5.6	8.4	11.6
都市再生機構・公社の借家	2.6	2.4	3.2	2.9	1.7	3.6
民営借家	36.3	39.5	29.5	37.1	41.6	33.1
社宅・独身寮	6.2	6.2	3.4	5.1	1.6	1.0
間借り等	5.6	10.7	10.5	7.6	17.3	12.9

注）（　）内は回答者数。

る。離婚では、世帯が分解し、住宅と世帯の一対一の対応関係が壊れるため、元夫か元妻のどちらか、あるいは双方の転居が必要になる。離婚時の転居率をみると、男性での四八・五％に比べ、女性では七一・一％と顕著に高い（表5－2）。元妻は、元夫より、子どもに対する親権を行うケースが多い。離婚直後に子どもと同居したのは、男性では一八％と少なく、女性では六四％におよんだ。離婚によって、元妻の多くは、子どもを連れて転居する苦労を経験する。

世帯単位の住宅分析では、夫婦関係が続いている限り、居住は安定しているようにみえる。しかし、そこに潜むのは、居住安定の程度に関する「男性世帯主」と妻の差である。そして、居住安定がジェンダー化している事実は、離婚によって、明るみに出る。

離婚時の転居率の男女差が大きいのは、離婚直前の住宅が持ち家、親の持ち家、社宅などであった場合である（表5－2）。持ち家に住んでいたケースでは、元夫が住宅所有と住宅ローンの名義人である場合が多く、元妻の多くは

表５－２　離婚直前の住宅所有形態別　転居率

		男性 (468)	女性 (450)
持ち家	%	38.6	65.6
親持ち家	%	37.8	75.0
公営借家	%	53.6	52.0
都市再生機構・公社の借家	%	58.3	46.2
民営借家	%	58.2	72.5
社宅・独身寮	%	51.7	95.7
間借り等	%	50.0	85.3
計	%	48.5	71.1

注）（　　）内は回答者数。

住宅ローン返済のための経済力を備えていない。このため、持ち家に住んでいた夫婦の離婚では、元妻が転出するケースが多くなる。離婚直前の住宅が親の持ち家であった場合、その親とは、たいてい男性の親を意味する。したがって、離婚時には、女性の転居率が高くなる。社宅に住んでいたケースでは、その社宅は「男性稼ぎ主」が勤務先から借りた住宅であるため、離婚では、元妻が転出せざるをえない。これに対し、転居率の男女差が小さいのは、公的借家に居住していた場合である。その家賃は政策的に低く抑えられている。したがって、女性が離婚時に転出せず、家賃支払いを継続できるケースが多い。公営住宅の借り手は男性である場合が多い。しかし、その妻には、公営住宅に住む権利を承継する資格がある。

持ち家取得は資産蓄積に結びつき、人生の経済基盤を支えると考えられていた。しかし、バブル経済の破綻以降、住宅の資産価値は不安定化した。このため、離婚時の財産分与で持ち家が役立つケースは減った。高いＬＴＶで住宅を購入した世帯の多くは、その市場価値がローン残高を下回る担保割れの状態に陥った。重い住宅ローンの返済は、金融資産の蓄積を妨げた。担保割れの持ち家に住み、金融資産が少ないケースでは、離婚のプロセスが紛糾するうえに、離別者が手にする財産分与は少量であるか、皆無またはマイナスになる。持ち家が資産を形成するという物語は、ここでは神話または昔話でしかない。

離婚直後の住宅所有形態をみると、離婚直前に比べて、持ち家率が低下し、民営借家と親の持ち家が多くなる（表5−1）。ライフコースの典型として想定されていたのは、年齢の上昇につれて、親の家から民営借家、そして持ち家に移る、といった「はしご」登りのパターンであった。しかし、ここでの調査の結果は、離別者の多くが「逆向き」の住み替えを経験し、住まいの「はしご」を「降りた」ことを示している。離婚直後の持ち家率は、男性では二五・九％、女性では九・八％に下がった。女性の持ち家率はとくに低い。民営借家の割合は、離婚直後に、男女ともに四割前後に上がった。親の持ち家に住むケースは、元夫（一一・八％）より元妻（一九・六％）でより多い。経済力が弱く、子どもを連れている離別女性にとって、実家は「避難地」としての役割を担う。さらに、離婚直後では、間借り等が増える。このタイプの場所に住むことは、多くの場合、不安定さをともなう。離婚直後の間借り等の比率は、男性の一〇・七％に比べ、女性では一七・三％とより高い。一方、公営借家の割合は、元夫（三・六％）より元妻（八・四％）で高い。公営住宅を管理する自治体の多くは、入居者募集に関し、ひとり親世帯の優先枠を設けている。公営住宅のストックは少ないが、しかし、親権を行った離別女性とその子どもがそこに入居できる可能性は相対的に高い。

離婚直後から現在（調査時）までの住宅所有形態の変化では、民営借家率の低下、持ち家率の上昇という傾向がみられる（表5―1）。しかし、現在の持ち家率は、離婚直前の水準には戻らず、男性では三〇・一％と低く、女性では一九・六％とさらに少ない。離別女性の多くは、「逆向き」に住み替え、「はしご」を「降りる」ことで、「結婚・持ち家社会」の外に移動した。時間が経つにつれて、彼女らの一部は再婚し、持ち家を得る。しかし、離別女性が「結婚・持ち家社会」に復帰する、あるいは新たに加わる可能性は高いとはいえない。女性では、離婚直後に実家に「避難地」を求める場合が多くみられた。これに比べ、男性では、離婚直後から現在までに、親の持ち家に住むケースが増え、一八・二％となった。経済上の困窮と家事能力の低さから、離婚後に実家に移る男性が増えると推測される。

持ち家を相続する

住宅所有を達成するおもな方法には、持ち家を「建築する」「購入する」に加え、「相続する」がある。この遺産相続による持ち家の承継もまた、ジェンダー化の傾向を示す。住宅相続者を対象としたアンケート調査の結果を第1章で使った。この調査で得られた九八六世帯による一三一七戸の相続に関するデータをもとに、誰が、誰から、住宅を受けついだのかをみる（平山 二〇一九）。住宅相続が「誰から」の相続であったのかを調べると、「親から」が八九・五％と大半を占め、「配偶者から」は三・四％、その他は七・一％と少なかった。続いて、「誰が」住宅を承継したのかをとらえるために、相続住宅ごとの相続人を世帯主・配偶者別、性別、兄弟姉妹関係（親との続柄）別に把握した。世帯主・配偶者別では、世帯主が七七・八％と多く、配偶者は二二・二％と少ない。世帯主の性別をみると、七〇・六％は男性、女性は二九・四％であった。男性世帯主が住宅を相続するパターンが主流を占める。

相続人の兄弟姉妹関係（親との続柄）をみると、長男の割合が最も高く、五三・九％を示した。これが示唆するのは、長男が持ち家を相続する慣習が残っているかどうかという問いの存在である。子どもが一人の家族では、子世代への住宅相続は長子に集中することから、回答世帯全体での相続人の親との続柄では、長子の割合が高くなる。そこで、一人っ子の相続人を除き、兄弟姉妹をもつ相続人だけをとりあげ、その親との続柄をみると、この観察の仕方でも、長男（五一・七％）の割合が突出して高かった。遺産相続は、兄弟姉妹のなかでは、均等分割が制度上の基本とされる。しかし、この調査の結果をみる限りでは、持ち家については、長男が受けつぐケースが多い。遺産相続では、男性が不動産を相続し、女性はそれ以外の金融資産を相続する傾向があるとみられる。法律次元の遺産相続が男女平等である一方、住宅相続の実践次元はジェンダー化している可能性が高い。

ここでの調査では、配偶者から住宅を相続した事例が少なく、その実態はわからない。しかし、多くの女性は、高齢になってから、夫の死去によって、住んでいる住宅を相続し、その所有権を得ると推察される。既婚女性のマジョリティは、「結婚・持ち家社会」のなかで、夫が所有する持ち家に住んできた。親が死去すると、その住宅資産は、多くの場合、女性ではなく、その兄または弟に承継された。しかし、女性の平均寿命は、男性より長い。ジェンダー化した「普通の人生」を忠実にたどった女性は、夫が亡くなって、ようやく住宅を所有する機会を得る。そのときまで住宅の資産価値が残っているかどうかは、別問題である。

ライフコース・ニュートラルの住宅政策を

この章では、住まいに関するライフコースのジェンダー化を考察した。旧来の住宅問題研究の大半は、世帯単位で実施され、「男性世帯主」と被扶養者をひとまとめにした世帯の住宅実態についての分析を蓄積した。しかし、世帯レベルの実態分析では、住まいのジェンダー化は解明されず、女性の状況を世帯のなかに埋没させる効果が生まれる。本章では、住宅問題研究に個人単位分析を導入する意図をもち、女性個人に焦点を合わせることで、住まいが高度にジェンダー化している実態を明らかにした。

住宅関連のライフコースにおいて、離家から持ち家取得、離婚、さらに住宅相続に至るまで、女性と男性の経験には、きわだった違いがみられた。この枠組みのなかで、多くの女性は、「結婚」と「夫の持ち家」からセキュリティを得る以外に、人生の選択肢をほとんどもっていなかった。

一方、住まいに関連する女性のライフコースは、分岐しはじめた。若い未婚女性の多くは、実家に住む。未婚率の上昇によって、親元に長くとどまる女性が増えた。実家を出て、単身者として独立した女性の多くは、所得がそれほど高くなくても、都心立地の住宅を求め、重い家賃負担に耐えようとする。それは、家計圧迫の要因となった。結婚した人たちの多くは、持ち家取得をめざす。夫の収入が低い世帯では、家を買うために、妻のパートタイム稼働が必要になる。妻がフルタイム就業の世帯は、高水準の経済力を備え、高級・高額の住宅を購入した。離婚した女性の大半は、転居先を探す困難と苦痛を経験する。低所得の母子世帯は、住宅確保に関し、とくに厳しい状況に置かれる。

戦後日本では、多くの人びとが「結婚・持ち家社会」に加わろうとした。しかし、標準パターンのライフコースをたどる人たちは減少し、結婚する／しない、結婚を続ける／終わらせる、持ち家を取得する／しないグループが区分された。

それでもなお、政府の住宅政策は、ジェンダー化した家族世帯の持ち家取得ばかりを重視する「伝統」を保ったままである。必要なのは、特定パターンのライフコースのみを標準とみなし、そこに支援を集中するのではなく、分岐する生き方に中立に対応する住宅政策の立案と実践である。「結婚・持ち家社会」に参加する人たちが減るにもかかわらず、このグループのみを支援する政策は、不公平と不平等を拡大し、社会分裂の危険を生む。増えているのは、未婚のままで年齢が上がる女性、親元にとどまる人たち、重い家賃負担に耐えようとする単身女性、離婚した人びと、母子世帯などである。結婚するかどうか、持ち家を取得するかどうかにかかわらず、生き方の多様さをニュートラルに支える制度が求められる。

ライフコース選択に関する自由の幅を広げようとするのであれば、とくに賃貸住宅政策を再構築し、良質かつ低家賃の住宅ストックを増やす必要がある。未婚の女性は、男性に比べて、親元に住み続ける傾向をもつ。しかし、立地・防犯・設備などに関し、女性のニーズに配慮した低家賃住宅が増えれば、離家を選ぶ人たちが増える可能性がある。持ち家を買うために、高いＬＴＶのローンを組み、返済負担に苦しむ夫婦がいる。賃貸住宅がローコストであれば、そこに長く住み、住宅ローンの頭金を貯めることで、低いLTVの持ち家取得をめざすことが可能になる。離婚した女性の大半は、転居を余儀なくされる。この状況に機敏に対応するには、適切な賃貸住宅の供給が不可欠になる。

時代と地域ごとに、支配的なライフコース・モデルがある。多くの人たちは、「普通の人生」のモデルを参照し、自己の位置を測りながら、自身の人生の道筋を建設しようとする。ライフコースに関する人びとの選択は、モデルから無縁ではありえず、そこからのある程度の距離の範囲内に分布する。しかし、モデルが単数である必要はない。女性が「結婚」と「夫の持ち家」からしかセキュリティを得られないという社会のあり方は、けっして持続可能ではない。重要さを増すのは、ライフコース変化の実態をふまえ、複数のモデルを発展させる方向性である。より豊富なパターンのモデルのもとで、より多様な人生の軌道を想定し、より多彩な選択を支えることは、より平等な社会の形成を可能にし、自由の幅を広げることに貢献する。この文脈での新しい役割をはたすことが、住まいに関する公共政策に求められている。

第6章　「三世代同居促進」の住宅政策をどう読むか

〝一億総活躍社会〟と子育て支援

安倍晋三首相の第三次改造内閣は二〇一五年一〇月に発足し、「少子高齢化の流れに歯止めをかけ、誰もが活躍できる「一億総活躍社会」の実現」をめざす方針を打ちだした。首相は、一億総活躍担当大臣を任命し、内閣官房に一億総活躍推進室を設けることで、一億総活躍政策の体制を整え、それを重視する姿勢を表した。この枠組みのなかで、三世代同居および近居の促進が、子育て支援の一環として、住宅政策の重要課題とされた。

戦後日本では、核家族が増え、単身者の比率が上がった。三世代同居の世帯は減った。住まいに関する広範な課題のなかで、同居・近居促進をことさらに重視する方針は、けっして自然ではない。一方、子育て支援には、保育サービスの拡充、就労条件の改善、教育コストの軽減など、幅広い手段がある。そのなかで、同居・近居促進に力点を置く施策の根拠は不明瞭であった。

三世代同居・近居支援という手段を前面に押しだす政策を、どのように読めばよいのか。この点の検討が、本章の関心事である。一億総活躍政策は、「新・三本の矢」にもとづき、「五〇年後の人口一億人」の維持を目標とした。安倍政権の経済政策を形づくったのは、金融緩和、財政出動、成長戦略の旧「三本の矢」であった。これに続く「新・三本の矢」は、旧「三本の矢」を束ねた「新・第一の矢：希望を生み出す強い経済」に加え、「新・第二の矢：夢をつむぐ子育て支援」と「新・第三の矢：安心につながる社会保障」から構成された。旧「三本の矢」政策は経済成長ばかりをめざしたのに対し、「新・三本の矢」政策では、「成長」だけではなく、「分配」が課題とされた。首相の私的諮問機関として一〇月に組織された一億総活躍国民会議は、一一月には「緊急対策」（一億総活躍社会の実現に向けて緊急に実施すべき対策）をまとめ、そのなかで、同居および近居の環境整備は、「新・第三の矢」の手段の一つとして、「特に緊急対応」を要するとした。同会議の検討にもとづく「ニッポン一億総活躍プラン」は翌年六月に閣議決定され、「家族において世代間で助け合いながら子や孫を育てることができ、子育てのしやすい環境づくりとして、三世代の同居・近居を推進する」とした。

子育て支援は、希望出生率一・八の達成を目標とする。希望出生率とは、子どもの数に関する人びとの予定・理想を根拠とし、その希望がかなった場合の出生率をさす。合計特殊出生率は、二〇一四年では一・四三であった。国土交通大臣に就任した石井啓一によれば、「安倍総理大臣からは、希望出生率一・八の実現を目指し大家族で支え合うことを支援するため祖父母・親・子どもの三世代が同居したり近くに住んだりすることを促進するような住宅政策を検討・実施するよう指示があった」（就任時報道インタビュー）。

住宅政策の領域では、二〇〇〇年代から、住まい方に関する親・子世代の関係のあり方が検討されてきた。そこには、子育て支援に加え、高齢者支援、多世代コミュニティの形成などの多様な目的がみられた。住宅政策の根拠を形成する住生活基本計画（全国計画）は、二〇〇六年、一一年、一六年に策定され、三世代同居・近居促進を課題として示し続けた。自治体レベルでは、たとえば、神奈川県は、多世代が支え合うまちづくりをめざし、二〇一二年に「多世代近居のまちづくり推進」を重点施策とした。神戸市は、親・子世帯の支え合いを促すために、同居・近居のための転居費用を助成する「親・子世帯の近居・同居住み替え助成モデル事業」を二〇一三年に開始した。

これに比べ、一億総活躍政策の三世代同居・近居促進では、子育て支援の観点がとくに強調された。その具体策として、同居対応の住宅リフォームに対する補助と所得税優遇が二〇一六年に開始された。同居対応とは、キッチン、浴室、トイレ、玄関のうち二つ以上に関し、複数を住宅内に設けることをさす。一方、都市再生機構は、親・子世帯の近居に対する支援を二〇一三年から実施してきた。機構住宅を使って親子近居を開始した世帯は、家賃割引を適用される。この施策は、一億総活躍政策のもとで、二〇一五年に拡充され、機構住宅とそれ以外の住宅を使った親子近居が家賃割引の対象となった。

家族主義のイデオロギー

三世代同居・近居を促進しようとする安倍政権の住宅政策は、少子化対応という現代の課題を背景としているが、そこに内在するのは、〝家族主義〟の「伝統」である。このイデオロギーに注目してはじめて、同居・近居を重視する政策形成の理解が可能になる。同居・近居支援の新しい政策は、「新しい」とはいえ、唐突に生まれることはなく、その領域の歴史経緯との連関をもつ。そしてまた、〝一億総活躍〟という新奇な言葉を顕示し、それに頼る政策は、いわば〝イベント〟として推進され、目新しさが減れば、政治上の価値を失うことから、長くは続かない。しかし、その底流をつくる家族主義のイデオロギーは、短命とはいえず、将来に受けつがれる。

家族主義という言葉は、多面の意味を有し、その使い方は、時代によって異なる（阪井ほか二〇一二）。ここでの家族主義とは、福祉レジーム論でのそれに相当する。人びとのセキュリティを支えるために、政府、市場および家族は、それぞれ重要な役割をはたす。その組み合わせの体制が福祉レジームである。家族主義とは、福祉レジームにおける家族の役割をとくに重視する方針を意味する。デンマーク出身の社会学・政治学者であるイエスタ・エスピン－アンデルセンが福祉レジーム論を構築し、社会政策の理論を発展させたことは、広く知られているとおりである。その指摘によれば、「家族主義的福祉レジームとは、最大の福祉義務を家族に割り当てる体制のことである」（Esping-Andersen, 1999, 45）。

市場経済に根ざす社会では、多くの人たちは、セキュリティを確保するために、自身を労働力として商品化し、その販売によって収入を得る。しかし、子どもと高齢者の多くは、労働力になりえず、障害者、シングルマザーなどもまた、労働力化の困難なグループを構成する。そこでは、政府または家族がセキュリティの源泉となる。戦後の日本社会は、市場経済を中心にすえたうえで、家族システムを用い、子ども、高齢者などを保護する体制をつくってきた。政府は、個人のセキュリティをダイレクトに支えるのではなく、むしろ「セキュリティの単位としての家族」をもつように人びとを導いた。

自由民主党とその政権下の官僚たちは、一九七〇年代後半に〝日本型福祉社会〟の建設を構想した。これは、国家ではなく、家族、企業および地域に福祉供給を担わせる方針に立脚する。とくに家族は、福祉供給の中心主体として位置づけられ、育児と高齢者扶養の重要な資源になるとみなされた。これを反映し、たとえば、社会保障の領域では、第三号被保険者制度が一九八五年に創設され、専業主婦を含む世帯に有利な条件を与えた。ここには、おもに主婦が子育て、高齢者ケアを担当するという想定がある。日本型福祉社会では、家族は、福祉の「対象」ではなく、「担い手」とされ、「国家が家族を支える」のではなく、「家族が国家を支える」関係がつくられた（原田一九八八）。一億総活躍政策の子育て支援とは、こうした家族重視の「伝統」の延長線上に位置し、家族をコアとする福祉レジームをさらに強調する意味をもつ。

家族主義のイデオロギーは、住宅政策のあり方に影響した（平山 二〇〇九 二〇二〇：Hirayama and Izuhara, 2008）。住宅供給のための施策手段の大半は、単身者を排除し、家族世帯の住宅改善を優先させた。住宅金融公庫は、一九八〇年代まで、単身者に融資しなかった。単身者向け公庫融資の供給が可能になったとはいえ、その実績は少ない。日本住宅公団による住宅供給の大半は家族向けであった。高齢者などを除く単身者の多くは、公営住宅に入居する資格を与えられていない。住まいの確保に関し、人びとは、結婚し、家族をつくらない限り、政策支援の対象から除外された。

一億総活躍社会のための住宅政策は、「新しい」だけではなく、むしろ家族主義の「伝統」を反映した。住宅に関する戦後の政策支援は、家族の住宅確保を重視し、核家族をおもな対象とした。都市化にともない、核家族が増え、その膨大な住宅需要に対応することが、住宅対策の中心課題とされた。これに対し、一億総活躍政策は、子育てに関する拡大家族の重要さを強調し、三世代同居・近居促進をめざした。安倍政権の住宅政策は、その焦点を核家族から拡大家族にシフトさせ、家族主義の色合いをいっそう強めた。

子育て世帯の住宅事情

(1) 世帯の型

では、子どもを育てる世帯は、住まいに関し、どういう状況に置かれているのか。三世代同居を支援する住宅施策を評価するには、それが子育ての現場の実態に沿っているかどうかをみる必要がある。ここでは、住宅・土地統計調査(二〇〇三年)および全国消費実態調査(〇四年)のミクロデータ(個票)の独自集計にもとづき、長子六歳未満の乳幼児を含む世帯の住宅事情をみる。日本では、ミクロデータの公開が遅く、古いデータしか利用できなかった。しかし、以下で示す子育て世帯の住宅事情の特徴は、急に変化することはなく、現在まで続いている側面をもつ。

まず、世帯類型を調べると、核家族世帯(「夫婦と子」「母子・父子」)のグループが八割強に達し、三世代世帯(「夫婦と子と親」「母子・父子と親」)のグループは二割弱と少ない。最も多いのは「夫婦と子」で、その比率は七八・二％におよぶ。これに次いで、「夫婦と子と親」（一五・二％）が多く、「母子・父子と親」は三・六％、「母子・父子」は三・〇％であった。「母子・父子」の大半は、母子である。母子および父子の世帯は、小さなグループを形成しているが、しかし、年齢が上がるにつれて、離婚などのために、しだいに増加する。三世代世帯の形成は、働き手を増やし、生活費支出を合理化する点で、経済上の利点をもつ。核家族世帯数と三世代世帯数の比は、両親を含む世帯のグループでは約一対〇・二、ひとり親のグループではほぼ一対一・二と大きく異なる。母子・父子家庭の多くは、経済困難をかかえ、三世代同居が可能であれば、それによって家計を維持しようとする。

（2）住まいの状況

乳幼児を含む世帯の住まいに関し、大切なのは、その著しい階層化の実態を知ることである。世帯年収では、高収入の「七〇〇万円以上」が二〇・〇％を占めると同時に、低収入の「三〇〇万円未満」が一八・四％を示し、所得分布の分解が認められる（表6－1）。年収は、世帯類型と強く相関する。核家族世帯のグループを観察すると、「夫婦と子」では、「三〇〇万円未満」（一七・二％）と「七〇〇万円以上」（一六・八％）のそれぞれが二割弱を示すのに対し、「母子・父子」では、低収入の「三〇〇万円未満」世帯が七八・七％と大半を占める。三世代世帯のグループでは、高収入の「七〇〇万円以上」世帯が多く、その傾向は、とくに「夫婦と子と親」に当てはまる。「母子・父子と親」では、低収入のケースも多く、「三〇〇万円未満」が三〇・四％を示す。

住宅事情を表す指標をみる（表6－1）。住宅所有形態では、持ち家（四五・三％）が最も多く、次いで民営借家（三八・六％）が多い。住宅の延べ床面積には、大きな幅が認められ、一二〇平方メートル以上の広い住宅が二一・二％を示す一方、四〇平方メートル未満の狭小な住宅が一一・六％を占める。建築年では、一九九六年以降建築の住宅が多く、四二・二％におよぶ。同時に、一九八〇年以前に建築された古い住宅に住む世帯がみられ、その割合は二一・九％であった。新耐震基準導入（一九八一年）より前に建築された住宅は、安全性を欠く。住居費負担が重い世帯では、その支出が子育ての経済を圧迫する。住居費の対可処分所得比を計算すると、二五％以上の世帯が一九・三％を示した。

住宅事情のこれらの指標は、世帯類型に密接に関係する。核家族世帯のグループをみると、「夫婦と子」世帯に比べ、「母子・父子」世帯では、持ち家が少なく、民営借家の割合はより高く、狭い住宅、古い建物に住んでいる場合がより多い。「母子・父子」世帯の居住条件は劣悪で、「夫婦と子」世帯のそれとは大きな違いを示す。三世代世帯のグループでは、持ち家率がきわめて高く、広い住宅が多い。この傾向は、「夫婦と子と親」世帯でより明確に認められる。三世代世帯の住宅の多くは、建築年が古く、とくに「母子・父子と親」では、古い住宅がより多い。

世帯年収との関連で住宅事情を観察すると、収入が少ないほど劣悪で、民営借家、狭い住宅、古い住宅が多く、住居費負担が重い。年収「三〇〇万円未満」、「七〇〇万円以上」のグループを比較すると、民営借家率は五二・三％、二三・三％、四〇平方メートル未満率は二四・六％、二・九％、一九八〇年以前建築率は三三・一％、一七・七％と著しい差がみられた。住居

表6－1　子育て世帯（長子6歳未満）の住宅事情

	世帯年収		住宅所有形態				延べ床面積		建築年		住居費負担率25%以上
	300万円未満	700万円以上	持ち家	公的借家	民営借家	給与住宅	40㎡未満	120㎡以上	1980年以前	1996年以降	
	%	%	%	%	%	%	%	%	%	%	%
〈世帯類型〉											
夫婦と子	17.2	16.8	35.5	8.6	45.6	9.7	13.0	11.5	17.8	46.6	20.2
母子・父子	78.7	3.7	13.2	23.2	59.0	3.1	35.5	4.2	29.6	29.3	18.2
夫婦と子と親	9.8	38.7	93.6	1.5	4.4	0.4	0.8	70.2	36.5	28.7	11.3
母子・父子と親	30.4	24.5	78.4	7.8	13.7	0.1	6.7	38.8	41.7	14.9	15.1
その他	40.7	14.6	64.0	18.4	15.7	1.9	13.5	36.6	45.7	11.2	16.5
〈世帯年収〉											
300万円未満	100	0.0	24.6	19.4	52.3	2.9	24.6	9.8	33.1	26.4	27.7
300万～500万円未満	0.0	0.0	39.4	8.6	44.0	7.5	13.0	16.5	21.0	41.1	22.6
500万～700万円未満	0.0	0.0	52.8	3.4	32.6	11.0	6.7	23.4	18.4	49.8	18.3
700万円以上	0.0	100	66.0	1.8	23.3	8.7	2.9	37.7	17.7	49.0	13.1
計	18.4	20.0	45.3	8.0	38.6	7.7	11.6	21.2	21.9	42.2	19.3

注）1）世帯主との続柄「孫」の世帯員のうち最年長者が6歳未満の世帯、または、「孫」がおらず続柄「子」の世帯員のうち最年長者が6歳未満の世帯について集計。
2）住居費負担率は、一カ月当たりの住宅ローン返済・管理費・共益費・修繕積立金などの合計の対可処分所得比。
3）住居費負担率25%以上世帯率は、勤労者世帯についてのみ集計。
4）住居費負担率25%以上世帯は、可処分所得がマイナスである世帯を含む。
5）不明を除く。
資料）住居費負担率25%以上世帯率は平成16年全国消費実態調査のミクロデータ、それ以外の数値は平成15年住宅・土地統計調査のミクロデータより集計。

費の対可処分所得比が二五％以上の世帯は、年収「七〇〇万円以上」では一三・一％であったのに対し、「三〇〇万円未満」では二七・七％におよんだ。

（3）住み替えの実態

続いて、乳幼児をもつ世帯の住み替え実態をみる（表6－2）。子どもを育てる若い世帯は、しばしば転居する。ここでのデータによれば、乳幼児を含む世帯の転居率（過去約五年間に転居した世帯の比率）は、六二・四％に達する。転居した世帯に関し、移動後の住まいの所有形態をみると、民営借家が四六・七％と多く、次いで持ち家の三三・七％で比率が高い。持ち家への転居に比べ、民営借家への転居は、住宅水準の向上につながらない場合が多い。

世帯類型別に転居実態を調べると、三世代世帯のグループでは、住み替えは少ない。これに対し、核家族世帯のグループの転居は多く、その比率は、「夫婦と子」では七三・三％を示し、「母子・父子」ではより高く、八四・三％におよぶ。転居後の住宅所有形態では、民営借家が多く、その比率は、「夫婦と子」（四七・九％）より「母子・父子」（六〇・五％）で高い。転居先が持ち家の世帯は、「母子・父子」では九・三％と少ないのに対し、「夫婦と子」では三二・三％を示す。「夫婦と子」世帯では、持ち家取得による住宅改善がより多いのに対し、「母子・父子」世帯では、民営借家市場をいわば流動しているケースが多く、転居率の高さは居住の不安定さを表している。

世帯年収と転居実態は、明確に相関し、収入が少ないグループでは、転居率が高く、民営借家に住み替えた世帯が多い。転居した世帯の割合は、年収「七〇〇万円以上」での四九・五％に比べ、

表６－２　子育て世帯（長子６歳未満）の住み替え実態

	移動あり	（移動後の住宅所有形態）						移動なし	計
		持ち家	公的借家	民営借家	給与住宅	その他	小計		
	%	%	%	%	%	%	%	%	%
〈世帯類型〉									
夫婦と子	73.3	32.3	9.0	47.9	10.5	0.4	100.0	26.7	100.0
母子・父子	84.3	9.3	25.9	60.5	2.9	1.4	100.0	15.7	100.0
夫婦と子と親	16.4	82.8	3.1	13.2	1.0	0.0	100.0	83.6	100.0
母子・父子と親	17.9	50.2	13.3	36.1	0.4	0.0	100.0	82.1	100.0
その他	16.1	45.1	54.9	0.0	0.0	0.0	100.0	83.9	100.0
〈世帯年収〉									
300万円未満	69.6	13.8	22.0	60.0	3.6	0.6	100.0	30.4	100.0
300万～500万円未満	66.3	30.2	9.3	50.5	9.6	0.3	100.0	33.7	100.0
500万～700万円未満	61.6	44.0	3.8	38.4	13.5	0.3	100.0	38.4	100.0
700万円以上	49.5	52.2	2.6	33.1	11.8	0.3	100.0	50.5	100.0
計	62.4	33.7	9.5	46.7	9.7	0.4	100.0	37.6	100.0

注）1）1999年１月から2003年９月までの移動について集計。
2）世帯主との続柄「孫」の世帯員のうち最年長者が６歳未満の世帯、または、「孫」がおらず続柄「子」の世帯員のうち最年長者が６歳未満の世帯について集計。
3）不明を除く。
資料）平成15年住宅・土地統計調査のミクロデータより集計・作成。

「三〇〇万円未満」では六九・六％とより高い。転居後の住まいをみると、「七〇〇〇万円以上」では持ち家が多く（五二・二％）、「三〇〇〇万円未満」では民営借家の割合が高い（六〇・〇％）。低収入の子育て世帯の居住は安定せず、その移動の多くは住宅水準の改善に結びついていない。

同居と出生は増えるのか

子育て世帯の住宅事情に関する以上の観察から、三世代同居・近居促進の住宅政策について、何をいえるのか。まず、指摘されるのは、三世代同居をモデルとし、それを支援する施策は、特殊な手法でしかありえず、少子化対策として有効性をもちえないことである。世帯総数に対する三世代世帯数の比率は減り続け、二〇一九年では五・一％となった（国民生活基礎調査）。子育て世帯数を分母とすれば、三世代同居の割合は、より高くなる。しかし、ここでの統計分析によれば、乳幼児を含む世帯のうち、三世代世帯は二割弱にとどまる。親世代との同居を望む若い世帯は少ない。内閣府が二〇一三年に実施した「家族と地域における子育てに関する意識調査」によると、「理想の家族の住まい方」として三世代同居をあげた回答者は、二〇・六％にすぎない。この比率は、三〇歳代の男性では一四・九％と低く、同年代の女性では一〇・八％とさらに少ない。政府は、同居促進の根拠を、現に同居している世帯より同居希望世帯が多いことに求めた。しかし、同居希望の絶対量は少ない。現同居世帯数と同居希望世帯数のわずかな差から同居促進の必要を裏付けようとする政策立案の説得力は弱い。三世代同居を支援する政策が同居を大きく増やし、拡大家族の増加が出生率を引き上げるというシナリオがあるとすれば、それは、ほとんど空想の産物でしかない。

子育て支援の政策形成では、「福井モデル」がしばしば参照対象になる。福井県では三世代同居が多く、それが出生率を高めていると考えられている。同県は、同居および近居を支援する住宅施策を展開してきた。しかし、少子化をくい止めようとするのであれば、人口が多く、出生率がとくに低い大都市に対する対策が重要になる。この大都市では、同居を増やすための条件がほとんど見あたらない。東京都では、三世代世帯（四世代世帯等を含む）は一・八％しか存在しない（二〇一五年国勢調査）。住宅は狭く、そこでの三世代同居は物理的に困難または不可能である。「福井モデル」は、大都市では〝モデル〟になりえない。

他方、先に述べた内閣府調査（二〇一三年）によれば、近居希望は多く、三一・八％を示し、とくに三〇歳代の若い男性、女性では五〇・〇％、四八・五％とより多い。子育て世帯にとって、親が近くに住んでいることは、育児・家事の助けになり、安心感をもたらす。しかし、一億総活躍社会の構築に向けた住宅政策は、近居支援より同居支援に重点を置いた。

戦後の家族制度は直系家族制から核家族制に移ったという見方がありえるが、それは、必ずしも的確ではなく、むしろ一面的である（第2章）。世代を超える家族の維持を重視する直系制は、日本社会に深く根づいている側面をもつ。同居慣行もまた、けっして消失していない。しかし、現代の同居の多くは、親・子双方の年齢が上昇し、中高年になった子どもが、老親の日常を支えるために、親の家に移り住む、あるいは親を自分の家に呼び寄せる、というパターンにもとづく。若い子育て世帯は、親との近居を選ぶことがある一方、多くの場合、同居は望んでいない。

政府は、誰を、助けるのか

次に、三世代同居・近居促進の政策を社会的な所得再分配の観点から評価する必要がある。住宅政策を社会政策の一環として位置づけるのであれば、求められる機能の一つは、再分配である。より低所得の人たちに、より多くの支援を振り向け、その居住を安定させることが、政策目標になる。その一方、住まいに関する政策展開は、何らかの〝モデル〟に向けて人びとを誘導する機能をもつ。この再分配と誘導は、矛盾するとは限らない。低収入の人たちに良質の住宅を配分し、その居住状態を社会規範に適合する水準に導く施策がありえる。しかし、拡大家族の同居をモデルとし、そこへの誘導に傾く政策は、再分配に関し、ほとんど効果を生まず、それどころか、逆進的な結果さえもたらす。

若年層のうち、結婚し、子どもをもつ人たちは、未婚の人たちに比べ、たいていの場合、より上位の経済階層に所属する。若年層の未婚率は大きく上がった。とくに増えたのは、親の家に住み続ける成人未婚の〝世帯内単身者〟である（第2章）。親元を離れたグループでは、単身世帯が増えた。若い人たちは、親の家を出て独立し、結婚し、子どもを育てる、といった標準パターンの道筋をたどるという想定があった。しかし、〝次の段階〟への移行は、遅くなる一方である。その要因の一つは、経済上の困窮にある。既婚者と未婚者を比べると、後者の収入がより少ない。世帯内単身者のグループには、多数の無業者と不安定就労者が含まれる（第4章）。しかし、家族をもつ人たちをモデルとする住宅政策の運営では、未婚の人たちの住宅事情には関心が払われない（平山二〇〇九 二〇二〇：Hirayama and Izuhara, 2008）。

さらに、ここでは、乳幼児を育てる世帯を対象とし、その住宅事情が顕著に階層化している実態を示した。子どもをもつ世帯のうち、三世代世帯では、持ち家率がきわだって高く、住宅が広く、収入は多い。ありていにいえば、三世代同居の人たちは、少なくともマテリアルな側面に関し、とくに恵まれたグループを形成する。そこに経済支援を供与する必要があるのかどうかが問われてよい。三世代同居の住居は建築年が古く、老朽している可能性がある。しかし、同居世帯の多くは、住宅修繕に必要な資力をもつ。同居促進の住宅施策は、現に同居している世帯ではなく、これから同居しようとする人たちを支援する場合が多い。同居希望のグループもまた、同居に必要な住宅確保の見通しをもち、より上位の階層に属する。旧「三本の矢」とは異なり、「新・三本の矢」は、「成長」だけではなく、「分配」を課題とした。しかし、その分配は、少なくとも同居促進の施策に関していえば、所得逆進的な効果しか生まない。

三世代世帯の持ち家率は高く、したがって、同居促進の住宅施策の多くは、持ち家支援のかたちをとる。持ち家の取得・改善に公的資金を使用することは、私有資産を増価させることから、その論拠は、少なくとも円滑には、成り立たない。たとえば、大災害に見舞われた地域では、住む場所の復興を進めるうえで、持ち家再建は重要な役割をはたす。しかし、政府は、私物である持ち家への公的支援に難色を示してきた（第10章）。これに対し、多くの論者は、持ち家再建が被災者を救済し、地域再生を支える点に注意を促し、その公共性を支持する主張を粘り強く展開した。災害復興の現場では、私有住宅に対する公的支援は、込み入った論争を突破してはじめて可能になる（平山二〇一三）。しかし、三世代世帯のための持ち家支援については、政府がためらう様子はみられない。

加えて、注意を要するのは、三世代同居促進の内容である。先述のように、キッチン、浴室、トイレおよび玄関の二つ以上に関し、複数を設ける住宅リフォームに補助と税制優遇が提供される。ここでの公的支援の要件は、厳密にいえば、三世代同居ではなく、複数のキッチン、玄関などをもつ住宅建築である。そして、同居対応と複数設備設置は、同義ではない。核家族世帯が二組の浴室・トイレを備え、一組を客室用または主寝室用とする住宅に住むことがありえる。このケースにまで公的支援が適用されるとすれば、それは同居促進には結びつかない。補助・税制優遇の対象が三世代世帯であることが何らかの方法で確認される必要がある。さらに、別の問題は、三世代同居を促進し、出生率を高めるために、複数設備設置への支援がとくに有効といえるのかどうかである。たとえば、間取り改変などの改造・改築が同居促進としてより適切に機能するケースがありえる。複数設備設置のための補助・税制優遇は、出生率を上げる効果をともなわず、富裕な同居世帯と建築・設備業者を支援する結果しか生まない可能性がある。

戦後の住宅政策がおもな対象としたのは、「独立・自立した世帯」であった（第2章）。経済の高度成長と都市化のもとで、多数の人たちが地方から都市地域に動き、そして、結婚し、自身の核家族をつくった。その独立と自立を促し、支えるうえで、住宅政策は重要な役割をはたした。公的集合住宅の団地、住宅金融公庫の融資を受けた一戸建て住宅団地などは、核家族向け住宅を大量に供給した。その画一性と単調さは、しばしば批判の対象となった。しかし、団地の画一的なファサードは、入居者を平等に扱い、その「出自を問わない」ことを表す意味をもっていた。出身地からの分離、家柄の不問、出身階級の不問、結婚に根ざす独立世帯の形成、その自立と平等は、戦後民主社会の不可欠の要素となった。住宅政策が支持しようとしたのは、「独立・自立した世帯」をコアとする〝モダン〟な社会形成であった（平山二〇二〇：Hirayama, 2017b）。

しかし、日本型福祉社会の構想の頃から、政府は、直系家族のシステムを重視する福祉レジームをより強調する傾向を強めた。この流れは、住宅政策の領域におよんだ。三世代同居を推進する政策は、その一環をつくる。加えて、子世帯の住宅取得に対する親の生前贈与に関し、税制上の優遇が大幅に拡大した。これらの施策は、所得再分配について逆進的であることに加え、世代を超える経済不平等の維持・拡大に結びつく。三世代同居の可能な家族は、政府支援を得られる可能性が高まった。若い世帯が持ち家を取得できるかどうかに親の経済状態が関係する程度が増えた。ここでは、若い世帯は、「独立・自立した世帯」とはみなされず、親世代に関連づけられる。一億総活躍社会の建設をめざす政策が、直系家族を過度に重視するのであれば、それは、「出自を問う」社会を再興させる可能性さえ含意する。

実態からの政策形成を

本章では、一億総活躍社会のための三世代同居・近居促進を検討した。その結論を述べる。結婚と出産に対する政府介入には、慎重さが求められる。結婚するかどうか、子どもをもつかどうかは、個人の選択の問題である。社会の保全のために家族をつくる必要はなく、出生率の引き上げをめざす国家プロジェクトに参加する必要もない。一方、子どもを育てたいと望む人たちのために、その環境を用意しようとする施策の根拠説明が成り立つ可能性はある。政府は、一億総活躍政策の子育て支援に関し、それが人びとの希望をふまえている点を強調した。

しかし、少子化対応の政策は、人びとの生き方に関する価値のヒエラルキーをつくる危険をはらむ。家族を重んじるイデオロギーのもとで、結婚する／しない、子どもをもつ／もたない人たちの区分けにもとづく施策が拡大した。一億総活躍社会では「誰もが活躍できる」とされる一方、そのメンバーシップは、結婚し、子どもをもつ人たちに優先的に与えられる。「少子化社会対策大綱」（二〇一五年三月閣議決定）は、少子化対策において「個々人の決定に特定の価値観を押し付けたり、プレッシャーを与えたりすることがあってはならないことに留意する」とした。これは、少子化対策によって結婚と出産に関する価値が序列化する可能性を政策立案者が認識し、それへの批判にあらかじめ対処する必要を意識しているがゆえの記述である。

住宅政策を社会的な所得再分配の手段として位置づけるのであれば、子育て世帯のうち、優先的に支援する必要があるのは、ひとり親世帯と低収入世帯である。これらの世帯の多くは、民営借家に住む場所を求め、不安定な居住、狭い空間、老朽した建物と設備、重い家賃負担などの困難に直面してきた。その環境は、子育てに適していない。母子・低収入世帯には、公営住宅が供給される。しかし、公営住宅のストックは減りはじめ、供給戸数は少ない。さらに、公営団地は、不便な立地、設備の老朽、遊び場の不足などの問題点をもつ場合がある。ひとり親・低収入世帯向け住宅施策の抜本的な拡充が求められる。三世代世帯に対する公的支援の必要があるとすれば、その対象は、「夫婦と子と親」ではなく、「母子・父子と親」である。ひとり親世帯は、三世代化によって生活条件を整えようとする。しかし、母子・父子を含む三世代同居では、低収入、老朽・狭小住宅などのケースが多くみられる。

少子化対応としての住宅政策を構想するのであれば、現に子どもを育てている世帯に対する支援に加え、若年層の独立・自立と結婚を支える手段が必要になる。住生活基本計画（全国計画）の二〇一六年の策定では、「結婚・出産を希望する若年世帯」と「子育て世帯」の住宅改善が課題とされた。「ニッポン一億総活躍プラン」は、「結婚支援の充実」、「妊娠・出産・育児に関する不安の解消」を重視した。日本では、婚外子が少ないことから、未婚率の上昇が出生の減少に直結する。若年層支援の施策は、親元からの独立を促し、結婚を支える効果をもつ。一方、結婚と出産が生き方のヒエラルキーの上位に置かれる点に注意する必要がある。若年層のための政策展開は、結婚、出産をめざさない人たちをことごとく排除する。

住まい方に関する世代間関係の検討では、同居より近居に対するニーズが高い点をみる必要がある。同居促進に比べ、近居促進は、人びとの希望に沿う度合いが高い。しかし、近居を支えるには、住宅地の組み立て方の再編が不可欠になる（平山 二〇一四a、大月 二〇一七）。戦後の住宅地開発では、深刻な住宅不足に対応するため、均質かつ大量の住宅を建設する方向がめざされた。この結果、ニュータウン、郊外住宅地、集合住宅団地などは、同一世代の人びとが集中する空間を形成した。これに対し、多世代の近居を可能にするには、より多様な住宅ストックの複合化が必要になる。一戸建て住宅ばかりが建ち並ぶ住宅地、あるいは小さな賃貸住宅のみが集中する地域では、親・子世帯の近居は難しい。持ち家と借家、大住宅と小住宅などを複合させれば、若い世帯が必要に応じて住み替えながら、親の家との距離をある程度の幅のなかで維持することが可能になる。都市再生機構は、先述のように、親子近居に家賃割引を適用してきた。しかし、近居を直接的に促進する施策の効果は限られている。住宅ストックの多様性が親子近居の自然な生成を支えるメカニズムの構築が、より重要になる。

結局のところ、三世代同居を促進しようとする政策は、家族主義のイデオロギーを表現する以外にほとんど何の役にも立ちそうもない。それは、特定のモデルに沿った生き方の価値を無条件に高く見積もることによって、人びとの実態から遊離し、住宅政策としても、子育て支援としても、合理性をもちようがない。子育て世帯のグループでは、母子・低収入世帯が住まいの安定を得られず、困窮している事実がある。未婚者のグループでは、適切な住宅を確保できない低賃金の人たちが多い。これらの状況の克服は、「誰もが活躍できる」予定の一億総活躍社会をつくろうとする政策の課題リストから除外されたままとなった。

政府は、人びとの住宅事情に関し、大量の統計と情報をもっている。子育て支援の住宅政策を立案するのであれば、その前提の基礎作業として、子育て世帯の住宅事情を調べる必要がある。しかし、通常のそうした分析さえ、ほとんど実施されていない。三世代同居を促すという結論が先にあって、その説明に役立ちそうなデータだけが集められた。

安倍首相は、経済を力強く成長させ、希望出生率一・八を達成すると約束した。しかし、社会変化の実態は、出生率の大幅な回復が難しく、高度成長の再現の可能性が乏しいことを示唆する。人口・経済トレンドを容易に逆転できるかのような雄壮なシナリオを描くことは、政治上のスペクタクルになるとしても、社会安定を維持しようとする観点からは、無意味または危険なギャンブルにしかみえない。少子・高齢化と経済停滞の実態を受け入れ、そのうえで、人びとが生きるための条件を考え、その実現を政策化することが、政治的には地味であっても、社会的には理にかなう。政策形成には、イデオロギーが必ず影響する。しかし、それが限度を超えてはならない。公共政策の検討では、人びとの日常と社会変化の実態をとらえ、それにもとづき、より適切な手段をとるという〝正攻法〟を守る必要がある。

第III部

賃貸住まい

第7章　賃貸世代、その住まいの再商品化

持ち家の約束

戦後日本は、私有住宅の大衆化に根ざす社会をつくってきた。政府は、持ち家促進の住宅政策を展開した。しかし、前世紀の末頃から、人口・経済が〝成長後〟ないし〝ポスト成長〟の段階に入るにともない、持ち家取得はより困難になった（第1章）。バブル経済が一九九〇年代初頭に破綻して以来、経済は長く停滞し、高い成長率が再現するとは考えられていない。世界金融危機は二〇〇七～〇八年に発生し、経済変化をさらに不確実にした。雇用と所得は不安定化し、住宅ローンの長期返済に耐えられる世帯は減った。持ち家の資産価値は低下し、その安全は損なわれた。結婚と世帯形成のあり方は変容し、未婚・単身者などの増大は、家を買おうとする家族の減少を意味した。

この文脈のなかで、若い世代は、住宅所有になかなか到達せず、賃貸セクターにより長くとどまる〝賃貸世代〟(generation rent) を形成した。さらに、親の家を離れず、そこに住み続ける成人未婚

の〝世帯内単身者〟が増え、〝親の家世代〟(generation stay at home)を生みだした(第2章)。収入がより低く、雇用がより不安定な階層では、世帯内単身者の比率がより高い(第4章)。

前世紀後半に生成した〝持ち家世代〟(generation own)の人びとは、仕事と収入を安定させ、結婚し、家族をもち、そして住まいの「はしご」を登り、賃貸住宅から私有住宅に移り住んだ。標準パターンのライフコースを歩み、住宅所有を達成することは、物的住宅の改善、家庭の安定、資産の蓄積、さらに、中間層社会のメンバーシップをもたらし、人生のセキュリティを支えると考えられた。

これに比べ、若い世代では、ライフコースの「かたち」は必ずしも「直線状」ではなくなった。人生の軌道が「蛇行」する人たち、住まいの「はしご」の途中で「停滞」し、動かなくなった世帯、「はしご」を「降りる」人びと、あるいは「はしご」を「登ったり、降りたり」する世帯、人生の道筋を「後戻り」する人びと、親の家を出た後に「ブーメラン」のようにそこに戻る人たちが増えた。それは、「はしご」登りの「標準パターン」が依然として標準なのかどうかを問う必要を含意した。

この章では、賃貸世代に焦点を合わせ、その住宅状況がどういうメカニズムから生まれるのかをみる。前世紀の大半の期間を通じて、若い世代は、先行世代に比べて、少なくともマテリアルな側面に関し、より豊かになることをほぼ「約束」されていた。この「約束」の中心を占めたのが、持ち家とその資産価値の所有であった。世代交代にともなう物質上のさらなる発展についての人びとの期待または確信によって、社会安定が持続した。新たな世紀の若い世代の住宅事情は、「約束」

の不履行が増えたことを反映する。

持ち家セクターが遠のいた賃貸世代は、住まいに関し、どういう状況に直面しているのか。この問いを、賃貸セクターの〝脱商品化〟と〝再商品化〟に注目するところから検討することが、本章のおもな関心事である。賃貸セクターを安定させるために、その一部を脱商品化し、市場の外に配置する政策がとられていた。しかし、一九九〇年代半ばから、賃貸セクターのほぼ全体をふたたび商品化し、市場化する方針が示された。この章の狙いは、賃貸世代の住宅事情の変化を、賃貸住宅の脱商品化から再商品化へのシフトの反映として説明する点にある。

持ち家／借家ディバイド

住宅政策を運営する政府は、持ち家促進を重視する方針を保ってきた。すでに何度か述べたように、住宅供給に関する戦後の「三本柱」は、住宅金融公庫法（一九五〇年）、公営住宅法（五一年）、日本住宅公団法（五五年）から構成された（第2、5章）。このうち、とくに力点が置かれたのは、持ち家取得に対する公庫融資の供給であった。政府は、一九九〇年代半ばから、住宅と住宅ローンの大半を市場経済にゆだねる方向に住宅政策を転換した。この市場化政策のもとで、公庫は、二〇〇七年に廃止された。しかし、持ち家促進の施策は持続し、住宅ローン減税、民間住宅融資の規制緩和などが実施された。一方、賃貸セクターを対象とする公的支援は少ないままで推移した。低所得者向け公営住宅をはじめとする公共賃貸住宅の制度がある。しかし、公営住宅などの供給は、残余的な手段とされた。公共政策における残余の施策とは、中心的な施策では対処できない〝余った部分〟に対する対応を意味し、その実施は、小規模かつ消極的である。

住宅・土地統計調査の二〇一八年の結果から住宅ストックの所有形態をみると、持ち家に住む世帯が最も多く、全世帯の六一・二％におよぶ。支配的な所有形態としての持ち家の位置づけは、長年にわたって保たれてきた。民営借家に住む世帯は持ち家世帯に次いで多く、二八・五％を占める。しかし、民営借家の建設に対する政策支援はきわめて少なく、借家人に対する公的家賃補助の供給はほぼ皆無である。残余化した公営住宅は三・六％、それ以外の公的借家は一・四％にすぎない。以上に加え、少量の給与住宅が存在し、二・一％を示した。

住宅政策における支援配分のバイアスを反映し、持ち家と借家の物的水準には、きわだった差がある。住宅・土地統計調査（二〇一八年）の結果によれば、持ち家セクターでは、延べ床面積が一〇〇平方メートル以上の住宅が五七・六％、一五〇平方メートル以上が二一・七％に達する。これに比べ、借家セクターでは、一〇〇平方メートル以上の住宅は四・三％とほとんど皆無で、四九平方メートル以下が六一・〇％、さらに二九平方メートル以下の狭小住宅が二八・六％におよぶ。住宅施策の支援が持ち家を得ようとするグループに集中した結果、住宅水準に関して、持ち家／賃貸セクターは分割され、それぞれ別種の領域を形成した。

住宅所有形態に関する政策偏向を正当化したのは、多くの人たちが標準型のライフコースを歩み、持ち家取得にたどりつくという仮定であった。借家とは、暗黙のうちに、自己所有の住宅を得るまでの〝一時的〟な「仮住まい」にすぎないと位置づけられ、その改善のための政策投資は、ごく小規模にとどめられた。借家人の多くもまた、将来の持ち家取得を予定し、資金調達の算段などに注力するなかで、自身の住まいを〝暫定〟の場とみなしていた。借家が〝過渡的〟な「仮住まい」であれば、そこでの短期の居住に耐えることは可能と想定された。

政府は、住宅建設計画法（一九六六年制定）にもとづく第三期住宅建設五箇年計画（七六〜八〇年度）の策定において、「最低居住水準」と「平均居住水準」を導入した。これ以来、住宅政策の立案では、居住水準の目標を定めるパターンが定着した。居住水準は、人びとの住まい方に関する居住密度などの規範を表す指標である。第五期（一九八六〜九〇年度）の計画は、平均居住水準に代えて、「誘導居住水準」を導入した。この指標には、都市の中心および周辺の共同住宅を想定した都市居住型、郊外および地方の一戸建て住宅を想定した一般型の二種類がある。住宅建設計画法は二〇〇六年に廃止され、住まいに関する新しい法律として、住生活基本法が同年に創設された。この法律にもとづく住生活基本計画（全国計画）は、旧来の居住水準をふまえた「居住面積水準」を導入した。

持ち家／賃貸セクターに対する政策対応の分割は、居住水準のあり方に影響した。居住水準を設定する施策は、人びとの住宅の「実態」をふまえ、さらに、住宅政策の「方針」を反映する。住まいの実態からかけ離れた高いレベルに居住水準の目標を設ける施策があるとすれば、それは、目標達成の可能性がほとんどないため、意味をもたない。どのような実態の住宅の水準をどこまで上げようとするのかに関する方針が、居住水準設定の仕方に表れる。

平均居住水準が誘導居住水準に変わったとき、面積条件は大幅に引き上げられた。たとえば、四人世帯についていえば、平均居住水準での居住面積は八六平方メートルであったのに対し、誘導居住水準の住戸専用面積は、都市居住型で九一平方メートル、一般型で一二三平方メートルとなった。これは、持ち家の改善という「実態」をふまえ、その水準をさらに向上させる「方針」に立脚した。平均居住水準以上の世帯比率は、一九七八年での四一・六%から八三年での四八・九%に上昇し、住宅事情の改善を表した。誘導居住水準を満たす世帯は、一九八八年の三二・〇%から二〇〇三年の五四・八%に順調に増えた。

同時に、平均居住水準以上率は、持ち家／借家の分裂を反映し、たとえば、一九八三年の持ち家、借家では、それぞれ六三・九%、二三・九%ときわだった差をみせた。同様に、誘導居住水準を満たす世帯は、二〇〇三年の持ち家では六六・〇%、借家では三五・六%と大きな違いを示した。全世帯での平均居住水準・誘導居住水準以上の世帯比率が上がったのは、持ち家の面積が拡大したからであった。

一方、最低居住水準の内容には、変化が乏しかった。それは、借家の「実態」が改善しないうえに、政府がこのグループの居住に関する最低レベルを上げる「方針」を少なくとも積極的にはもっていないからであった。たとえば、四人世帯の最低居住水準における面積要件は、長年にわたって、五〇平方メートルという低いレベルのままですえおかれた。最低居住水準未満の世帯は、一九七八年の一四・八%から二〇〇三年の四・四%に減った。しかし、この値（〇三年）は、持ち家では一・一%、借家では一〇・〇%と著しい差をみせ、大都市の賃貸セクターではより高く、たとえば東京都の借家では、一六・〇%におよんだ。

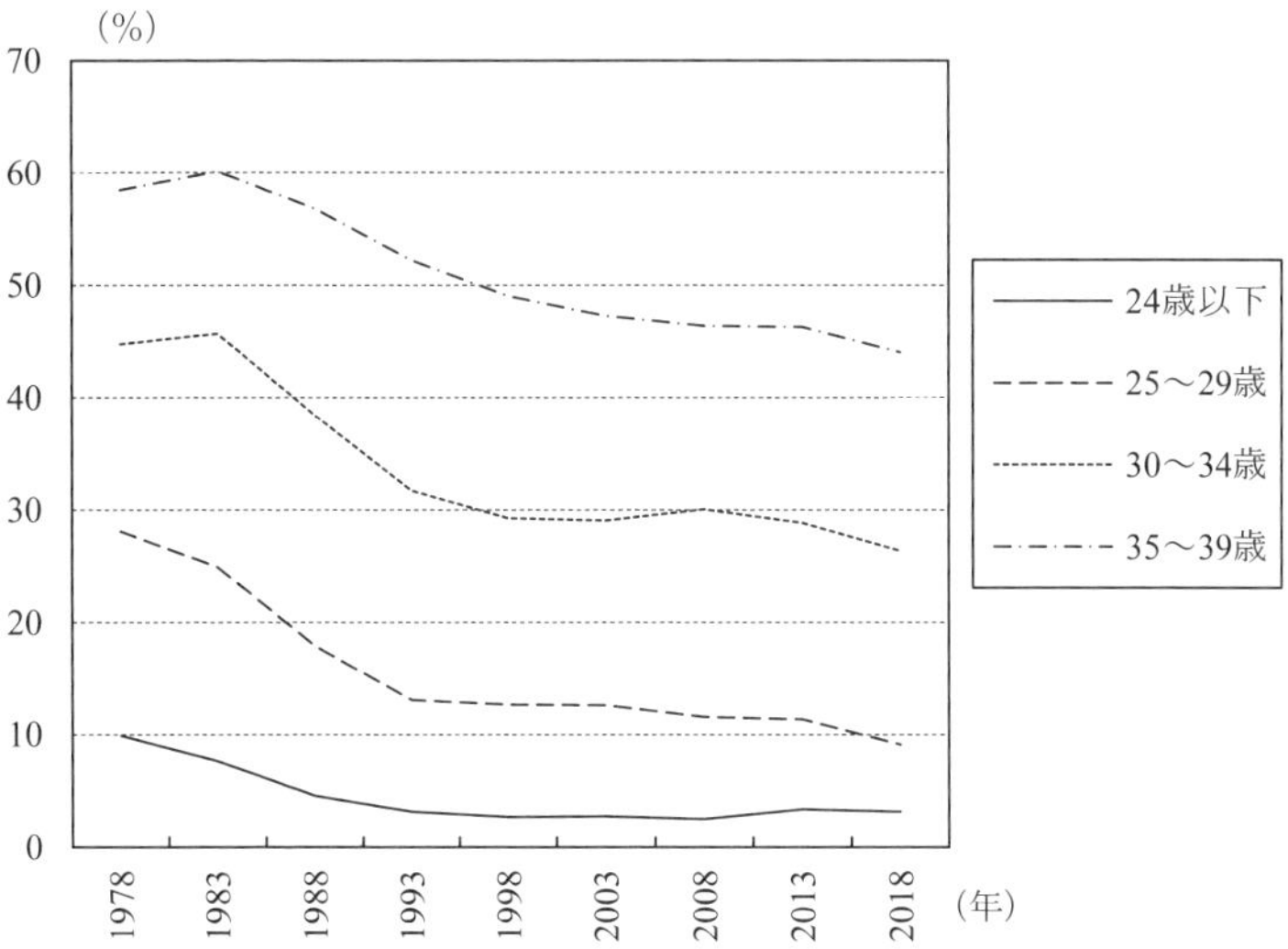

資料）『住宅統計調査報告』、『住宅・土地統計調査報告』より作成。

図７－１　世帯主年齢別　若年世帯の持ち家率の変化

若年持ち家率の低下

持ち家率の推移をみると、平均値は六割前後に保たれ、ほとんど変化していない。しかし、若年層の持ち家率は大幅に下がった（図7－1）。たとえば、一九八三年から二〇一八年にかけて、持ち家世帯の割合は、世帯主三〇～三四歳では、四五・七％から二六・三％、世帯主三五～三九歳では、六〇・一％から四四・〇％に低下した。若年層の持ち家率が下がったにもかかわらず、その平均値がほぼ一定であったのは、持ち家率の高い高齢層が増大したためである。若い世代は、住まいの「はしご」をなかなか登らず、賃貸セクターに長くとどまる賃貸世代をつくりはじめた。ここでの借家は、一時的に住むための「仮住まい」とは必ずしもいえなくなった。持ち家をモーゲージ持ち家とアウトライト持ち家に分け、前者が減り、後者は増えたことを、すでに述べた（第1章）。これは、若年世帯の持ち家率が下がり、持ち家率の高い高齢者が増える傾向についてのここでの指摘に符合する。

若年層の持ち家率を引き下げた要因の第一は、結婚の減少である。若い世代では、未婚率が上昇し、結婚の遅い人たち、あるいは結婚しない人たちが増大した。国勢調査によれば、三〇～三四歳の男性、女性の未婚率は、一九八〇年では二一・五％、九・一％であったのに比べ、二〇一五年には四七・一％、三四・六％まで上がった。若年層の未婚率は、二〇〇〇年代以降では、高い水準のままで安定し、おおむね横ばいとなった。日本では、住宅所有と家族形成が密接に関係し、大半の人たちは結婚まで家を買わない（Hirayama and Izuhara, 2008）。このため、若年層の未婚率の上昇は、持ち家率の低下に直結した。

さらに、生涯未婚率が上昇し、二〇一五年の男性では二三・四％、女性では一四・一％となった。生涯未婚率とは、五〇歳時の未婚者の割合（四五～四九歳未婚率と五〇～五四歳未婚率の平均値）をさし、五〇歳を超えてからの初婚が少ないことを前提とした指標である。その値は、さらに上昇すると予測され、国立社会保障・人口問題研究所の二〇一八年推計によれば、四〇年の男性では二九・五％、女性では一八・七％に達する。過去の若年層における未婚率の上昇は、現在と将来の生涯未婚率を押し上げる効果をもつ。

第二に、若年層では、労働市場の変化の影響がとくに強く現れ、持ち家取得はより困難になった。

政府は、一九九〇年代末から雇用の規制を緩め、不安定就労を増やした。非正規雇用が急増したのは、二〇歳代前半のグループである。これは、アルバイト学生の増加を反映する部分をもつ。しかし、二〇歳代半ば以上グループでの非正規雇用の増大は、雇用制度の変容に起因する。就業構造基本調査のデータによると、若年の被用者全体に占める非正規被用者の割合は、二〇一〇年代に少しずつ下がっていたが、しかし、一七年において、二五～二九歳の男性で一七・〇%、同年齢の女性で三三・六%と高い値を示した。

第三に、若い世代の持ち家取得を減らした要因として、住宅経済の変化をみる必要がある。住宅購入の経済上の困難をもたらす原因は、第1章で述べたように、「価格インフレ」から「所得デフレ」に変化した。不動産バブルが拡大した一九八〇年代では、インフレ経済のもとで、所得が増える一方、住宅・土地価格はより急速に上昇し、持ち家取得は困難になった。ポストバブルの一九九〇年代以降では、デフレ経済のなかで、住宅・土地価格が低下し、住宅ローンの金利は低いままで推移したにもかかわらず、住宅ローン債務の実質負担が増え、実質所得は減ったことから、住宅購入はさらに難しくなった。住宅所有が不動産資産の蓄積に結びついたことは、人びとが持ち家を求めた経済上の理由の一つであった。しかし、ポストバブルの持ち家の資産価値は、安全ではなくなった。住宅所有の経済変化は、若年層を持ち家市場から遠ざける要因になった。

賃貸住宅市場の変化

では、賃貸世代の人たちは、どういう住宅事情を経験するのか。この点の検討のために、賃貸住宅市場の変化をみる。住宅問題研究の領域では、住宅事情の実態とメカニズムを説明しようとするとき、その階層構成に着目することが、伝統的なアプローチとされてきた（三宅 一九八五、西山 一九六八 一九七五）。ここで発達したのは、所有形態などの指標によって区分される住宅の多様な型は、建築の水準と特徴、家賃・価格、居住世帯の社会・経済特性などに関し、それぞれ独自性をもつ、という見方である。さまざまな住まいの「平均像」の観察は、住宅事情の把握には、たいして役に立たない。異質な型の住宅の階層化した組み合わせが住宅市場を構成し、それぞれの型の生成・成長・消滅が住宅事情を動かす力を生む。

賃貸住宅市場には、低家賃の木造アパートからワンルーム・マンション、家族向けマンション、高級マンションまで、多彩な住宅型がある。たとえば、高級マンションと木造アパートは、それぞれ異なる市場を形成し、双方の家賃、面積などには大きな差がある。この二つの市場は分離し、個別に存立することから、両者の家賃、面積の平均値を計算しても、その値は意味をもちようがない。したがって、賃貸住宅市場の動向を知るには、その階層構成の変化をみる必要がある。

成長後の社会の賃貸セクターでは、より低い所得の人たちが増えたにもかかわらず、低家賃住宅が減ったことから、住居費負担のより重い世帯が増大した（図7－2）。住宅・土地統計調査に

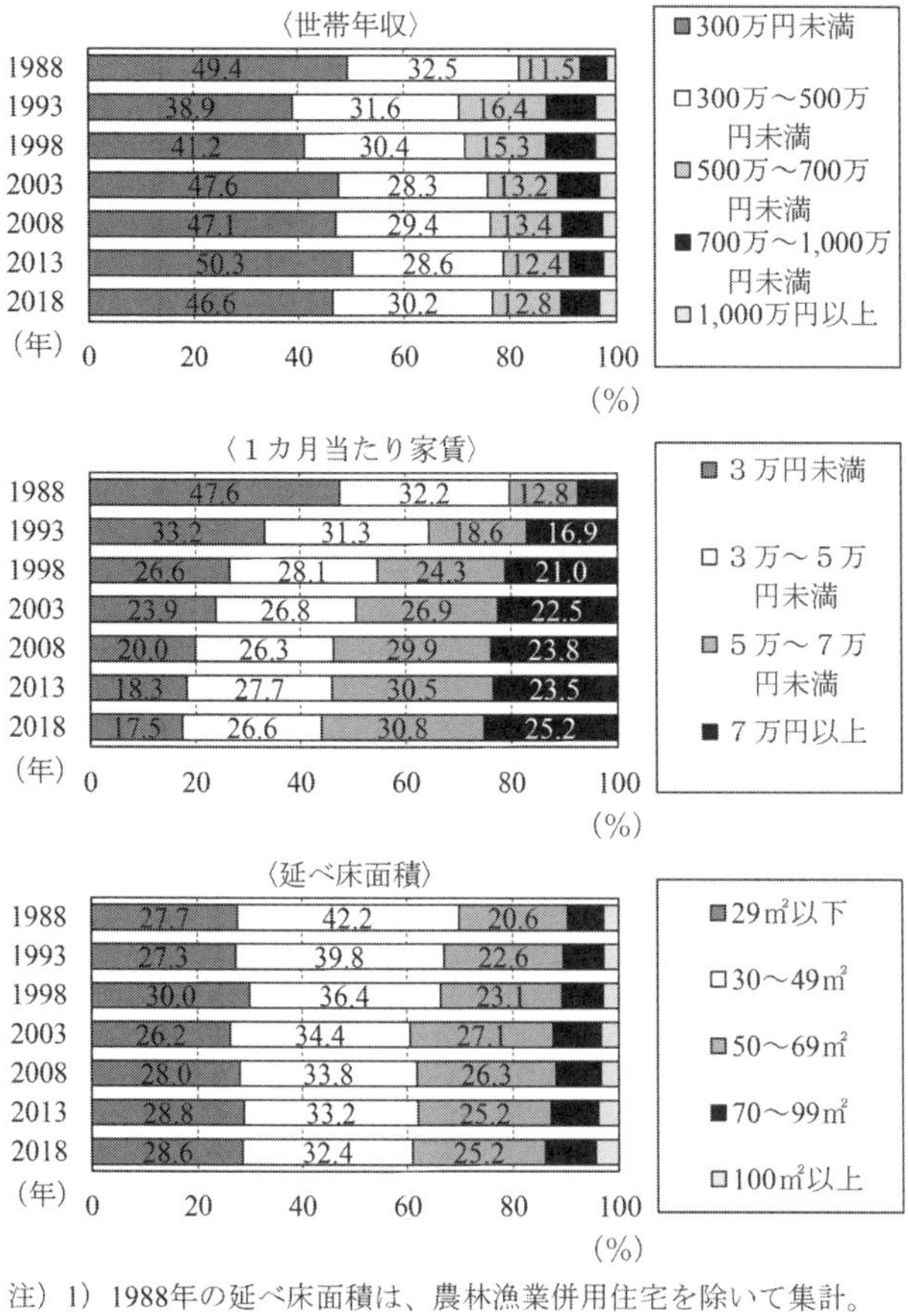

注）1）1988年の延べ床面積は、農林漁業併用住宅を除いて集計。
2）不明を除く。
資料）『住宅統計調査報告』、『住宅・土地統計調査報告』より作成。

図７－２　借家世帯の年収・家賃・延べ床面積別構成比

よると、年収三〇〇万円未満の世帯は、バブル経済の時期では、好況を反映し、一九八八年の四九・四%から九三年の三八・九%に減り、その後、ポストバブルの停滞期に入ると、増加に転じ、二〇一三年には五〇・三%となった。その割合は、二〇一八年では少し下がったが、しかし、四六・六%と高い水準を示した。一方、家賃三万円未満の低家賃住宅に住む世帯は、一九八八年では四七・六%におよんでいたのに対し、二〇一八年では一七・五%と大幅に減った。家賃七万円以上の世帯の比率は、一九八八年では七・四%と少なかったが、二〇一八年では二五・二%まで上がった。低収入の世帯が増え、借家ストックの型の構成が高家賃側にシフトしたことが、ポスト成長時代の賃貸セクターを特徴づけた。

これを反映し、家賃負担はより重くなった。全国消費実態調査の結果から、平均住居費を平均可処分所得で除した値を住居費負担率として計算すると、その値は、大きく上昇し、借家全体において、一九八九年では一二・二%であったのに比べ、二〇〇九年では一七・二%、一四年では一七・一%となった。ここでの統計では、負担率は「平均値」でしかとらえられない。しかし、少し込み入った統計操作からは、住居費負担率に大きな幅がみられ、負担率のきわめて高いグループが存在することが把握される(平山二〇一一a)。これは、住居費負担率の階層化に注意する必要を示唆する。

高家賃の住宅が増えたことは、賃貸セクターの質の向上を反映したとは必ずしもいえない。賃貸住宅市場では、狭い住宅が多いままである(図7-2)。延べ床面積が二九平方メートル以下の狭小借家は、一九八八年で二七・七%を占め、その割合は下がらず、むしろ少し上昇し、二〇一八年では二八・六％となった。面積七〇平方メートル以上の広い借家はきわめて少なく、一九八八年では九・五％、二〇一八年では一三・八％と少ししか増えていない。

脱商品化の「パッチワーク」

すなわち、賃貸世代の人たちが直面するのは、賃貸住宅ストックの階層構成が変化し、アフォーダブル住宅――適正な範囲内の住居費負担で入居可能な適切な住宅――のストックが衰退に向かう傾向である。この変化の説明のために、ここでは、住宅の〝脱商品化〟と〝再商品化〟に注目する。

資本主義社会に内在するのは、人間を労働力として商品化し、さらに、人間が必要とするあらゆる財、サービスを商品化し、それらの市場を拡大しようとする力である。しかし、自身を商品化できない人びとが存在し、必要な商品を買えない人たちがいることから、商品化の無条件の進展は、社会安定を壊す危険をともなう。第二次世界大戦後の欧州諸国の多くは、より包括的な福祉国家の構築をめざした。そこでは、人びとのセキュリティを支えるために、社会保障、医療、教育、社会福祉などの領域の多くの部分を脱商品化し、市場の外に配置する政策がとられた。

住宅領域についても、どういう住宅を、どのように、どこまで脱商品化するのかが問われた（平山二〇二〇）。とくに重要な課題は、持ち家取得の困難な低所得層への脱商品化した賃貸住宅の供給であった。欧州の福祉国家は、社会賃貸住宅を大量に建設し、おもに低所得層の住宅状況を改善しようとした。社会賃貸セクターとは、何らかの公的補助をともない、自治体、公的機関、民間非営利組織、民間家主などの多様な主体が供給する市場家賃より低い家賃の借家から構成され、自治体などの公共部門が入居者を選定するセクターと定義される（Scanlon et al., 2014）。市場の外で供給される大量の社会賃貸住宅は、人びとの住宅事情を安定させるうえで、重要な役割をはたした。

これに比べ、戦後日本の住宅政策は、社会賃貸住宅の建設を重視しなかった。日本では、社会賃貸セクターを構成するのは、公共セクターが建設・所有・管理する住宅にほぼ限られ、公営住宅などの公共賃貸住宅は残余化したままであった。しかし、住まいの脱商品化領域が必要である点に変わりはない。このため、公営住宅とは異なる〝他の手段〟によって、脱商品化セクターを構成する必要が高まる（Hirayama, 2014b）。これに関し、法社会学者の佐藤岩夫は、日本の賃貸セクターの特性として、企業が低家賃の給与住宅を建設し、さらに、借家法が民営借家の入居者を守ってきた点をあげた（佐藤 一九九九 二〇〇九：Sato, 2007）。政府は、住宅の脱商品化領域をつくるうえで、公共セクターの賃貸住宅建設を推進するのではなく、民間セクターの企業、家主に依存した。

大企業の多くは、社員のために、脱商品化した住宅として給与住宅を供給した。これは、政府支援の対象となった。住宅金融公庫は企業の社宅建設に融資し、日本住宅公団は社宅用の住宅を建て、企業に譲渡した。社宅入居者にとって、低廉な家賃と市場家賃の差額は「所得」になる。この「所得」を非課税にする仕組みがつくられた。企業が運営する住宅制度は、自社の社員のみを対象とし、「社会性」を備えない。しかし、給与住宅は、従業員の住宅需要を吸収し、民営借家市場に対する需要圧力を減らす効果をもつ。一方、企業住宅制度は、労働力としての従業員を企業に帰属・従属させる役割をはたす。〝脱商品化〟した給与住宅が労働力の〝商品化〟を推し進めるメカニズムに注意する必要がある（平山二〇二〇）。

日本の借家法は、借家人保護を重視し、「正当事由」「相当賃料」などの概念を備えることで、民営借家における契約解除、家賃値上げなどを規制し、住まいに関する低所得者の困難を緩和してきた。民営借家は商品である。しかし、借家法によって、民営借家の商品性は低減し、脱商品化の程度が高まった。家主が借家人との契約を終わらせるための更新拒絶および解約申入れは、「正当事由」の存在が条件とされ、また、家賃値上げに関し、家主と借家人の合意が成立しないとき、借家人は、裁判所の判断が確定するまでは、「相当賃料」を支払えばよいとされた。

民営借家では、借家人の新規入居における「新規賃料」は、市場メカニズムから決まる。これに対し、住み続ける借家人が支払う「継続賃料」は、家主と借家人という当事者の間のみに妥当し、その値上げは容易ではない。家主は、入居者が入れ替わるときに、新規家賃を市場家賃の水準に設定する。しかし、借家法の「正当事由」制度によって、入居者との契約解除は難しく、「相当賃料」制度は継続賃料の引き上げを困難にする。この結果、インフレーションのもとでは、借家人の居住期間が長くなればなるほど、その継続賃料は、新規賃料に比べ、低くなる。借家法は、継続家賃の上昇を抑制することで、民営借家の脱商品化の度合いを高め、長期居住の借家人を守った。

戦後欧州の多くの福祉国家は、低所得グループに低家賃住宅を供給するために、社会賃貸セクターを拡大する政策をとった。その手法と論理は、明快であった。これに比べ、戦後日本の政府は、賃貸住宅政策の展開において、公共賃貸住宅の供給を少量にとどめ、民間家主および企業に低家賃住宅を供給する役目を与えた。この政策は、手法と論理に関し、一貫性をもたないさまざまな住宅型――残余化した公共賃貸住宅、「社会性」をもたない給与住宅、借家法規制下の民営借家――の「パッチワーク」を形成し、不安定さをともなっていた（平山二〇二〇）。

再商品化する賃貸セクター

成長後の段階に入った社会において、住宅領域の〝脱商品化〟が後退し、〝再商品化〟が進んだことが、賃貸セクターの階層構成を変え、アフォーダブル住宅を減らす原因となった。新自由主義のイデオロギーは、一九八〇年代頃から拡大し、多くの国の住宅政策に影響した（第1、9章）。このイデオロギーによれば、市場と資産私有の制度のもとでの競争関係の強調が経済を進歩させる。日本政府は、住宅政策の運営において、新自由主義の方針を一九九〇年代半ばに明確に打ちだし、住まいのほとんどすべてを市場にゆだねる方向をとった（平山二〇二〇）。

これを反映し、公共賃貸セクターはさらに残余化した。公営住宅、公団・公社賃貸住宅の着工戸数は、一九七二年の一二万一一六〇、八万六二五六をピークとし、八〇年代半ばには、それぞれ年間約四万五〇〇〇、約二万まで減った。この着工量は、一九九〇年代半ばまで、おおむね維持された。しかし、住宅政策を市場化する方針に沿って、公共賃貸住宅の建設はさらに削減された。その着工の大半は、建て替え関連となった。住宅・都市整備公団（旧・日本住宅公団）の一九九九年の再編から創設された都市基盤整備公団は、分譲住宅事業から撤退し、さらに、その二〇〇四年の転換から設立された都市再生機構は、賃貸住宅建設を原則として取りやめ、ニュータウン開発事業を廃止した。新たな用地取得をともなう公共賃貸セクターの建設プロジェクトは、ほとんどなくなった。公営住宅、公団・公社賃貸住宅の着工戸数は、二〇一九年では一万三四、一四〇五まで減少した。

公共賃貸セクターでは、建設戸数が減ったとはいえ、ストックは少しずつ増えていた。しかし、二〇〇〇年代半ばになると、ストックさえ縮小しはじめた。住宅・土地統計調査によれば、二〇〇三年では二一八万二六〇〇戸、九三万六〇〇〇戸であった公営住宅、公団・公社賃貸住宅は、二〇一八年には、一九二万二三〇〇戸、七四万七二〇〇戸に減った（図7―3）。団地の建て替え、複数団地集約における住戸数削減と敷地の一部売却、団地全体の売却などが、公共賃貸住宅を減少させた。

公団賃貸住宅の家賃は、その管理主体が都市基盤整備公団となった一九九九年から市場家賃（近傍同種家賃）となった。社会賃貸住宅の定義の一つは、市場家賃以下の家賃の設定である。したがって、公団賃貸住宅は社会賃貸セクターから離脱したとみなされる。それは、〝公的な市場家賃住宅〟という奇妙なタイプの住宅となった。住宅の国際統計では、公団賃貸住宅は社会賃貸住宅のカテゴリーから除外された。

日本では、住まいの脱商品化セクターを補強したのは、企業が供給する給与住宅であった。欧州では「福祉国家」の仕事である低家賃住宅の供給を、日本では「会社」が担っていた。バブル経済の拡大に沿って、給与住宅の建設が増え、そのストックは、一九八八年では一五四万九五〇〇戸であったのに対し、九三年には二〇五万五〇〇戸となった（図7―3）。好況が続き、住居費が高騰する状況のもとで、給与住宅を供給することは、企業にとって、労働力確保の観点から、合理性をもっていた。しかし、ポストバブルの経済環境は変化し、より熾烈になった競争関係のなかで、企業の住宅制度は縮小した。就労条件総合調査などによると、企業が負担する常用労働者一人・一カ月当たり平均の名目住宅費用は一九九六年の六三三〇円をピークとして減少し、二〇一六年に三〇九〇円となった。給与住宅の戸数は、二〇一八年では、一〇九万九九〇〇戸にまで劇的に減った（図7―3）。

民営借家を対象とし、入居者保護の規制を課すことは、その商品性の程度を下げる効果をもっていた。しかし、住まいの市場化を進める方向に住宅政策が転換し、定期借家制度が一九九九年に導入された。この制度における賃貸借は、契約で定めた期間の満了によって、更新されることなく、確定的に終了する。したがって、定期借家制度の利用は、より明確な収益予測を可能にし、経済合理性に立脚した賃貸住宅経営を促進する。民営借家市場では、空き家が増え、ポストバブルの不況によって、住宅需要は停滞した。このため、家主の多くは、入居者を確保する必要に迫られ、借家人不利の定期借家制度を利用する状況にはなかった。しかし、定期借家制度の導入は、民営借家の再商品化を推し進める機能をもつ。住宅・土地統計調査では、一九八八年、九八年、二〇〇三年の三回に関し、民営借家が個人所有と法人所有の住宅に分けられていた。これによると、民営借家の大半は個人所有であった。しかし、民営借家（専用住宅）戸数のうち法人所有が占める割合は、九・一％（一九八八年）から一三・八％（九八年）、一五・四％（二〇〇三年）へと少しずつ上がった。これは、より企業的な経営にもとづく民営借家の増大を示唆する。

大都市の賃貸住宅市場では、低家賃住宅の型の一つとして、木造アパートが供給されてきた。こ

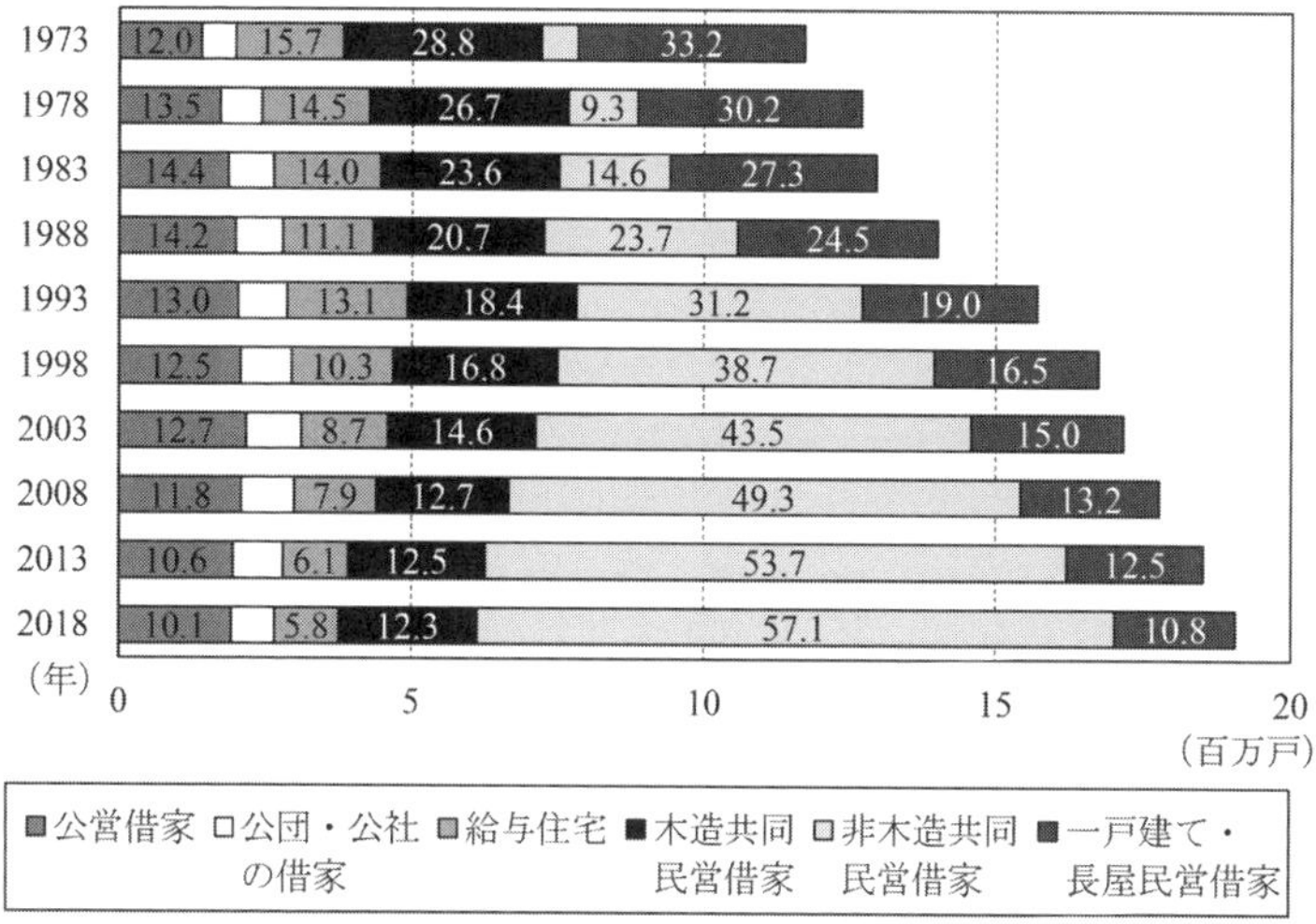

注）1）図中の数値は借家総数に対する構成比（%）。
2）居住世帯のある住宅について集計。 3）公団は現在の都市再生機構。
4）一戸建て・長屋民営借家は、その他の建て方の民営借家を含む。
資料）『住宅統計調査報告』、『住宅・土地統計調査報告』より作成。

図7－3 所有形態別 借家数の推移

のタイプの住宅は、低質ではあったが、低所得者に住む場所を提供する役割を担ってきた。その家賃は、入居者にとって、けっして低廉ではなかったが、しかし、家主からすれば、地価を反映せず、低水準であった。政府は、公営住宅を少ししか建設しなかった。それが可能であった理由の一つは、低家賃の民営借家の存在であった。しかし、木造アパートの多くは老朽化し、再開発などによって取り壊されてきた。木造共同民営借家は、一九七八年では三三九万四三〇〇戸におよんでいたのに対し、二〇〇八年には二二五万四八〇〇戸まで減った（図7－3）。その戸数は、二〇一三年では二三・万八七〇〇、一八年では二三五万七〇〇へと少し増え、これは、相続税対策としての借家建設の増加を反映した。しかし、低家賃の民営借家は、長期的には、大きく減少した。

成長後の時代の賃貸住宅市場において、脱商品化住宅の「パッチワーク」はしだいに解体した。賃貸世代の人たちが直面したのは、賃貸セクターの再商品化とそれにともなう低家賃の住宅型の衰退、そして家賃負担の増大であった。脱商品化セクターを構成した公営住宅、公団・公社賃貸住宅および給与住宅を合わせると、一九八三年では、全借家戸数の三四・五%におよび、この値は、九〇年代初頭まで、三割以上を示していた（図7－3）。低家賃の木造共同民営借家の対借家戸数比は、一九八〇年代後半まで、二割を超えていた。住まいの脱商品化領域は、「パッチワーク」にすぎないとはいえ、賃貸セクターの重要な部分を構成していた。これは、低家賃住宅の相当量の供給が、どういう形態をとるにせよ、必要になることを表している。しかし、二〇一八年になると、全借家戸数のうち、公営、公団・公社賃貸および給与住宅は一九・八%、木造共同民営借家は一二・三%まで減った。この時点の公団賃貸住宅がすでに市場家賃化していた点からすれば、脱商品化セクターはいっそう縮小したとみなす必要がある。

賃貸セクターでは、賃貸マンション（非木造共同民営借家）が増え、支配的な位置を占めるに至った。この型の住宅は、商品化の程度が高く、市場家賃で流通した。賃貸セクターを構成していた多様な住宅型は、賃貸マンションを除き、すべて衰退した。賃貸マンションの対借家戸数比は、一九八八年では二三・七%であったのに比べ、二〇〇八年では四九・三%に急増し、一八年には五七・一%に達した（図7－3）。新自由主義のイデオロギーが台頭した理由の一つは、市場経済の拡大によって、消費者の〝選択の自由〟が広がるという言説とイメージが普及したからであった。多くの人たちは、市場競争のメカニズムが商品の種類を増やし、価格を下げると説明された。しかし、少なくとも賃貸住宅に関していえば、人びとは脱商品化した多様な住宅型を失い、商品化した市場家賃の住宅しか選べなくなった。

賃貸住宅の約束

住まいの私的所有は、持ち家世代に対し、人生のセキュリティをおおむね「約束」していた。持ち家は、物的に安定し、家庭の安寧をささえ、資産形成に結びついた。しかし、若いグループでは、持ち家率が下がり続け、賃貸住宅により長くとどまる世帯が増えた。新たな賃貸世代は、借家セクターが再商品化する状況に置かれた。借家人の所得が減るにもかかわらず、脱商品化した低家賃の住宅型は衰退し、けっして良質とはいえない高家賃の住宅ばかりが増大した。

若いグループでは、親元にとどまる成人未婚の世帯内単身者が増大し、親の家世代を形成した（第2章）。その原因の一つは、低家賃住宅の減少にある。雇用が不安定で、収入が少ない人たちは、親の家に住み続けるおもな理由の一つとして、家賃負担の困難をあげる（第4章）。賃貸セクターの再商品化が進めば進むほど親元に身を寄せる成人子が増えるサイクルがある。

ここでの親の持ち家が脱商品化した空間を形成し、不安定就労の成人子を保護する点を注視する必要がある。親世代の多くの世帯は、住宅ローンを利用し、住まいを購入した。住宅債務の利払いの義務は、住んでいる家が商品住宅であることを意味する。住宅ローン返済が完了すると、持ち家は脱商品化し、アウトライト住宅になる。アウトライトとは、債務をともなわない状態をさす。世帯内単身者にとって、アウトライトの親の住宅は、賃貸セクターでは容易には手に入らなくなった脱商品化住宅を代替する位置を占める。親元に住む成人子の多くが低所得である点からすれば、親が所有する住まいは、社会賃貸住宅の代替住宅としての役目を担っているとみなされる。いいかえれば、賃貸セクターの再商品化は、親世代の持ち家という脱商品化した住宅ストックの蓄積を条件として成立した側面をもつ。親の家の脱商品化と賃貸住宅の再商品化は、トレードオフを構成した。

この関係が安定するかどうかは別問題である。低家賃住宅が少ないままであれば、世帯内単身者は、年齢が上がっても、親元から離れるために必要な住まいを確保できず、独立を選べない。親と成人未婚子の長い年数にわたる同居は、経済上の困難、家事分担、加齢する親の介助・介護などに関連するストレスを増大させる（第4章）。不安定就労の人たちの住宅確保に要する社会的なコストは、賃貸セクターの再商品化にともない、脱商品化した親世代の持ち家に課せられてきた。この状況は、けっして維持可能ではない。

大都市では、適切な賃貸住宅システムを育成し、アフォーダブル住宅のストックを蓄積する必要がとくに大きい。しかし、日本では、賃貸住宅の脱商品化セクターが小規模で、「パッチワーク」であるがゆえの不安定さをもつうえに、再商品化が進んだ。住宅所有形態について、東京、ロンドン、ニューヨークを比較した資料によると、東京では、脱商品化した借家がきわだって少ない（森記念財団都市整備研究所 二〇一四）。市場の外で供給される借家の割合は、ロンドンでは二四％（自治体住宅、住宅協会住宅)、ニューヨークでは三八%(公共住宅、家賃規制借家)におよぶのに対し、東京都では一一%(公的借家、給与住宅)にすぎない(二〇一〇〜一一年)。ロンドン、ニューヨークは市場経済を高度に発展させた都市である。これらの〝資本主義都市〟でさえ、脱商品化した大量の賃貸住宅を備えている点が注目されてよい。

戦後日本の住宅政策は、標準パターンのライフコースに乗った世帯の持ち家取得を促進した。多くの人びとが、持ち家の「約束」を求め、住まいの「はしご」を登った。しかし、賃貸住宅を「仮住まい」として位置づけ、そこから人びとを「はしご」登りに向かわせる〝プロジェクト〟は、持続可能とはいえなくなった。若い世代では、持ち家取得の経済上の困難が増大した。より多くの人たちが、より長く賃貸住宅に住み、そこでの空間の狭さ、コスト負担の重さ、居住の不安定さに困窮する実態がある。賃貸世代の住宅事情をどのように改善し、彼らに何を「約束」するのかが問われている。

第8章　超高齢社会の公共住宅団地をどう改善するか

社会資源としての公共住宅ストック

戦後住宅政策の中心手段の一つは、公共住宅団地の開発であった。高度成長期に多くの若い人たちが農村から都市に移り住んだ。公共住宅は、その受け皿となった。地方公共団体は、一九五一年制定の公営住宅法にもとづき、低所得者のために、低家賃の公営住宅を建設した。日本住宅公団は一九五五年に発足し、大都市圏の中間層に向けて、賃貸・分譲の集合住宅を建造した。地方公共団体が設置する地方住宅供給公社は、一九六五年制定の地方住宅供給公社法のもとで、賃貸・分譲団地をつくった。都市が拡大し、団地がつぎつぎと開発され、そこに若い人口が大量に流れ込む様相は、高度成長の時代を象徴した。

さらに、政府は、膨大な住宅需要に対応するために、ニュータウン建設を促進した。新住法（新住宅市街地開発法）は一九六三年に創設され、住宅団地に加え、道路、公園、学校、病院、商業施設などの整備をともなうニュータウン開発を支えた。同法にもとづき、地方公共団体などが建造したニュータウンは、全国で四六カ所におよんだ。

公共住宅団地に、いま、高齢単身者が増えている。日本は、すでに超高齢社会となった。国勢調査の二〇一五年の結果によれば、六五歳以上人口は二六・六％におよぶ。この値は、二一世紀半ばに四割近くにまで上がると予想されている。団地コミュニティの高齢・単身化は急速に進んだ。団地が開発されたとき、そこに入居した人たちは、おおむね均質で、たいていの場合、若い核家族をつくっていた。多くの子どもたちが団地で育ち、小中学校・高校に通い、卒業し、若者となって、大学入学・就職・結婚をきっかけに転出していった。団地に残った親たちは、しだいに高齢化する。住人の多くが同じ年齢層に属しているため、コミュニティの高齢化は、いっきょに進んだ。高齢期に入った夫婦のみの世帯は、片方の死去によって、単身化する。

では、超高齢社会の公共住宅団地をどのように改善し、維持すべきか。戦後に蓄積した公共住宅ストックは、社会安定をいわば下支えする貴重な資源である。そのあり方を入居者の高齢・単身化との関連で検討することが、ここでの関心事である。超高齢社会の団地は、人口と社会が若く、経済に勢いがあった高度成長時代の団地とは、おのずから異なる位置づけをもつ。人びとの高齢・単身化がさらに進む時代のなかで、社会資源としての公共住宅の役割を問いなおし、新たな方向性を見いだすことが、より重要な課題になる。

公共住宅政策の変遷

終戦から高度成長期にかけて、深刻な住宅不足が続いた。政府は、一九五〇年代に住宅政策の体系を整え、住宅建設の大量化をめざした。とくに重視されたのは、中間層の持ち家取得に対する支援であった（平山 二〇〇九 二〇二〇）。住宅金融公庫は一九五〇年に創設され、持ち家を建築・購入する多数の世帯に低利の住宅ローンを供給した。経済の力強い成長のもとで、公庫融資を拡大する政策は、住まいの私的所有を促進し、社会の広い範囲に浸透させた。多くの人びとは、賃貸住宅から持ち家へ、マンションから一戸建て住宅へ、小さな住宅から大きな住宅へと住まいの「はしご」を登った。この枠組みにおいて、高度成長期の公営・公団などの賃貸団地は、「はしご」の初期段階に位置し、おもに若い世帯に向けて、持ち家取得に到達するまでの「仮住まい」を提供する役割を受けもっていた。

低成長期に入った一九七〇年代初頭から、政府は、住宅金融公庫のローン供給を拡大し、持ち家促進をいっそう重視した（平山 二〇〇九 二〇二〇）。公営住宅、公団賃貸住宅の着工戸数は、一九六〇年代では増えていたのに対し、七〇年代初頭にピークに達して以来、ほぼ一貫して減り続けた。ドルショック（一九七一年）、オイルショック（七三年）などの経済危機が続き、高度成長は終わった。政府が持ち家建設を推進する方針をとったのは、新たな低成長期の経済を支えるためであった。

これに加え、自由民主党の政権は、政治上の理由から住宅政策を持ち家一辺倒に変化させた（平山二〇二〇）。高度成長期の都市・経済の拡大は、物価の高騰、劣悪な住宅事情、公害の拡大などをともない、一九六〇年代後半から七〇年代半ばにかけて、日本社会党、日本共産党の一方または両方を基盤とする多くの「革新自治体」が誕生した。この〝保守の危機〟のなかで、住宅不動産を所有する〝有産階級〟を増やし、保守政治を安定させようとするところに、持ち家促進の政策の意図があった。戦後住宅政策の展開において、自民党は住宅金融公庫の役割を重視し、社会党は公営住宅制度の充実を求めた。社会党が一九五七年、六九年に提出した公営住宅法の改正案は、国庫補助率の引き上げなどを骨子としていた。自民党からすれば、〝無産階級〟のための公共賃貸住宅の供給は、革新政党の支持者を増やすだけであった。

政府は、一九九〇年代半ばから、新自由主義の文脈のもとで、住宅政策を大胆に縮小し、その市場化を推し進めた（平山二〇二〇）。住宅政策の中心を担った住宅金融公庫は、二〇〇七年に廃止された。銀行セクターは、住宅ローンの巨大な市場を手に入れ、持ち家融資を拡大した。住宅市場の拡大を重視する政策方針のもとで、公共賃貸セクターの役割は、さらに周縁化した。日本住宅公団は、一九八一年に住宅・都市整備公団、九九年に都市基盤整備公団に再編され、二〇〇四年には都市再生機構に転換した。都市基盤整備公団は、分譲住宅事業から撤退し、新しい都市再生機構は、原則として、賃貸住宅の建設を取りやめた。公団住宅の家賃は、公共住宅の家賃であるにもかかわらず、一九九九年の都市基盤整備公団の設立にともない、市場家賃となった。公営住宅の新規建設は、ほとんど停止した。公共賃貸セクターでは、ストックさえ縮小しはじめ、公営住宅、公団賃貸住宅の管理戸数は、それぞれ二〇〇五年度の二一九万一八七五、〇六年度の七六万九〇〇〇をピークとして、減少に向かった。

住宅政策のあり方は、住宅所有形態の構成に反映した。住宅・土地統計調査によると、持ち家が最も多く、一九六〇年代後半から、全住宅戸数のおおむね六割で推移してきた。その比率は、二〇一八年では、六一・二%であった。これに比べ、公共賃貸住宅は、小さなセクターを形成したにすぎず、経年につれて、さらに減少した。公営住宅と公団・公社賃貸住宅を合わせた戸数は、一九八三年では全住宅の七・六%、全借家の二〇・四%を示していたが、それぞれの値は、二〇一八年には五・〇%、一四・〇%まで下がった。

戦後の住宅不足に立ち向かうために政府セクターが建造した多数の公共住宅団地は、公共機関の所有・管理という点で新型の住宅形態の普及を意味し、そしてまた、人口と経済が拡大する時代のランドスケープを形成した。これに対し、住宅政策が私有住宅の普及を促進し、さらに、住まいの市場化が進む時代になると、公共セクターが供給する賃貸住宅の政策上の位置づけは低下し、そのストックは減った。人口は縮小に転じ、住宅団地の建設はほぼ停止した。しかし、これらの状況は、公共賃貸セクターの住宅が不要になることを意味しない。住宅生産・消費の大部分が市場化したにせよ、社会安定を維持するには、公共的に利用可能な住宅ストックが必ず必要になる。この文脈のなかで、公共賃貸セクターの住まいは、周縁化すると同時に、〝タフな老鳥〟(tough old bird)として存続してきた(Nenno, 1996)。新自由主義の信奉者でさえ、低所得者向け公営住宅制度の廃止には踏みだせない。公共賃貸住宅は、減ったにもかかわらず、より貴重な社会資源として、どのような役割を担うのかが、あらためて問われる段階にある。

増える高齢単身者

公共賃貸セクターでは、新しい住宅が増えないため、高経年ストックの割合が高まった。入居者は着実に高齢・単身化し、コミュニティの構成は変わった。そこから転出する世帯は減った。高度成長期の公共住宅団地は、先述のように、住まいの「はしご」の初期段階に位置し、若い人たちの「仮住まい」をつくっていた。公共住宅に入居した若年世帯の多くは、そこで家庭を営みながら、持ち家取得のために、貯蓄などの資金の算段に努力し、たとえば子ども部屋が必要になる頃に、マイホームに転居した。これに比べ、超高齢社会の公共住宅団地は、「はしご」システムから離脱し、「仮住まい」であるどころか、高齢・単身化する人たちの「定住」の場となった。

高齢単身世帯（六五歳以上）の割合をみると、一九七八年では、公営住宅と公団・公社借家ともに、その他住宅より低かったのに比べ、公営では八三年、機構・公社では九八年にその他住宅を上回った（図8－1）。公共賃貸セクターでは、他のセクターに比べ、入居者の高齢・単身化が速い。公営住宅、公団・公社借家における二〇一八年の高齢単身世帯率は、それぞれ三一・六％、二五・六％となった。ここで示したデータは、あくまで平均値である。高齢単身者がきわめて多い団地が存在する点に留意する必要がある。

続いて、低所得世帯（年収三〇〇万円未満）の比率をみると、その値は、一九七八年からバブル崩

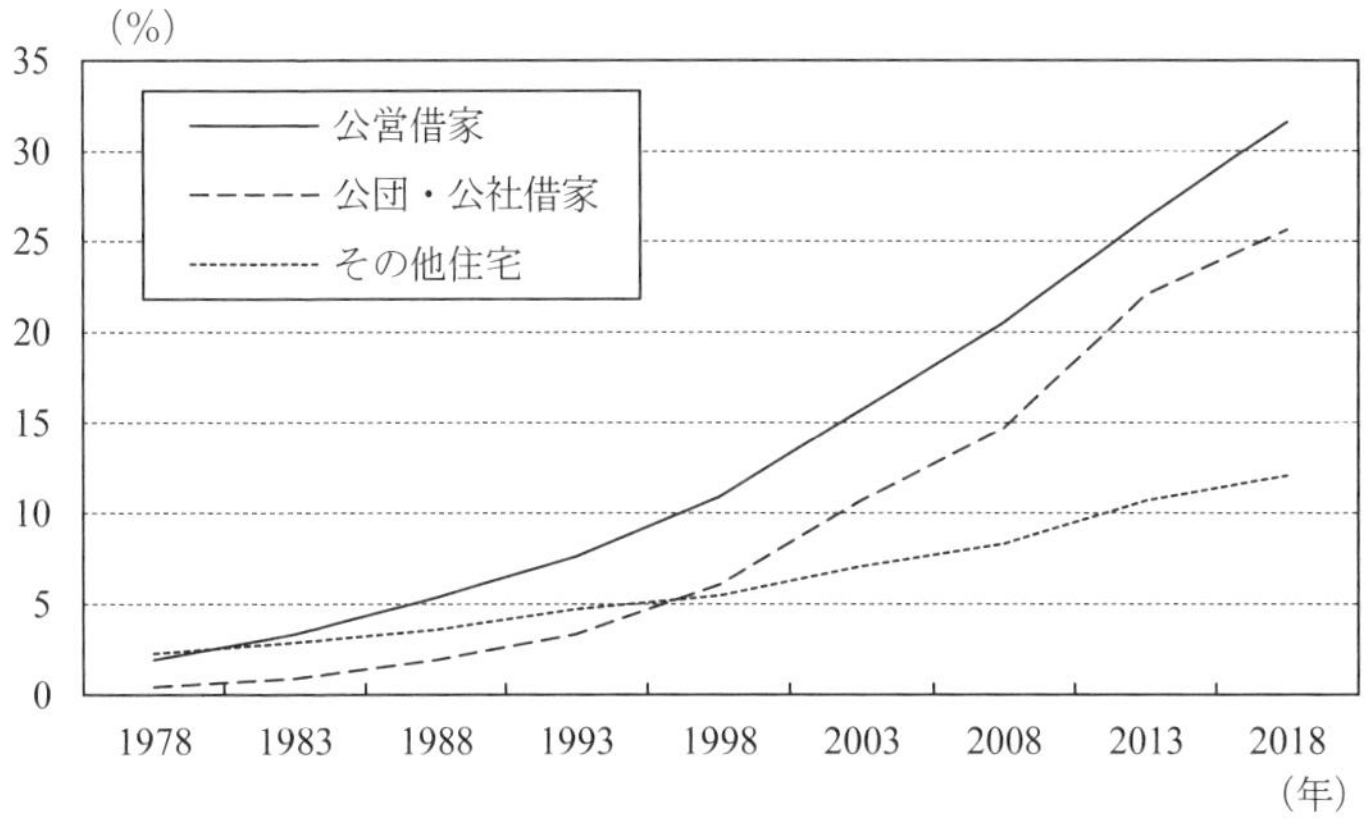

注）1）公団は現在の都市再生機構。　2）不明を除く。
資料）『住宅統計調査報告』、『住宅・土地統計調査報告』より作成。

図８－１　住宅所有形態別　65歳以上単身世帯率

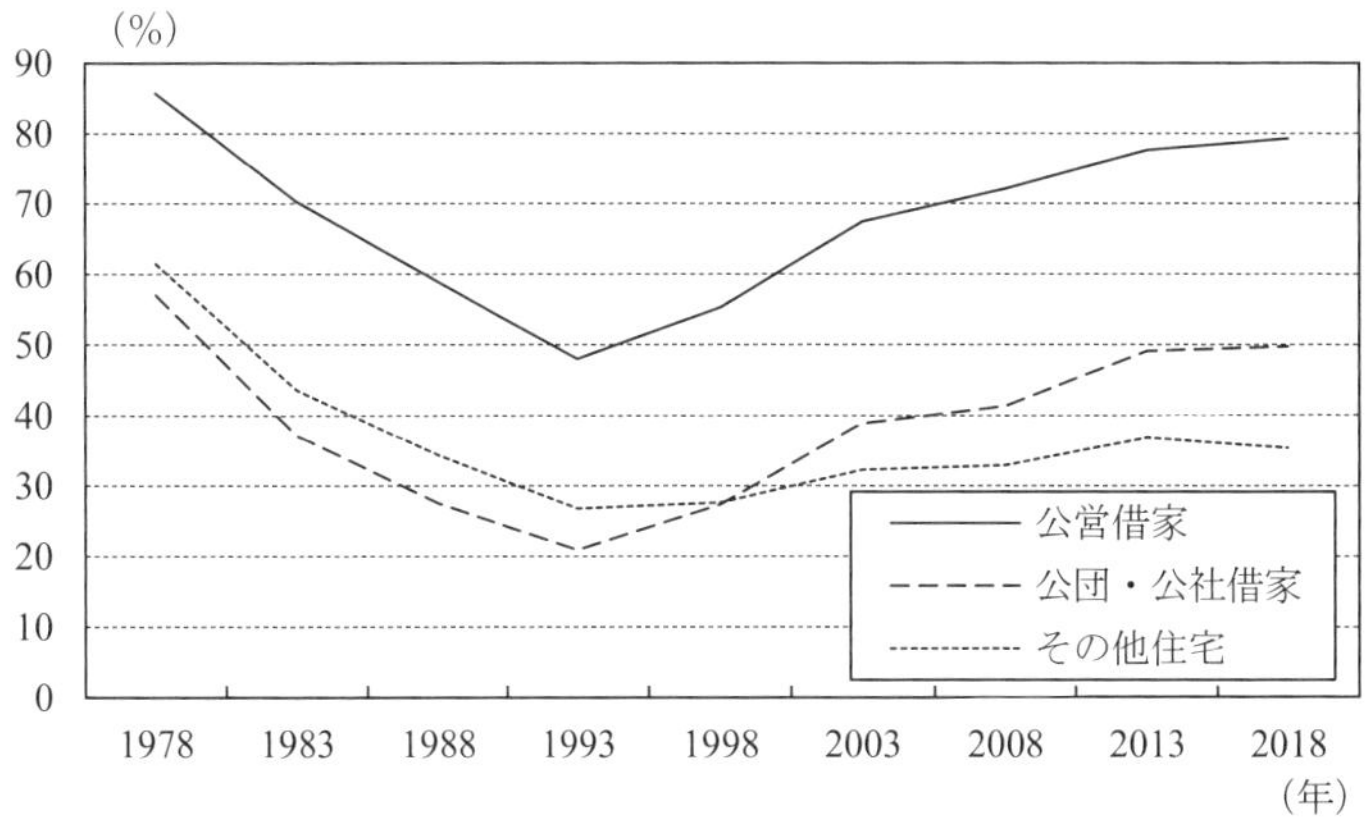

注）1）公団は現在の都市再生機構。　2）不明を除く。
資料）『住宅統計調査報告』、『住宅・土地統計調査報告』より作成。

図８－２　住宅所有形態別　年収300万円未満世帯率

壊直後の九三年にかけて下がったのに対し、それ以降では、上がり続けている（図8―2）。所得の低い世帯は、公営住宅でとくに多く、一九九三年の四八・〇％から二〇一八年の七九・二％に増大した。低所得世帯率について、公団・公社借家とその他住宅を比べると、その値は、一九九八年までは、公団・公社でより低かったのに対し、二〇〇三年に逆転し、一八年では、公団・公社で四九・八％、その他で三五・三％となった。公共賃貸セクターでは、長く住み続ける世帯の所得は、そこから転出する世帯の所得より低い。転出者の減少は、コミュニティの低所得化を反映し、そして促進した。入居世帯の高齢・単身化もまた、低所得層の増大を意味した。

プライバシー、ジェンダー、孤立

超高齢社会の安定を維持するうえで、とくに重要な課題は、社会的孤立の防止である。公共住宅団地では、増大する高齢単身者の孤立リスクが高まっている。社会関係からの切断は、個人・世帯のミクロレベルにおいて、経済上の困窮、健康維持の困難、生活情報の不足、疎外感と抑うつ気分、セルフネグレクトなどをしばしばもたらし、人間の尊厳さえ傷つける。そして、これら問題状況の集積は、マクロレベルの社会・経済に対し、医療・社会保障費の増大、労働力の減少、貧困の拡大、社会連帯の困難などの莫大な負担を発生させる。高齢・単身化が進む公共住宅団地では、コミュニティの安定を支えるために、孤立リスクを減らす方策を検討・考案し、実践に移すことが、切実な挑戦になる。

集合住宅団地、一戸建て住宅団地、さらにニュータウンの開発は、近代以降に発展した独特の住宅・都市設計理論にもとづいている。そして、この〝モダン〟な理論から生まれた空間のあり方が孤立の原因を構成した。不特定多数の入居者を対象とする公共住宅団地の設計の特徴は、核家族を標準の世帯形式と想定し、そのプライバシーの確保をとくに重視した点にあった。直系家族制が普及していた戦前社会と異なり、戦後の新たな民主社会では、――直系家族の制度が消失したかどうかは別にして（第2章参照）――核家族が増えた。親世代から独立し、夫婦関係を中心とする自立した核家族は私生活を大切にすると仮定され、そのプライバシーを守るための設計技法が発達した。団地住戸に導入されたモダンなダイニングキッチンは、家族メンバーの親密さを反映し、育成した。戦前の家屋一般にみられた玄関の引き戸は、住まいの内／外を〝柔らかく〟分け、たとえば、暖かい時期では半開きであったのに比べ、団地住戸の私的な内側は、〝硬い〟玄関ドアで外側から明確に隔離された。この玄関ドアの錠には、シリンダー錠が採用され、それによって、住戸は密閉された。

人間は、生きていくために、他者と触れあい、おしゃべりを楽しむ、といった関係を必要とする。この人間交流の関係は、それぞれの世帯を単位とし、その範囲内で生成し、完結すると想定された。世帯の内側での夫婦・親子関係の形成とそのプライバシーが大切にされ、他の世帯との関係をどのようにつくるのかはほとんど問われなかった。そして、核家族のための密閉度の高い住宅のなかに高齢化していく人たちが住み、世帯内に話し相手がいなくなってしまえば、プライバシーを守るための空間は、孤立促進の装置に転換する。住宅設計の近代理論は、多くの人びとが結婚し、家族をつくった時代に構築され、団地建設からニュータウン開発まで、多数の住宅プロジェクトに適用された。この理論と超高齢社会の不整合から孤立が増える。

自宅に閉じこもる高齢者が増加した。高度成長期から一九八〇年代にかけて建設された集合住宅団地では、エレベーターを備えない階段室型の五階建て住棟が多い。その上層階に住む高齢者は、階段の昇降に困難をきたし、自宅からだんだん出なくなる。ニュータウンの多くは、一戸建て住宅の団地をもつ。そこでは、ひとり暮らしの老人が大きな住宅にひっそりと住み、その外出頻度が減少するケースが増えた。家のなかの様子は、外からではわからない。丘陵地を開発したプロジェクトでは、坂道が多く、それが高齢者の外出をさらに妨げた。傾斜地の一戸建て住宅は、多くの場合、掘り込みガレージを有し、道路と玄関を階段でつなぐ形式をもつ。この階段は、しばしば急勾配で、足腰の弱った高齢者を自宅にこもらせる一因になる。

住宅・土地統計調査（二〇一八年）によると、一九七〇年以前、七一〜八〇年、八一〜九〇年に建てられた五階建て集合住宅は、三〇万八〇〇〇戸、七〇万四六〇〇〇戸、六一万五五〇〇〇戸で、それぞれのうち八〇・六％（二四万二四〇〇〇戸）、七七・七％（五四万七四〇〇〇戸）、五三・一％（三二万六六〇〇戸）にエレベーターがない（図8－3）。階段室型の住棟にエレベーターを設けるとすれば、階段室の数だけエレベーターが必要とされ、しかも、エレベーターを降りて自宅に戻るには、階段の踊り場から半階分の昇降が必要になる。エレベーター設置は、階段室外側の外部空間を使用することから、環境の余裕を減らし、視界を狭める。階段室型住棟にエレベーターを付け加える事業は、コストと便益の釣り合いがとれず、ほとんど実施されない。

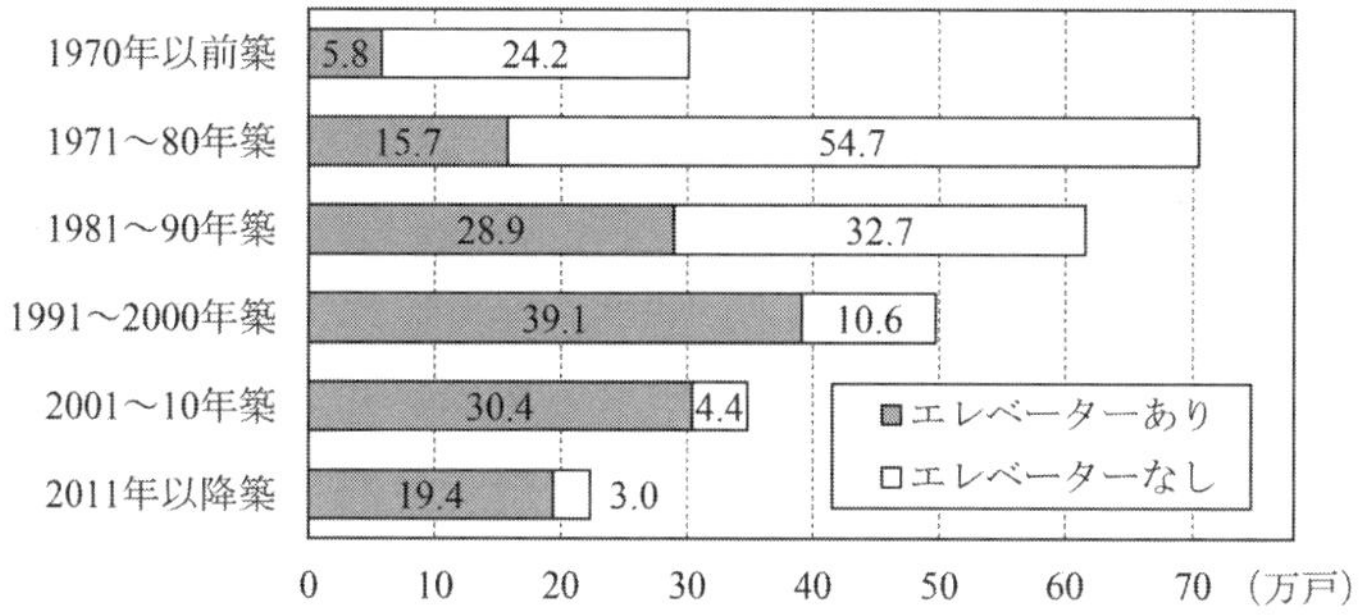

注）不明を除く。
資料）『平成30年住宅・土地統計調査報告』より作成。

図８－３　建築年、エレベーターの有無別
５階建て非木造共同住宅戸数（2018年）

近代都市設計が空間の機能ないし用途を分離・純化するゾーニングの技法に立脚したことは、よく知られているとおりである。しかし、このゾーニングが空間をジェンダー化し、男女の領域を区分けする効果をともなったことは、ほとんど注目されていない（Hayden, 1984; Wilson, 1992）。都市設計の理論と実践のもとで、住宅地と職場は切り離され、団地・ニュータウンの土地利用は住宅と生活関連施設に特化した。そして、稼ぎ手の男性は、都心のオフィスに通勤し、団地・ニュータウンは母子のための空間として設計された。

住宅地の構成は、たいていの場合、近隣住区理論にもとづき、小学校を中心とするコミュニティを単位とした。それぞれのコミュニティは、幹線道路に囲まれ、内部を通過する道路を排除し、公園、集会所、店舗などを備えた。近隣住区理論をまとめたクラレンス・アーサー・ペリーは、住宅地の設計技法の検討において、――ほとんど見すごされているが――暗黙のうちに、ジェンダー化した家族・空間像をふまえていた（ペリー　一九七五［一九二九］）。たとえば、ペリーによる人びとの往来についての推計は、「普通の四人家族」を対象とし、夫は都心の職場と行き来し（週六日）、近隣内では散髪屋、新聞売り場または映画（週二日）、教会、ロッジまたは社会的訪問（週一日）に行き、妻は近隣内の市場（週三日）、薬局、商店または事務所（週一回）、クラブまたは社会的訪問（週二日）に行く、といった想定から導かれた（同：一一八）。ここでは、夫婦がジェンダー化した役割分担にもとづき、ほぼ完全に個別に行動することが、ごく「自然」に描かれている。さらに、ペリーは、専業主婦がどういう行動をとるのかにしばしば言及し、その存在が「自然」であることを論述の前提とした。

団地・ニュータウンは、「母子コミュニティ」向け機能に純化した近隣住区から構成された。この空間に高齢単身者が増えるとき、彼らの居場所が住宅以外にほとんど存在しないことに気づかされる。とくに男性は、定年退職によって、職場という居場所を失い、住宅地のなかでは、新たな居場所を見つけられない。女性は、「母子コミュニティ」に長く住むことで、近隣で友人関係をつくってきたのに比べ、男性の多くには、話し相手さえいない。居場所が見つからない高齢者は、自宅に引きこもる傾向をいっそう強める。ペリーをはじめ、近代都市設計の理論化を支えた研究者、建築家、プランナーは、人口が若く、多くの人たちが核家族を形成し、社会・経済が発展していた時代のなかで、コミュニティが高齢化し、近隣住区に老人たちの居場所をつくる必要が高まる時代が到来することを、ほとんど想像していなかった。

住民交流を増やす工夫を

高齢・単身化が進む公共住宅団地をどのように改善すべきか。住民の孤立を防ぐさまざまな試みが、すでにはじまっている。まず、若い世代を団地に呼び入れ、コミュニティの年齢バランスを変える工夫が必要とされる。ある団地では、住戸のリノベーションによって、若年世帯の入居を促す事業が実施された。別の団地では、空き部屋をシェアハウスに転換し、学生に低家賃で供給するプロジェクトが展開した。これらの工夫でコミュニティの年齢構成が大きく変わることはない。しかし、若者が少しでも増えることは、高齢者が多い住宅地に新鮮な刺激をもたらす。エレベーターのない住棟の五階住戸は、高齢者には適さない。そこへのエレベーター設置は、難しい。しかし、五階住戸を若年世帯に低家賃で供給するプログラムがありえる。

若い人たちを呼び入れると同時に、増大する高齢層のなかで助け合いの関係をつくることが、課題になる。高齢者の割合が増えるにつれて、そのグループの中身は、「相対的に若く、身体の調子がよい高齢者」から「年齢がより高く、足腰の弱った高齢者」まで、より多様になる。自治会が中心となって、六五歳の「若い高齢者」が八五歳の住人のゴミ出し、電球の取り換え、買い物などを手伝う、といった関係をつくりだした団地の事例がある。

さらに、高齢者の居場所を増やすことが、住民交流を促し、閉じこもりを防ぐ効果を生む。大切なのは、世帯外の人たちとの接触を増やす工夫である。単身者は、そもそも自分以外に世帯員をもっていない。世帯単位のプライバシーを重視する空間を再編し、より幅広い人間交流を支える方策が求められる。

住人同士の接触を増やすには、空間用途の純化ではなく、むしろ複合化を積極的に進める方向性が望ましい。あるニュータウンでは、住棟の一階にNPOが喫茶店を開設し、コーヒー・紅茶の値段を低く抑えることで、多数の高齢者が集まる場をつくった。住民交流のための施設として、集会所がある。しかし、そこでの集会とは、日時と目的がはっきり定まったフォーマルなものに限られる。たまたま出会った人たちが気楽におしゃべりを楽しむための、多様な小空間を用意することが、住人のインフォーマルな交流を増大させる。たとえば、道沿いに良質のデザインのベンチを置き、簡単な屋根を設ける、空き住戸を住人が自由に出入りできるサロンに改築する、ピロティを暖かみのある空間に改造し、そこにテーブルとベンチを設置する、といった工夫が幅広く試されてよい。小規模かつローコストの工夫のたんねんな積み重ねから、団地空間に大きな変化が生まれる。

ある団地再生の事例から

和歌山県御坊市に立地し、一九五九年から六九年にかけて建設された島団地は、中層九棟（二一八戸）、簡易耐火二階建て一棟（八戸）、計一〇棟（二二六戸）を擁する市内最大の公営住宅団地であった。この団地では、建物の老朽に加え、単身世帯、高齢者のみの世帯などの〝非標準〟世帯が増え、住民交流は少なく、コミュニティが衰退する状況がみられた。これに対し、行政、住民、専門家

都市再生機構
観月橋団地（京都市）
住戸リノベーション
（星田逸郎撮影・提供）

都市再生機構
向ヶ丘第一団地ストック
再生実証試験
（大阪府堺市）
住棟リノベーション
（星田逸郎撮影・提供）

大阪府住宅供給公社
茶山台団地
（大阪府堺市）
住戸リノベーション
（星田逸郎撮影・提供）

（現代計画研究所・大阪事務所）および研究者（筆者研究室）が協力し、団地を建て替え、再生する事業に取り組んだ（平山 二〇〇五、平山・糟谷 二〇一一、現代計画研究所 二〇〇三）。この事業は、住民参加にもとづくワークショップ方式を採用し、建て替えに合わせて、住民の孤立を防ぎ、交流を促す点に目標を置いた。

行政は、一九八九年から団地再生に向けて動きはじめ、その後、研究者・専門家が実態調査を実施したうえで、再生事業の構想をまとめた。建て替え事業は、一九九五年にスタートし、二〇〇五年にかけて、八期に分けて実施された。このプロジェクトは、「実験的な社会的設計」として日本都市計画学会計画設計賞（二〇〇一年度）を受賞した。事業に長い年数が必要となったのは、財政上の制約が大きいためであったが、各年度の事業の経験を次年度に活かす点で、積極的な意味をもっていた。

島団地の建て替えでは、単身者、高齢者などを孤立させず、住民の気軽な交流を増やすために、以下のような空間上の工夫が重ねられた（図8−4）。これらの工夫は、専門家の原案にもとづき、ワークショップでの話し合いをふまえて実現した。ここでの空間形成の方法は、特定団地の固有の文脈から生まれているが、しかし同時に、超高齢社会の団地改善のあり方について、より普遍的な示唆を提供する。

①島団地は箱形・高密・単調な建築をつくり、周辺地域とは異質の空間となっていた。この状況を克服するために、建て替え後の団地のボリュームとデザインを周辺環境の文脈に有機的に調和させる方針がとられた。

建替後の島団地、
変化に富むファサード

ワークショップの様子

高齢者が集う
「だんらん室」

〈1階〉

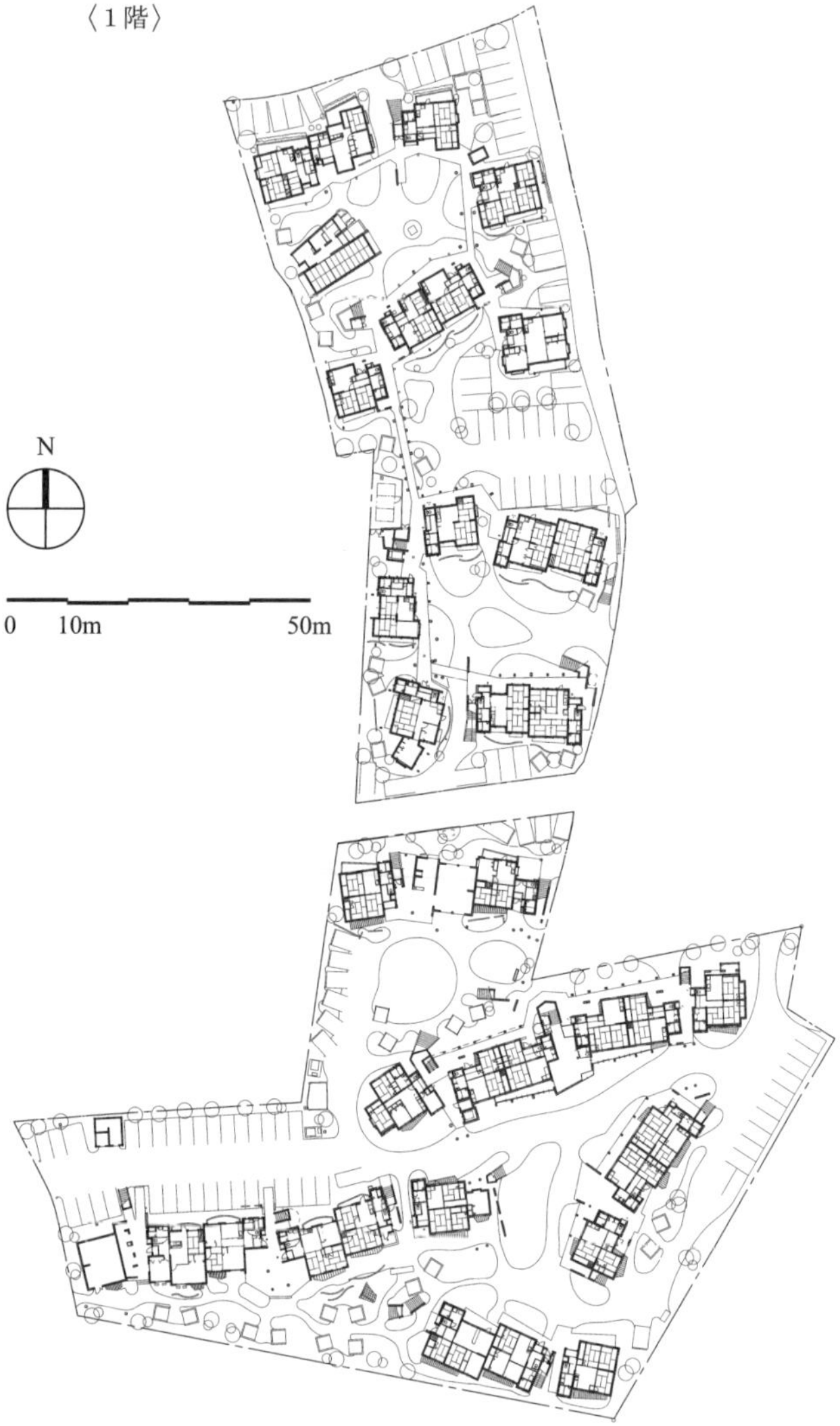

図8－4　島団地　建て替え後の1・3階平面

〈3階〉

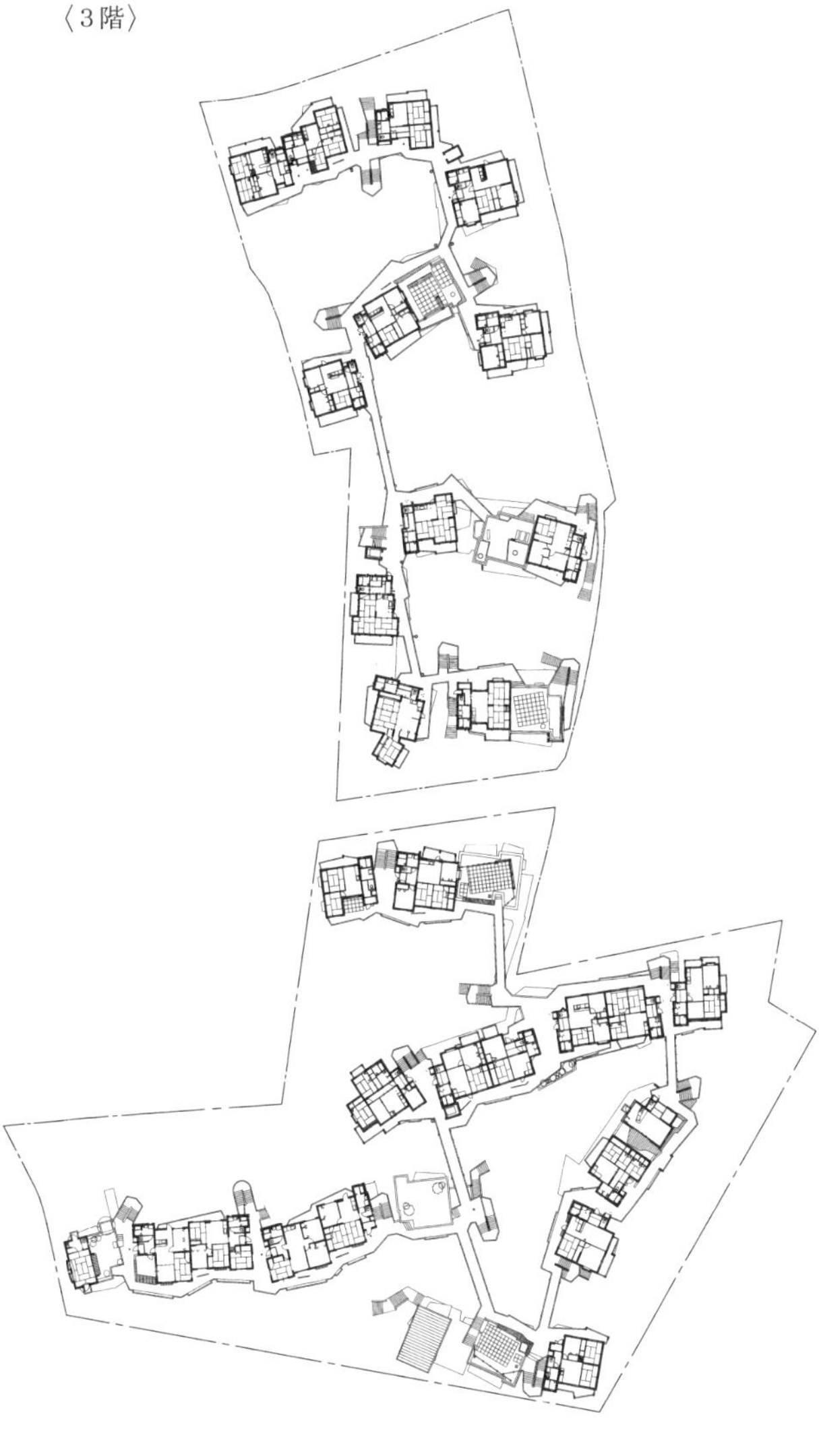

②住棟配置は、囲み型とした。平行配置に比べ、中庭をもつ団地では、住民の自然な接触がより多く発生すると考えられた。

③コモンルーム、空中街路、空中庭園などの水平・垂直方向へのネットワーク化によって、「立体の街」を構成し、住民交流の機会を増やす方向がめざされた。集会所でのフォーマルな集まりとは別に、よりインフォーマルで、気楽な集いを支えるために、複数の小さなコモンルームがつくられた。集会所は、地上階に設けられるのに対し、コモンルームは上層階に置かれた。旧来の団地での住民接触の大半は、地上レベルで発生した。これに対し、空中街路と空中庭園は、上層階で住人同士が気軽に接する場を形成した。

④島団地では、高齢単身者が多い。その孤立を避け、交流を支えるために、「だんらん室」が設けられた。これは、高齢者が集まり、おもにお茶とおしゃべりを楽しむ空間となった。お茶の準備などには、ヘルパーの助力がある。お茶の会などでは、団地だけではなく、周辺地域からの高齢者の参加が増えた。

⑤ワークショップ方式の住戸設計は、個別世帯の意向を取り入れた。その結果、住戸を閉ざすのではなく、むしろ外に向かって開くデザインが増えた。間取りの設計では、「DK型」だけではなく、南面和室二部屋を連続させる「続き間型」を選ぶ住民が多くみられた。この「続き間型」平面は、来客を受け入れる空間をもつ。多くの世帯は、玄関扉をドアではなく、引き戸とした。引き戸の住戸では、たとえば、夏期に半開きにしておくなど、内／外の区切りが緩やかで、高齢単身者が住んでいる場合、その様子が外に伝わりやすい。

公共住宅の再評価を

超高齢社会の公共住宅団地では、入居者の孤立を防ぐ試みがはじまった。これに関連して、最後に指摘されるのは、住宅政策における公共賃貸セクターの位置づけを見なおす必要である。公共住宅のための政策の周縁化にともない、その新規建設はほとんど停止し、ストックさえ減りはじめた。公共賃貸セクターの新たな供給が少ないために、既存の公共住宅団地では、より低所得の人たち、より貧困な高齢者、就労がより不安定な単身者などの比率が高くなる。住宅困窮の度合いが高い人びとの入居を優先させる必要がある。しかし、低所得・高齢・単身者ばかりが増える団地では、コミュニティ・バランスが壊れ、住民交流がさらに停滞する。

この意味で、公共住宅団地を適切に維持できるかどうかは、住宅政策の枠組みに関係する問いになる。公共賃貸セクターのストックを縮小するのではなく、むしろ保全・拡大し、公共・民間住宅の全体について、低所得層および高齢層のための施策を充実させる必要が大きい。これを前提とすることで、公共住宅団地では、高齢単身者だけでなく、若い世帯が増え、団地のコミュニティ・バランスに変化を起こすことが可能になる。

公共賃貸住宅の建設の再開が検討されてよい。先進諸国では、新自由主義の普及にともない、住宅政策の中心手段は、持ち家促進に移ってきた。しかし、欧州諸国は、一九六〇年代頃まで、社会賃貸住宅――何らかの公的補助をもとに、公共・民間の多様な主体が供給する、市場家賃より低い家賃の住宅――を大量に建設した。そのストックの多くは、現在まで保全され、人びとの住宅事情の改善に役立っている。さらに、欧州のいくつかの国では、世界金融危機（二〇〇七〜〇八年）の発生以来、持ち家取得の困難な世帯が増えたことから、社会賃貸住宅の供給をふたたび拡大する動きがある。東アジア諸国の住宅政策には、持ち家重視の傾向がある。しかし、住宅を購入できない若年層の不満が拡大し、中国、韓国は、公共賃貸住宅の大量建設を推進する計画を策定した（e.g., Zhou and Ronald, 2017）。公共住宅を「建てないことが決まっている」のは、日本ぐらいである。

日本の人口と経済は、前世紀の末から〝成長後〟の段階に入った（平山 二〇二〇：Hirayama and Izuhara, 2018）。人びとの高齢化はさらに進む。未婚と離婚が増え、家族のあり方は変化した。不動産バブルが一九九〇年代初頭に破綻して以来、経済・金融の不安定さが増し、二〇〇七〜〇八年の世界金融危機によって、経済・金融システムはいっそう不確実になった。雇用の安全は損なわれ、収入減に直面する世帯が増大した。

成長後の超高齢社会では、居住のセキュリティを得られない人たちが増える。高齢世帯の多くは持ち家に住んでいる。しかし、高齢単身のグループでは、民営借家率が高い（平山 二〇一一a）。高齢者にとって、民営借家での居住は、家賃負担が重く、家主から立ち退き要求を受けるリスクがあるため、安心感をともなわず、安定しない。未婚のまま高齢化した人たちの民営借家率は、とくに高い。高齢層の持ち家率の高さは、持続するとは限らない。若い世代では、未婚率の上昇、雇用・所得の不安定化などから、持ち家率が減った（第7章）。この傾向は、将来の高齢層における持ち家率の低下がありえることを示唆する。高い持ち家率が維持されるとしても、高齢者人口の急増によって、賃貸住宅に住む高齢世帯の絶対数は、少なくとも二一世紀半ばまでは、大幅に増える。超高齢化した成長後の日本社会では、公共賃貸セクターの役割を再評価し、そのストックを減らすのではなく、むしろ保全し、さらに増大させる方向性が求められる。この条件があってはじめて、公共住宅団地のコミュニティ・バランスを変化させ、高齢者、単身者などの孤立を防ぐための多様な工夫が活きる。

日本では、人口が減少し、空き家が増えることから、公共賃貸セクターの必要性は減るとみなす考え方がある。しかし、低所得の高齢者、不安定就労の単身者、貧困な母子世帯などは増える。人口全体の推移だけではなく、どういう人口がどう推移するのかをみる必要がある。増大した空き家には、利用不可能なレベルにまで劣化した多数の物件が含まれる。その除却・廃棄が進まない状況が問題視された。一方、市場に出ている利用可能な空き家が十分に多いとは限らない。とくに低所得の人たちが入居可能な住宅は、余っているどころか、大幅に不足する実態がある。空き家率の上昇は、公共賃貸住宅を減少させる根拠にはならない。

公共住宅の充実には、財政支出が必要になる。新自由主義の信奉者は、〝緊縮国家〟(austerity state)を建設し、社会政策を縮小する必要を断固として主張する(e.g., McBride and Evans, 2017; Taylor-Gooby et al., 2017)。しかし、財政支出は、その効果との関連で評価される必要がある。住宅政策は「投資」としての役割をはたし、貧困を「予防」する機能をもつ(平山 二〇二〇)。社会政策のなかで、所得保障の施策は所得フローを給付し、社会福祉の制度はサービス・フローを供給する。これとは異なり、公共住宅をつくる政策の重要な独自性は、その成果が物的ストックとして蓄積する点にある。

生活保護は、貧困に陥った人たちへの事後対応のシステムを形成し、公共職業訓練の制度は、失職し、失業保険の受給対象となった人たちに事後的に適用される。これに比べ、公共住宅による居住の安定は、貧困をあらかじめ防ぐ機能をはたす。高齢・単身化がさらに進む将来のために、社会資源としての公共住宅ストックを蓄積し、団地のあり方を改善する政策は、貧困「予防」のための「投資」として、高い合理性をもつ。

第9章　住宅セーフティネット政策を問いなおす

改革される住宅政策

住まいの確保に困難をきたす人たちが増えるなかで、政府は、住宅セーフティネット政策を展開した。その手法のあり方について、多くの議論があった。公営住宅の制度をどう利用すべきか、増大する民営借家の空き家を低所得者にどうやって配分するのか、といった問題が検討された。しかし、住宅困窮は減らず、住まいのセーフティネットをつくろうとする政策はほとんど成果をあげていない。その原因をとらえるには、手法の工夫の不足を指摘するだけではなく、住宅政策の全体がどのような枠組みを有し、そのなかで、住宅セーフティネットがどういう位置を占めるのかをみる必要がある。住宅セーフティネット政策は、それ自体として自立するのではなく、より広い政策フレームの一環を構成する。必要なのは、住宅セーフティネットの手法論ではなく、位置づけの政策論である。

住宅領域のセーフティネット形成をめざす施策は、新自由主義の政策改革に密接に関係する。新自由主義またはネオリベラリズムとは、——その定義をめぐる込み入った論争に深入りせず、多くの論者におおむね共通する見方をとると——資産私有と市場を制度枠組みとし、そこでの人びとの競争と企業家精神の促進が経済進歩を達成すると断言する経済・政治イデオロギーである（e.g., Dardot and Laval, 2013; Harvey, 2005）。新自由主義の影響下の政府は、一九九〇年代半ばから、住宅関連の公的支援を大胆に縮小し、住宅生産・消費の大半を市場にゆだねた。この政策は、低所得層の住宅確保をより困難にし、社会安定を損なうことから、セーフティネット構築を必要とした。

市場重視の新しい住宅政策の基盤として、住生活基本法は二〇〇六年に成立し、住生活基本計画（全国計画）が策定された。この法律は、住宅市場の環境整備をめざすと同時に、住宅困窮者のためのセーフティネットをつくる必要を示した。これを受けて、翌二〇〇七年には、住宅セーフティネット法（住宅確保要配慮者に対する賃貸住宅の供給の促進に関する法律）が制定された。住生活基本計画（全国計画）は、おおむね五年ごとに見なおされる。その二〇一六年の策定に続いて、住宅セーフティネット法は翌一七年に改正された。住宅セーフティネットの政策形成は、住宅政策全体の改革に連動した。

新たな住宅政策は、原則として、人びとに市場住宅の確保を求め、それが困難な人たちに住宅セーフティネットを用意するという枠組みをもつ。そして、この「市場化とセーフティネットの組み合わせ」は、矛盾から逃れられない。住宅の市場領域が拡大するにしたがい、市場住宅を得られない人たちが顕在化する。住宅政策の運営は、この事実から無関係ではありえない。しかし、市場重視の政策は、住宅セーフティネットに周縁的な位置づけしか与えない。政府は、市場のなかで住まいを確保できない世帯が存在することから、住宅セーフティネットをつくらざるをえず、そして同時に、市場領域を拡張するために、住宅セーフティネットの役割を限定するという矛盾した政策をとる（平山 二〇二〇：Hirayama, 2014b）。

住宅セーフティネット法は、低所得者、高齢者、障害者などを〝住宅確保要配慮者〟と定義・表現し、このグループに対する賃貸住宅供給を促進するために、公共賃貸住宅を利用し、さらに、増大する民営借家の空き家を活用するとした。しかし、公共賃貸セクターのための政策は残余化した。残余の施策とは、中心手段では対処できない〝余った部分〟に対する小規模かつ消極的な対応を意味する。民間賃貸セクターに対する政策支援は少量で、成果をほとんどあげなかった。住宅セーフティネットの対象を表す「住宅確保要配慮者」という言葉は、「政府は配慮し、しかし責任はもたない」ことをほのめかしているようにみえる。

この章では、住宅セーフティネット政策をどう理解すべきかを、住宅政策の枠組みに関連づけて考察する。人生の道筋には多くのリスク――失業、倒産、傷病、離婚、災害、老齢……――がある。新自由主義の政策が展開した結果、人びとが市場経済の変動にダイレクトにさらされる度合いが増え、生きることのセキュリティはより脆くなった。そこでは、人生の軌道を整え、リスクに対応するうえで、住宅安定の確保は、とくに重要な課題になる。この文脈において、住宅セーフティネット形成に対する期待が高まった。多くの研究者、専門家、政策担当者、さらに運動家が住宅セーフティネットのあり方を考えている。しかし、住まいに関連する現在の政策フレームを「所与の条件」とし、その範囲内での住宅セーフティネット形成の手法ばかりに関心を集中するとすれば、それは、住宅困窮に対する適切な対応に結びつくどころか、新自由主義の施策を支え、促進する効果さえ生む。本章では、人びとの住まいのセキュリティを確保しようとするのであれば、住宅セーフティネットそれ自体の技法の工夫だけではなく、より広い住宅政策の枠組みの再考が不可避になることを述べる。

住宅政策がたどった経路

新自由主義の政策改革は、住宅領域に対し、どのような結果をもたらしたのか。この点を調べるには、改革前の住宅政策がどういう軌跡をたどったのかを把握する必要がある。なぜなら、住まいに関する政策改革は、それ自体として完結するのではなく、それまでの政策経路との組み合わせによって、人びとの住宅事情に新たなインパクトをおよぼすからである(Hirayama, 2010c)。

すでにみたように、戦後日本の住宅政策は、住宅金融公庫法(一九五〇年)、公営住宅法(五一年)および日本住宅公団法(五五年)を「三本柱」とした(第2、5、7章)。それは、住宅施策が「階層別供給」の体系をもつことを意味した。地方公共団体は低所得者のために低家賃の公営住宅を建設し、日本住宅公団は大都市地域の中間層に向けて賃貸・分譲団地を開発した。住宅金融公庫のおもな任務は、中間層の持ち家取得に対する低利融資の供給であった。住宅建設計画法は一九六六年に成立し、これにもとづく住宅建設五箇年計画の策定は、「三本柱」と民間住宅に関する建設戸数目標の明示によって、住宅政策に根拠を与えた。

所得階層ごとに異なる手段を用意する住宅政策の体系が整えられたが、しかし、公的資源の配分には偏りがあった。住宅供給の「三本柱」のなかで、中間層の持ち家取得を促進する公庫融資の供給がとくに重視され、低所得者向け公営住宅の供給は少量にとどめられた。住宅政策のあり方は、住宅ストックの構成に反映した。住宅・土地統計調査の二〇一八年の結果から住宅の所有形態をみると、持ち家が最も多く、全住宅戸数の六一・二%を占める。持ち家に次いで多い民営借家は、二八・五%を示した。しかし、その建設に対する政策支援はほとんど存在せず、借家人向け公的家賃補助の供給はほぼ皆無であった。公営住宅は三・六%にすぎず、都市再生機構（旧・日本住宅公団）などの公的賃貸住宅は一・四%と少量であった。

政府は、一九七〇年代初頭から、住宅政策を持ち家促進にいっそう傾けた。これを反映し、公営住宅の制度は、さらに残余化した。その着工は、一九七二年に一二万戸を超え、ピークを記録した後に、ほぼ一貫して減り続け、二〇〇〇年代半ばには年間二万戸を下回った。さらに、着工戸数の大半は、建て替えによる戸数となった。公営住宅のストックさえ縮小しはじめ、管理戸数は二〇〇五年から減少に転じた。

公営住宅制度の対象である「住宅に困窮する低額所得者」（公営住宅法第一条）の範囲は、収入がより低いグループに狭められた（平山 二〇〇九 二〇二〇）。公営住宅法の一九五九年改正では、収入超過者の「明け渡し努力義務」が導入され、収入が増えた世帯は公営住宅に住むべきではないという考え方が示された。同法一九六九年改正は、制度対象をより明確に限定するため、高額所得者に対する「明け渡し請求」を可能とした。公営住宅入居の要件を構成する収入基準のカバー率は、下がり続けた。カバー率とは、全世帯のなかで、入居収入基準以下の収入の世帯、すなわち収入面での入居資格をもつ世帯が占める割合をさす。その値は、一九六〇年代初頭では六〇％であったのに対し、六八年では四〇％、七三年には三三％となった。

低所得の住宅困窮者は数多く、良質かつアフォーダブル（適正範囲の住居費負担で入居可能）な住宅は少ない。このため、公営住宅の需給ギャップが拡大した。これに対処する方法は、二つしかない（平山二〇〇九）。一つは、より多数の公営住宅を供給し、需給関係の「実態」を調整する施策である。もう一つは、住宅困窮者に関する制度上の定義の操作である。住宅政策の守備範囲を狭めれば、その「制度」空間のなかでの需給関係は調整される。政府は、後者の方法をとり、より多くの住宅困窮者に対応しようとするのではなく、制度上の整合性を保つことに腐心した。それを具体化したのが、「明け渡し努力義務」「明け渡し請求」制度の導入であった。

政府は、低所得者向け借家供給に関し、公営住宅を増大させるのではなく、民間地家主に依存した（平山二〇二〇）。この点は、戦前から続く「伝統」ともいうべき政策傾向となった。地代家賃統制令は、戦時および終戦直後の地代家賃を規制し、戦争遂行と戦後復興のために、社会不安を予防しようとした制度であった。罹災都市法（罹災都市借地借家臨時処理法）は、終戦直後（一九四六年）に制定され、滅失建物に住んでいた借家人に対し、その建物が建っていた土地を優先的に借りる権利を与え、建物再建のケースでは、滅失借家の住人であった人たちは優先して新たな借家を得ると規定した。地代家賃統制令は一九五〇年に改正され、それ以降に着工した借家建築とその敷地は適用除外となった。罹災都市法は、災害時などの権利関係を混乱させる面をもつことから、二〇一三年に廃止された。しかし、これらの制度は、地家主の負担で借家人を保護する「伝統」をつくった。同様に、借家法の一九二一年創設は「相当賃料」制度をともない、同法四一年改正は「正当事由」制度を導入した。民営借家の家主が借家人との契約を終わらせるには、「正当事由」が必要とされ、家賃値上げについて、家主と借家人の合意が成立しない場合、借家人は、裁判所判断の確定までは、「相当賃料」を支払えばよいと規定された。借家法は、民営借家での居住を安定させるコストを家主に負担させる手段となった。

政府は、前世紀の末から、住宅領域における新自由主義の政策改革を推進した。この結果、住宅政策の大部分は市場化し、低所得者向け住宅供給はさらに削減された(平山二〇二〇)。すでに残余化していた公営住宅の対象は、一九九六年法改正によって、いっそう狭められ、入居収入基準のカバー率は二五%まで下げられた。バブル経済が一九九〇年代初頭に破綻して以来、経済は長く停滞し、公営住宅入居の希望が増えた。入居収入基準は一定に保たれていたことから、低所得者が増えるにしたがい、カバー率は上昇し、二〇〇五年に三六%となった。このため、政府は、同法施行令の二〇〇七年改正にもとづき、〇九年に収入基準を下げ、カバー率を二五%に戻した。公営住宅への需要の増大という「実態」に対し、「制度」上の需要を減らす対策が講じられた。

新自由主義の政策改革は、地方分権をともなう。公営住宅制度は、入居資格の一つとして「同居親族要件」を設定し、単身者の入居を排除してきた。高齢者などに限って、一九八〇年から単身入居が認められたが、しかし、若年・中高年単身者は排除されたままであった。公営住宅の「同居親族要件」は二〇一一年にようやく廃止され、地方分権の文脈のなかで、入居資格のあり方は、地方公共団体にゆだねられた。しかし、大多数の地方公共団体は、公営住宅から単身入居の大半を排除し続ける条例をつくった。とくに大都市では、公営住宅に対する需要が多く、単身者を入居させるとすれば、需給ギャップがさらに拡大する。このため、地方公共団体は、単身者の住宅需要に関し、「実態」に対応するのではなく、「制度」を操作した。

住宅を市場化する政策によって、一九九九年に定期借家制度が導入された。このシステムのもとでの賃貸借は、契約で定めた期間の満了時に終了し、更新されない。したがって、定期借家制度の利用は、家主にとって、より明確な収益予測を可能にし、賃貸住宅経営の経済合理性を高める意味をもつ。家主利益を重視する定期借家制度は、借家人保護を重視した旧来の借家法とは異なる性質をもつ。不況が続くなかで、住宅需要は停滞し、借家市場では空き家が増大した。多くの民間家主は、入居者を確保する必要から、借家人を不利にする定期借家制度を利用しなかった。しかし、この制度の導入は、より自由な住宅市場をつくろうとする政策改革を構成した。

経路と改革

新自由主義の普及にしたがい、多くの先進諸国は、一九八〇年代から住宅政策の市場化を推し進めた。それは、低所得層の住宅困窮を深める効果を生む。しかし、人びとの住宅事情に対する政策改革のインパクトは、けっして均質ではなく、国ごとに異なった（Forrest and Hirayama, 2009; Hirayama, 2010c）。戦後住宅政策の展開について、各国は固有の経路をもつ。新自由主義の改革は、国ごとに特有の政策経路と交錯することで、異なる結果に結びついた。さらに、社会政策の体系のなかで、たとえば、現金フローを供給する所得保障とは異なり、住宅施策は、物的ストックを蓄積する。住宅政策の重要な特質は、過去の成果物が存在し続け、現在と未来の住宅事情に影響する点にある。住宅領域における新自由主義の政策改革は、国によって異なる政策経路と住宅ストック特性と組み合わさることで、多様な効果をもたらした（平山 二〇二〇）。

低所得者向け住宅政策の規模について、日本と欧米諸国を比べると、日本の政策スケールは、きわだって小さい。低所得層の住宅改善のための政策手段の中心は、社会賃貸住宅と住宅手当の供給である。社会賃貸住宅とは、何らかの公的補助をともない、地方政府、民間非営利組織、民間家主などが所有・管理し、公共セクターが入居者選定に介入する住宅をさし、その家賃は利潤を含まず、市場家賃より低い（Scanlon et al., 2014）。住宅手当とは、住居費負担軽減のために供給される所得補助で、おもに借家人に対する家賃補助を意味し、住宅所有者向け給付をも含む（Kemp, 2007）。

新自由主義の普及にともない、多くの国は、住宅政策を持ち家促進にシフトさせ、社会賃貸セクターに対する支援を減らした。その影響の程度と内容には、違いがみられた（Forrest and Hirayama, 2009）。西欧・北欧諸国とアングロサクソン諸国を比べると、アングロサクソン・グループでは、イギリスを除く国の社会賃貸住宅は少ない（図9－1）。これに比べ、西欧・北欧グループの多くの国では、一九六〇年代頃まで社会賃貸住宅が大量に建てられたことから、八〇年代頃から住宅政策の市場化が進んだとはいえ、その比率は依然として高い。社会賃貸住宅の割合は、二〇一八年のデータによれば、オランダでは三七・七％、デンマークでは二一・二％、オーストリアでは二〇・〇％におよんだ。日本の社会賃貸セクターを構成するのは、公営住宅のみで、その比率は、先述のように、三・六％にすぎない。都市再生機構（旧・日本住宅公団）の賃貸住宅は、公的セクターが所有・管理する公的住宅であるにもかかわらず、その家賃は一九九九年から市場家賃になった。このため、機構住宅は、社会賃貸住宅とはみなされない。

欧米諸国では、低所得者向け住宅施策のおもな手法は、社会賃貸住宅の建設から住宅手当の供給に移ってきた（平山 二〇一一a、齋藤 二〇一三）。その理由の一つは、住宅問題の変化である。終戦から一九六〇年代にかけて、深刻な住宅不足が続いた。住宅建設の進捗にしたがい、住宅不足はしだいに解消した。しかし、一九七〇年代から、より不安定な雇用、より長期の失業、より低い収入の母子世帯、より貧困な高齢者などが増え、住宅問題の核心は住居費負担力の低さにあるという見方が支配的になった。第二に、住宅政策の不公平に対処する必要が高まった。社会賃貸住宅に入居する世帯が存在する一方、民営借家に住み、政府支援を得られない低所得者が多い。この不公平に対応するうえで、民営借家向け家賃補助の供給は、有力な選択肢となった。第三に、住宅手当の手法は、新自由主義の政策改革に適合する面をもつ。公的家賃補助の制度では、それを利用する低所得者が借家市場のなかで入居可能な住宅を探し、選ぶパターンが典型である。これは、市場利用にもとづいている点から、新たな政策方針に合致した。

住宅手当は、アメリカなどで予算上限をともなうシステムとなっているケースを除けば、多数の国において、受給資格者に請求権を認める制度である（Kemp, 2007）。住宅手当の受給資格をどこまで広げ、守備範囲をどう設定するのかは、国によって違いをみせる。しかし、住宅手当は、請

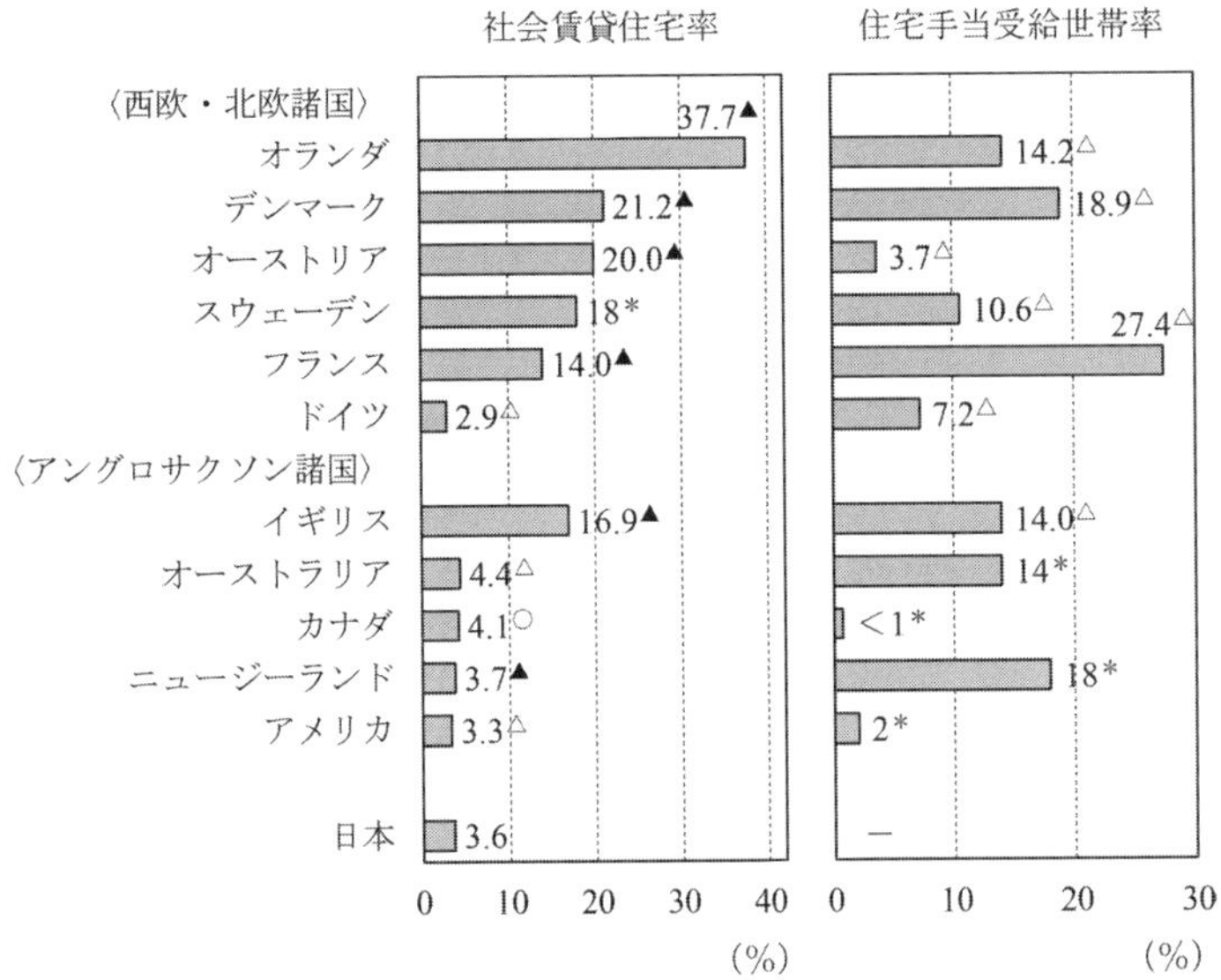

注）1）西欧・北欧諸国とアングロサクソン諸国のそれぞれについて、社会賃貸住宅率の高い順に並べた。

2）日本は住宅・土地統計調査による2018年の値。諸外国の「▲」、「△」、「○」はOECD (2019) *OECD Affordable Housing Database* にもとづくそれぞれ2018年、2017年、2011年の値。「＊」はKemp, P. A. (ed.) (2007) *Housing Allowances in Comparative Perspective* , Bristol: Policy Press にもとづく2000年代前半の値。

図９－１　社会賃貸住宅と住宅手当に関する国際比較

求権をもつ受給資格者の範囲内に限れば、より多くの世帯に対応できる可能性をもつ。西欧・北欧グループの多くの国では、社会賃貸住宅の比率が高いうえに、さらに、多数の世帯が住宅手当を受けている。住宅手当受給世帯の割合は、二〇一七年の統計によると、フランスでは二七・四％、デンマークでは一八・九％、オランダでは一四・二％を示した（図9－1）。ドイツでは、社会賃貸住宅に住む世帯は少ないが、住宅手当受給世帯が七・二％を占める。アングロサクソン・グループをみると、イギリス以外の国の社会賃貸住宅率は低く、その一方、住宅手当受給世帯は、イギリス（一四・〇％）、ニュージーランド（一八％）、オーストラリア（一四％）などで多い（イギリスは二〇一七年、後二者は二〇〇〇年代前半のデータ）。アメリカ、カナダでは、住宅手当を受ける世帯は少ない。

日本では、公的家賃補助の支給は、皆無に近い。日本の住宅政策は、国土交通省（旧・建設省）によって所管され、社会資本整備の枠組みのなかに置かれた。この点は、住宅政策のあり方を決定づけ、対物投資を重視し、対人支援の家賃補助は供給しない方針に結びついた。一方、厚生労働省が所管する生活保護制度は、住宅扶助のシステムを備える。しかし、住宅扶助は、生活扶助などの他の扶助と合わせて供与され、単独では支給されない。その受給世帯は少なく、二％程度と推計される。厚労省所管の家賃補助として、住宅扶助以外に、離職対策として住居確保給付金が制度化しているが、その供給は、ごく微量にすぎない。

新自由主義の政策改革は、「経路と改革」の違いによって、異なる結果を生んだ。欧米諸国の多くは、住宅政策の市場化を進めた。しかし、西欧・北欧諸国とイギリスは、社会賃貸住宅の大量のストックを蓄積し、さらに、欧州・アングロサクソン双方のグループにおいて、公的家賃補助の制度を備える国が多い。ここでは、賃貸セクターの安定は、社会賃貸住宅と公的家賃補助を供給する公共政策と市場の組み合わせから成り立つと考えられている。換言すれば、民営借家の家賃を負担できない低所得者には公的施策が対応するという条件のもとで、賃貸住宅市場が形成される。日本は、公営住宅の残余化、公的家賃補助制度の未発達という独自の経路をもち、そのうえで、新自由主義の政策改革を推進したことから、住宅のほとんど全部が市場化し、低所得者の住宅確保はきわめて困難になった。

住宅セーフティネットの限界

政府は、公営住宅の供給を基盤とし、そこに民営借家などを組み合わせることで、住宅セーフティネットを構成しようとした。最初の住生活基本計画（全国計画）（二〇〇六年）では、「公的賃貸住宅のみならず民間賃貸住宅も含めた住宅セーフティネットの機能向上を目指す」方向が示され、二〇一一年の計画は、住宅確保要配慮者のために「公営住宅等公的賃貸住宅を的確に供給するとともに民間賃貸住宅への円滑な入居の支援を推進し、これらが相まった重層的かつ柔軟な住宅セーフティネットの構築を目指す」方針を打ちだした。

続いて、二〇一六年の住生活基本計画（全国計画）は、空き家が増えている民営借家セクターの利用を重視し、「住宅確保要配慮者の増加に対応するため、空き家の活用を促進するとともに、民間賃貸住宅を活用した新たな仕組みの構築も含めた、住宅セーフティネット機能を強化」することを基本施策の一つとした。ここには、低所得者向け住宅政策における空き家増大への着眼とともに、民間家主依存の「伝統」が表れている。

改正住宅セーフティネット法（二〇一七年）では、民営借家活用の方針が強調され、住宅確保要配慮者の入居を受け入れる民営借家の都道府県などへの登録、登録住宅の改修に対する補助、入居者の負担軽減のための家賃および家賃債務保証料の低廉化助成、さらに、住宅確保要配慮者の入居の円滑化支援などの仕組みが準備された。民営借家市場の空き家率は上がった。それにもかかわらず、家主の多くは、家賃滞納、近隣トラブル、単身入居者の死後への対応の必要などのリスクを懸念し、高齢者、障害者、外国人などの入居に対する拒否感をもつ。これを背景とし、増大する空き家を住宅確保要配慮者に配分しようとする新しい手法が考案された。

しかし、住宅セーフティネット政策は、きわめて小規模な成果しかあげていない。ここには、住宅政策の枠組みのあり方が関係しているとみる必要がある。低所得者向け住宅施策は、残余化の経路をたどり、その延長線上で、市場重視の政策改革が実施された。この「経路と改革」のもとで、住宅セーフティネットの整備は最小限にとどめられた。国土交通省の計画によると、二〇二〇年度末までの登録住宅確保の目標戸数は、一七万五〇〇〇にすぎない。これは、たとえば公営住宅入居への応募者数が二〇一五年度で五六万四六九三件に達していた点からすると、控えめな計画といわざるをえない。後述のように、登録住宅戸数の目標を抑制するためのデータ操作が重ねられた。さらに、改修費補助と家賃低廉化・家賃債務保証料助成は、法律では定められず、予算措置となった。

法的根拠をもたない制度は安定せず、持続するとは限らない。

住宅セーフティネット政策では、目標レベルが低いうえに、実績の伸びが遅い。登録住宅の戸数は、二〇二〇年九月二三日現在で七万五六八一戸にすぎず、低水準に抑えられた目標にさえ届かない可能性がある。民営借家の家主に空き家を登録させるには、強い誘因が必要になる。空き家改修の補助を受けた家主は、その住宅を最低一〇年にわたって、住宅確保要配慮者向け専用として運用し、家賃を公営住宅家賃相当以下に抑える義務を課せられる。改修費補助は、義務に見合う誘因にはならず、ほとんど使われていない。家賃を下げる仕組みは、家主に所有物件を登録させる誘引になりえる。家賃低廉化助成は、国だけではなく、地方公共団体の負担にもとづく。多くの地方公共団体は家賃低廉化助成のための負担を避けることから、その実績はきわめて少ない。低所得者向け住宅政策の規模を最小限にとどめる方針のもとで、民営借家をセーフティネットとして利用するための家主向け誘引は、きわめて不十分にしか準備されなかった。

登録住宅のうち、まとまった戸数を特定の不動産業者が登録している実態がある。旧・労働省が所管していた雇用促進事業団は、衰退産業からの移転就職者を受け入れるために、公共住宅の一種である雇用促進住宅を所有・管理していた。そのストックは、二〇〇〇年代から一〇年代にかけて、住宅供給を市場化する政策に沿って、民間セクターに払い下げられた（平山 二〇二〇）。国土交通省は、多数の雇用促進住宅を取得した特定の不動産賃貸業者に働きかけ、その物件を住宅確保要配慮者向け登録に導いた。雇用促進住宅を買い取った企業は、再販の禁止、入居者の保護などについて、一定期間の規制を課せられる。規制が解除された後に、所有物件がどう扱われるのかは不明である。別の不動産業者は、土地所有者にアパートなどを建てさせ、それを借り上げ、転貸するサブリース・ビジネスを展開してきた。アパートには、長く空き家のままとなる住戸がある。国交省は、住宅セーフティネット政策の実績をあげるために、不動産業界に協力を要請し、サブリース業者は、多数の空き家を住宅確保要配慮者向け物件として登録した。これらの特殊な事例は、登録住宅数を増大させる重要な要素となった。いいかえれば、セーフティネットとして住宅を登録する制度は、一般の民間家主層には、ほとんど浸透していない。

住宅セーフティネット政策の家賃低廉化助成は、借家人に支給されるのではなく、住宅の物的状態が一定水準を満たすことを条件として、家主に供給される。これは、地域優良賃貸住宅の制度における家賃低廉化助成に似た仕組みである。対物投資に傾き、対人補助を供給しない社会資本整備としての住宅政策は、物的住宅の整備に関連づけ、家主に補助を供給するかたちでしか、家賃軽減支援を提供しない。さらに、家賃低廉化助成の制度は、家主向けであるがゆえに、家主に煩雑な手続きを要求する。それは、登録住宅を少数にとどめる一因になる。

改正住宅セーフティネット法にもとづく政策の狙いは、民営借家の空き家利用にある。しかし、長期わたって空き家となっている住宅には、不便な立地、低質な物的状態などの欠陥がある。住宅セーフティネット政策は、一般市場では競争力をもたない空き家を住宅確保要配慮者に配分しようとする組み立てをもつ。ここに低所得者向け住宅施策の性質が表れている。空き家改修のための補助などが用意されたとはいえ、その実績が小さいことは、述べたとおりである。

単身高齢者、母子世帯、外国人などの住まいを確保するには、民営借家入居関連の支援が必要になる。住宅セーフティネット法は、この入居支援のために、不動産関連団体、地方公共団体、社会福祉法人、ＮＰＯなどが構成する居住支援協議会の設置を可能とした。しかし、その実績は、ほとんどあがらなかった。このため、改正法では、新たな方策として、都道府県によるＮＰＯなどの居住支援法人の指定が可能になった。この法人は、居住支援協議会の構成団体として、登録住宅に関する情報提供と入居相談、家賃債務保証などの入居支援を担う。しかし、不足しているのは、入居支援だけではなく、入居後の居住を安定させる支援である。多くの家主は、入居管理に関するリスク——家賃滞納、近隣トラブル、死後対応など——を避けようとし、所有物件の登録をためらう。物的住宅の建設を重視してきた住宅政策の枠組みにおいて、入居支援を充実させ、さらに入居後の居住を安定させる施策をどこまで実施できるのかが問われる。

ネオリベラル社会

フランスの哲学者、ピエール・ダルドと社会学者、クリスチャン・ラヴァルによると、新自由主義のイデオロギーは、対抗政治力との対決の段階を終え、社会のすみずみにすでに浸透・定着し、〝ネオリベラル社会〟を生みだしている（Dardot and Laval, 2013）。そこでは、「競争と企業家精神」を社会原理とし、経済・政策の市場化と金融化を進めることが「自然化」し、それへの異論はしだいに弱化する。マーガレット・サッチャーとロナルド・レーガンは新自由主義の政策を実践するために、政治対決を挑んだ。しかし、トニー・ブレア（労働党）、ビル・クリントン（民主党）、ゲアハルト・シュレーダー（社会民主党）が「競争と企業家精神」を受け入れたことは、ネオリベラル社会が「自然化」の段階に入ったことを含意した。イデオロギーの勝利とは、脱政治化にほかならない。

世界金融危機（二〇〇七〜〇八年）によって金融システムの自由化を重視する新自由主義は終わったといわれた。続いて、二〇一〇年代になると、欧州での極右勢力の台頭、イギリスのEU離脱支持（一六年国民投票）、アメリカ大統領選挙でのドナルド・トランプの勝利（一六年）などは、反新自由主義ないし反グローバリズムの勢いを反映すると考えられた。しかし、私有資産と市場競争を制度原理とする社会形成のあり方に変化は起きず、金融セクターは衰えない。そして、トランプ派にせよ、ブレグジット派にせよ、住宅困窮者の実態には、ほとんど興味をもっていない。ネオリベラル社会は変化するとはいえ、その「奇妙な不死」に注目する必要がある（Crouch, 2011）。

新自由主義の時代に入ると、多くの国は、住宅政策などの社会政策を後退させ、市場領域を拡大した（Forrest and Hirayama, 2009; Glynn, 2009; Rolnik, 2013, 2019）。その根底には、〝社会認識の仕方〞の転換がある。戦後の先進諸国は、より包括的な福祉国家の建設をめざした。その社会政策が立脚したのは、社会の「階層化」の実態をとらえ、「不平等」を減らすために、「再分配」を進める方針であった。不平等対策がどの程度のスケールをもっていたのかは、国と時期によって異なるとはいえ、社会が階層化し、再分配を必要とするという認識への広い同意があった

これに比べ、新自由主義の社会政策では、社会の「内／外」への二分が認識され、「外」に「排除」された人たちを「内」に「包摂」する手法が重視される（平山二〇二〇）。この「内」は広大で、「外」はごく狭いと考えられている。社会的排除／包摂の理論は、貧困者、長期失業者、ホー

ムレスの人たちなどの状況を説明するうえで、マテリアルな資源の不足だけではなく、社会との切断・接合関係に注意し、社会保障などの制度への接続を重視する点で、新しい視角を提供した（岩田二〇〇八、中村二〇〇二）。しかし、新たな社会政策がもとづくのは、貧困者などを社会全体の構造から切り離し、「外」に配置したうえで、「特殊」化し、それぞれの「特別のニーズ」に対応し、「内」に戻そうとする「ピースミール・アプローチ」である。ここでの困窮者は、社会階層などの社会集団の「成員」であるよりは、固有の事情をもつ「個人」として把握される。そして、「競争と企業家精神」を基調とする社会の「内」のあり方それ自体は、そのまま「自然化」し、たとえ「不平等」が増え、「階層化」が進んでいても、「再分配」政策はほとんど講じられない。社会的包摂に向けた施策が重視される一方、長期失業者を復帰させようとする先の社会が、不安定かつ低賃金の仕事しかなく、公的支援の減った階層化社会にすぎないとしても、そうした状況を問いただす考察は減少し、ホームレスであった人たちが社会復帰をはたすとしても、「競争と企業家精神」の空間で生きていけるのかどうかという問いは二の次になる。

日本の住宅政策の構成は、「階層別供給」から「市場化とセーフティネットの組み合わせ」に変化した（平山二〇二〇）。戦後住宅政策は、階層ごとに異なる「三本柱」を用意した。その所得再分配は不十分であった。政府は、持ち家促進を重視し、公営住宅の建設は少量であった。しかし、社会の階層化が認識され、それにもとづくシステムが組まれた。これに対し、新自由主義の政策改革は、階層別「三本柱」を解体した。住宅金融公庫は、二〇〇七年に廃止された。住宅・都市整備公団（旧・日本住宅公団）は、一九九九年に都市基盤整備公団、二〇〇四年に都市再生機構に再編され、新しい機構は、住宅事業を大幅に減らした。公営住宅の建設がほぼ停止したことは、述べたとおりである。住宅建設の階層別目標戸数を示すことで、住宅政策の根拠となっていた住宅建設計画法は、二〇〇六年に廃止された。

新自由主義の新たな住宅政策は、社会が「内／外」に二分しているという認識に立脚した（平山二〇二〇）。社会の「内」は、〝脱階層化した均質かつ広大な空間〟を形成するとイメージされ、そこでの住宅生産・消費のほとんどすべては市場にゆだねられる。ネオリベラル社会は、けっしてレッセフェール（自由放任主義）社会ではない。国家は、私有資産と市場を中心とする社会制度を守る役割をはたすと考えられている。日本では、住宅市場の制度フレームとして、たとえば、消費者保護のための住宅品質確保法（住宅の品質確保の促進等に関する法律）が一九九九年に制定された。社会の内側が国家の保護対象となる点に留意する必要がある。そして、住宅市場の「外」に位置するごく少数の「特殊」な人たちのために、最小限のセーフティネットをつくる方針が示された。ここでは、社会認識に必要と考えられていた「階層化」「不平等」などの概念はすべて消失したかのようである。政府は、住宅セーフティネットの必要を認めるが、しかし、その守備範囲を最小限にとどめる。この矛盾した方針を支えるのが、「特殊」化の戦略であった。

「カテゴリー」化について

住宅政策は、住宅困窮に立ち向かう手段である。そして、住宅困窮は、〝社会的構築〟の産物である。その定義は自明ではありえず、社会政治力学のなかで変化する。誰が「救済に値する」のかは、「科学」によって決まるのではない。新自由主義の影響下で、低所得者向け住宅政策は、いっそう小規模になった。この枠組みのなかで、住宅困窮の定義を操作し、「救済に値する」人たちを減らす工夫が重ねられた。住まいに関する公共政策の性質を知るには、「政府は、誰を助け、誰を助けないのか」をよくみる必要がある。

住宅施策の対象選定における「カテゴリー」化の技術が発達した（平山二〇〇九二〇二〇）。「高齢」「母子」「障害」などの社会福祉の対象分類指標を用い、「救済に値する」人たちを定義する手法が、「カテゴリー」化である。その基本は、稼働力をもつかどうかによって、困窮者を分類する点にある。「高齢」などの人たちは、稼働能力を十分にはもたない、あるいはまったくもたないがゆえに、市場住宅を自力では確保できないとみなされ、したがって「救済に値する」グループに配置された。

「住宅に困窮する低額所得者」を対象とし、住宅困窮対策として、普遍性の程度の高い制度であった公営住宅は、残余化につれて、福祉関連の「カテゴリー」に合致する世帯を選び、入居させる傾向を強めた。母子世帯向け住宅などの特定目的公営住宅の供給は、一九六〇年代から拡大した。公営住宅法の一九九六年改正では、入居収入基準のカバー率が下げられ、その一方、高齢者などについては、カバー率の引き上げが可能となった。

住宅困窮者を「カテゴリー」で分類することは、第一に、「救済に値する」範囲をさらに狭める役割をはたす。就業していても貧困状態にある〝ワーキングプア〟の人たちの増大が注目された。

このグループは、稼働力をもつことから、低収入であるにもかかわらず、市場住宅の確保を要求される。福祉関連の「カテゴリー」に当てはまらない「単に低所得」の人たちが公営住宅に入居できる可能性は、さらに減った。第二に、「カテゴリー」化の技術は、貧困者、ホームレス、DV被害者などのグループを「特殊」化し、それぞれにどのように対応するのかというテクニカルな問いをもたらす。それは、住宅政策の全体が縮小し、住まいの市場化が進む状況を「自然化」する力と表裏一体の関係を形成する。そこでの議論の主題は、「階層化」「不平等」などをともなう社会の組み立て方ではなく、社会から排除された人たちの「特別のニーズ」になる。したがって、第三に、住宅困窮の「カテゴリー」化は、その脱政治化を促進する。住宅問題の研究者と専門家、さらに運動家の一部は、障害者、母子家庭などの「カテゴリー」ごとに細切れになったグループの住宅状況に対応する専門的な検討に専念するにしたがい、住宅困窮の政治力学に対する興味を失っていく。

住宅セーフティネットの対象である住宅確保要配慮者は、より明確に「カテゴリー」化され、低所得者、被災者、高齢者、障害者、子どもを養育している者、その他住宅の確保にとくに配慮を要する者と定義された（住宅セーフティネット法第二条一項）。

これを受けて、住宅セーフティネット政策の「基本的な方針」に関する二〇一七年一〇月の国土交通省告示は、住宅確保要配慮者を定義する「カテゴリー」が多様であることを「具体的には、ホームレスや生活保護受給者等を含む低額所得者、被災者（発災から三年以内の災害又は大規模災害によるものに限る。）、高齢者、身体障害者、知的障害者、精神障害者、その他の障害者、ひとり親家庭等の子どもを養育する者、外国人、中国残留邦人、児童虐待を受けた者、ハンセン病療養所入所者等、ＤＶ（ドメスティック・バイオレンス）被害者、拉致被害者、犯罪被害者、生活困窮者及び矯正施設退所者が住宅セーフティネット法において住宅確保要配慮者として規定されている。また、地域の実情等に応じて、海外からの引揚者、新婚世帯、原子爆弾被爆者、戦傷病者、児童養護施設退所者、ＬＧＢＴ（レズビアン、ゲイ、バイセクシャル、トランスジェンダー）、ＵＩＪターンによる転入者、これらの者に対して必要な生活支援等を行う者等多様な属性の者が住宅確保要配慮者に含まれ得る」と説明した。

ここでの住宅確保要配慮者の「列挙」は、住宅セーフティネットが幅広い人たちを対象とすることを示す意図をもつ。しかし、どの「カテゴリー」を施策対象とするのかを決める基準と根拠は、けっして明確ではない。さらに、さまざまな「カテゴリー」のそれぞれは小さなグループで、それらを並べ立てることは、政策展開の大規模化の必要・必然を意味しない。注意すべきは、多彩な「カテゴリー」を「列挙」すればするほど、住宅セーフティネットの対象が「特殊」で、その構築が普遍性をもつ施策ではないことを示唆する効果が生まれる点である。住宅確保要配慮者の長大なリストの作成は、住宅困窮の範囲を拡大するのではなく、むしろ狭める意味をもつ。

処罰の段階

新自由主義のイデオロギーは、その「自然化」に向けて、社会を「統治」する仕組みを必要とする（Dardot and Laval, 2013; Walters, 2012）。多くの論者がミシェル・フーコーの権力論を応用し、人びとが「競争と企業家精神」の「規範」に自身を適応させようとするメカニズムを描いた。よく知られているように、フーコー（一九七五［一九六二］一九七七［一九七五］二〇〇六［一九九四］）は、独自の権力論を発展させるなかで、人びとに自分を調教させ、管理させるミクロレベルの権力のあり方にとくに注意を促した。ダルドとラヴァルによれば、新自由主義が浸透・定着した社会では、多くの人たちは、自身の身体と能力を「企業」のように扱い、その「競争力」を引き上げるために、自分に投資し、自分を鍛え、自分の振る舞いを監視し、自身からより多量の利益をあげ、自身の「利回り」を改善しようとする（Dardot and Laval, 2013）。この生き方の「主体的」な実践の普及によって、ネオリベラル社会が「自然化」し、その「統治」が可能になる。フーコーは、羊の群れのような人びとに健康、安全などに関する自己管理を担わせ、救済を約束する「司牧者権力」を論じた。ニュージーランドの社会学者、ジョージ・サンダースの示唆によると、「司牧者権力」は、市民に物財と福祉を供給する国家装置の後退と個人による自身のウェルビーイングと幸福の追求が強調される新自由主義の時代において、とくに効果的になる（Sanders, 2012）。

イギリスの政治経済学者であるウィリアム・デイヴィースは、新自由主義は、「処罰」の技芸をともなう新しい「統治」の段階に入ったという（Davies, 2016a, b）。たとえば、社会サービスのための公的補助は大幅に削減され、これに対処する必要から、公務労働の「生産性」の引き上げがめざされた。この結果、イギリスでは、学校教諭を対象とした二〇一五年の調査によると、半数近くがストレスのために病院に通い、三分の二以上が退職を検討していた。同様に、不払い残業が増大した国立医療機関では、若手医師のうち退職検討者が七割におよんだ。人びとは、自身の「生産性」を上げ、「競争と企業家精神」の社会に適応するために、自分の行動を自分で監視する。そして、この監視と適応に失敗した人たちは、健康被害、失職などの「処罰」を受ける。ここでの「処罰」とは、「生産性」の引き上げを刺激するテクノロジーにほかならない。

住宅領域では、政府の住宅政策が縮小するにしたがい、住まいの確保に必要な経済負担が増大した。住宅コストの上昇は、デイヴィースの議論を応用していえば、それに見合う収入増を達成できない人たちにとって、「処罰」を意味する。新自由主義を信奉する政府と政治家は、「生産性」と「処罰」の社会に加われない人たちを「特殊」な少数グループにすぎないとみなした。たいていの世帯は、「処罰」を逃れるために、自身を効率的に運営し、「生産性」を上げることで、住宅ローンまたは家賃の増大に耐えると考えられている。低所得者向け住宅供給を残余化し、住宅セーフティネット形成を最小限にとどめる政策は、住宅困窮者に対する「処罰」になる。とくに福祉関連の「カテゴリー」に当てはまらない困窮者は、市場住宅を自力で確保すべきであるにもかかわらず、「競争力」と「生産性」の維持についての自己管理に失敗したとみなされ、住宅セーフティネットから排除される。

ダルドとラヴァル、デイヴィース、さらに、政治哲学を専攻するアメリカのウェンディ・ブラウンほか、多くの学者が論じたように、新自由主義の政策は、企業モデルを企業以外の組織・制度に当てはめ、社会のほぼすべての領域を市場化する運動をともなう（Brown, 2015; Dardot and Laval, 2013; Davies, 2016a, b）。そこでは、収益増大に価値が置かれ、その手段として、競争関係の形成が重視される。日本では、他の先進諸国と同様に、社会保障、医療、教育、福祉などの領域は、市場の外に配置され、福祉国家の保護下にあった。しかし、新自由主義の時代では、個人年金の市場が拡大し、福祉は企業商品となった。大学研究者の一部または多くは、研究市場での自己の「競争力」と商品価値、さらに「利回り」を維持するために、毎年の業績評価で好成績をおさめる必要に迫られ、論文を効率的に生産する「企業」のように自身を運営し、長い年数を必要とする学問に打ち込むことをあきらめた。義務教育の領域でさえ、学校は競争関係に置かれた。困窮状態に陥った人たちに対し、政府は、公的福祉を提供するとは限らず、労働力商品として自らを再生し、雇用市場に戻るように促すプログラムを適用した。企業モデルを社会のすみずみに根づかせようとする運動のもとで、公共セクターの住宅政策は、すみやかに市場化した。

異様といってよいほどの圧縮

住宅セーフティネット法の二〇一七年改正に向けて、そのあり方を審議した「新たな住宅セーフティネット検討小委員会」（社会資本整備審議会住宅宅地分科会）では、「救済に値する」人たちの範囲をいわば極限にまで狭める方向が示された。事務局（国土交通省住宅局）の試算によると、住宅確保要配慮者は、約二八万世帯であった。この数値は、公営住宅を除く借家に住む世帯のうち、公営住宅入居資格のある収入分位二五％以下の世帯（全世帯のうち収入の低い方から順に二五％の世帯）、同二五～五〇％の高齢者・障害者・子育て世帯で、最低居住面積水準未満かつ高家賃負担の世帯の数である。この計算には、住宅困窮の「実態」に対応するのではなく、「制度」対象としての住宅困窮を減らそうとする苦心の跡がうかがえる。

たとえば、低レベルの居住水準「かつ」高家賃負担の世帯のみが住宅セーフティネットの対象とされた。しかし、その根拠説明は成り立たない。最低居住面積水準未満は、住生活基本計画（全国計画）（二〇〇六年）が導入した居住水準の指標で、政府は、その早期解消を政策目標とした。高家賃負担ではない世帯の低居住水準状態の解消はめざさないという方針は、ごく素直に考えれば、ありえない。最低居住面積水準未満「または」高家賃負担の世帯数を計算すると、収入分位二五％以下では二七七万、同二五～五〇％では六五万、計三四二万になる。「かつ」と「または」では、セーフティネットの対象の規模に一二倍以上もの差がある。

居住水準と家賃負担はトレードオフを形成する。低所得層のなかで、相対的に広い住宅に住み、最低居住面積水準を満たす世帯の多くは、高家賃を負担し、家賃負担を低く抑える世帯は、最低居住面積水準を満たさない狭い住宅に住むケースが多い。したがって、最低居住面積水準未満「かつ」高家賃負担のグループは、「または」の場合に比べ、きわめて小さくなる。このトレードオフを利用した住宅確保要配慮者の量の試算は、巧妙であった。

検討小委員会では、公営住宅入居資格をもたない、収入分位二五～五〇％の世帯を住宅セーフティネットの対象に加える可能性が示唆された。しかし、収入が相対的に高いグループについては、「高齢」「障害」「子育て」の「カテゴリー」世帯だけが施策対象に含まれた。これらの「カテゴリー」に当てはまらず、しかし、低レベルの居住水準、高家賃負担などの住宅困窮を経験している多数の世帯が存在する。

さらに、「高家賃負担」の定義として、家賃負担率三七・三％以上という異様に高い値が使われた。この数字は、低年収（一五〇万円）世帯の家賃負担率の現状を推定し、使用したものである。低収入の世帯は過度に重い家賃負担に苦しんでいるにもかかわらず、その家賃負担率の実態をそのまま政策対象の定義設定に援用することは、適切ではない。しかも、この異様な「高家賃負担」指標を使うとしても、収入分位二五％以下での該当世帯数は一七七万に達し、過重負担問題の深刻な広がりが認められる。ここで注意すべきは、政府は、公営住宅の家賃算定基礎額の計算において、家賃負担率を一五～一八％と設定している点である（住本ほか 二〇一二）。この公的基準がすでに存在するにもかかわらず、それへの言及を避け、そこからかけ離れた数字を捻出する必要の根拠が不明である。政府自身が決めた家賃負担の基準を用いれば、住宅確保要配慮者の数は、大幅に増大する。

ここにあるのは、住宅困窮の「実態」に対処するのではなく、需給ギャップの「制度」操作を繰り返し、低所得者向け住宅対策の残余化を正当化しようとする「伝統」である。住宅政策の規模が小さいことをくつがえることのない枠組みとみなしたうえで、それに合致するように、住宅確保要配慮者の数をあらかじめ想定し、その数を根拠づけるための資料操作が実践された。

住宅政策の抜本的拡大を

本章の結論は、日本では、低所得者向け住宅政策のスケールが過度に小さく、それが「所与の条件」として「自然化」している点に、住宅困窮を解決できない原因の根本がある、というものである。政策の公平性には、水平／垂直の二種類がある（平山 二〇〇九）。政府は、公営住宅収入基準のカバー率を下げてきた。それは、より低い階層の範囲内でより多数の世帯に公営住宅入居の機会を与え、水平方向の不公平を減らす意味をもつ。しかし、水平の公平性を重視すると、垂直方向の不公平が拡大する。収入が少し高いがゆえに公営住宅への入居資格をもたず、狭小な民営借家に住み、高い家賃を支払っている世帯は数多い。低所得者向け住宅を十分に増やし、住宅需給の「実態」を調整すれば、水平／垂直の不公平はいっきょに解消する。しかし、公営住宅の残余化は不変の前提とされ、施策対象の「制度」操作による不公平対応が追求された。

新自由主義の住宅政策は、住宅困窮者の「カテゴリー」ごとの「特別のニーズ」に対応しようとする。このアプローチは、住宅困窮を社会階層の構造から切り離し、「特殊」化することで、水平／垂直の不公平の可視性を弱める効果を生む。しかし、低所得者向け住宅政策が小規模である点に変わりはない。そこに生じるのは、ある「カテゴリー」と別の「カテゴリー」のどちらが「より困っているのか」という陰鬱な「競争」である。住宅困窮が増え、住宅政策が小規模のままである限り、「誰かを助ける施策が別の誰かを排除する」関係が発生せざるをえない。

必要なのは、まず、公営住宅ストックを保全し、さらに増大させる政策である。新自由主義の時代に入り、多くの国は、持ち家促進を重視し、社会賃貸住宅への支援を後退させた。しかし、欧州諸国では、世界金融危機の影響によって、持ち家市場が停滞するなかで、社会賃貸住宅の役割を再評価し、その供給をふたたび拡大しようとする動きがある。東アジアの住宅政策には、持ち家重視の傾向がある。しかし、住宅を購入できない若年層が増え、中国、韓国は、公的賃貸住宅の大量建設をめざす計画をつくった（e.g., Zhou and Ronald, 2017）。これに比べ、日本では、公営住宅を増やさないことが「自然化」している状況がある。

低所得者に対する住宅供給の手段を公営住宅制度に限る必要はない。先進諸国の低所得者向け住宅政策は、多くの場合、社会賃貸住宅と家賃補助の供給を両輪とする。日本では、社会賃貸セクターを構成するのは、少量の公営住宅にほぼ限られているが、民間セクターに公的資金を投入し、新たな社会賃貸住宅を供給する施策が検討されてよい。西欧・北欧諸国の社会賃貸住宅は、民間非営利組織が所有・管理しているケースが多い。アフォーダブル住宅をつくる手段を複数化することで、そのストックの蓄積を促進する必要がある。さらに、家賃補助のシステムを請求権制度として創設し、より幅広い住宅困窮者に対応する方針が求められる。先進諸国のなかで、住宅手当制度がほとんど存在しないのは、日本を含む少数の国だけである。民間セクター利用の社会賃貸住宅を供給し、家賃補助の制度を確立することは、公営住宅に関する不公平の緩和につながる。

新たな住宅セーフティネット政策では、高齢者などの住宅確保要配慮者を受け入れる民営借家を登録し、そこに家賃低廉化助成などを組み合わせる仕組みがつくられた。これは、社会賃貸セクターがすでに必要になっている状況を示唆する。住宅セーフティネット政策の実績は乏しい。民営借家の家主に所有物件を登録させる経済上の誘因は弱く、登録住宅はきわめて少ない。登録された住宅の大半は、長期にわたって空き家のままで、立地不便、低質などの欠陥のある、市場競争力をもたない物件でしかない。高齢者などを受け入れる民営借家に対し、より大規模な公的支援を投入し、より適切な物件の登録住宅への転換を刺激する必要がある。そこから、社会賃貸セクターの形成の展望が可能になる。

家賃補助制度の導入では、欧米諸国の多くにみられるように、住宅困窮者が借家市場のなかで入居可能な住宅を探す方式をとる必要がある。日本では、国土交通省が住宅政策を所管し、社会資本整備の一環として実施するがゆえに、住宅セーフティネット政策における家賃低廉化助成は、登録住宅の物的基準の充足を条件として、家主に供与される。自治体の多くがその負担を避けていることは、述べたとおりである。自治体が家賃低廉化助成に取り組むとしても、住宅確保要配慮者はごく少量の登録住宅しか利用できず、家主には手続き負担が課されるため、住宅セーフティネット形成の実績は低い水準にとどまるとみられる。次章で述べるように、東日本大震災からの住宅復興では、「みなし仮設」住宅が供給された。この制度は、被災者が市場のなかで自由に探した民営借家を仮設住宅として位置づけ、行政が家賃を負担する方式に立脚し、大きな実績をあげた。ここには、住宅困窮者の自発行動にもとづく家賃補助の有効性についての示唆がある。高齢者、障害者などが市場で住まいを探すことには困難がある。この状況には、居住支援法人などの入居支援が対応する必要がある。

住宅政策の展開は、財政支出をともなう。しかしそれは、前章で述べたように、貧困を「予防」する「投資」としての役割をはたす（第8章）。社会政策のなかで、たとえば、所得保障の施策は、貧困に対する事後対処として実施されるのに対し、公営住宅をつくる政策の成果は、物的ストックとして蓄積し、貧困予防のインフラストラクチャを形成する。新自由主義の政策によって、社会賃貸住宅向け支援は減った。しかし、欧州諸国では、過去に建てられた社会賃貸住宅の大量のストックが現在、未来の住宅困窮者を救い、その貧困化を防ぐ機能を担う。これは、社会賃貸セクターに対する投資の成果である。超高齢社会を形成し、成長率が下がったままの日本では、低所得層が増大する将来に向けて、貧困の拡大をくい止めるために、公営住宅の保全・建設、社会賃貸セクターの育成などに投資し、社会的に利用可能な住宅ストックを蓄える必要がある。

住宅セーフティネットのあり方についての手法論が盛んである。非正規雇用の若者が増加した。このグループに対応しようとするならば、どういう手法を使えるのか。シェアハウスが増えている。その一部をセーフティネットとして使用できるのではないか。こうした手法論は、必要で、役に立つ。しかし、住宅政策の規模は大幅に縮小し、「市場化とセーフティネットの組み合わせ」が新たなフレームとなった。この枠組みを「自然化」した「条件」とみなすべきではない。住宅困窮が増え、さらに拡大する可能性があるときに、そして、セーフティネット政策が驚くほど小規模な計画しか示さないときに、「ピースミール・アプローチ」をとることの限界を知る必要がある。住宅政策の枠組みとスケールを問いなおすときを迎えている。

第Ⅳ部 仮設住まい

第10章　被災した人たちが、ふたたび住む

どこに相談してもまったく相手にされないし、夫の体調も悪いし、仕事はないし、子供の進学の費用もないし、津波のせいですべてがくるいました。お金がある人たちは復興と言うけれど、生活の格差がありすぎます。私たちには先が見えないので、復興のことなんてわかりません。

家が全壊して仮設に入ったが、周りに親しい人がいないのでさびしい。体の弱った高齢の夫婦には、買い物も、通院も、ゴミ出しも、たいへんである。隣の声、足音が聞こえるような環境では、普通のくらしにならない。誰もが気をつかって、息をひそめている。いろいろな物音や、痴呆がはじまった家族の大声に苦情がくるのではと心配している。

住宅ローンの返済が八〇〇万円。どうにもならないです。夫の手取り収入が一八万円。生活がやっとです。三人の子どもたちにみじめな思いをさせたくないのですが……。先が、まったくみえません。住宅ローンを返済しなくては、次に進めない。

——「釜石市民の暮らしと復興についての意識調査」（二〇一一年夏、一二年夏）の自由記述欄より。

住まいと生活再建

大災害からの復興では、被災者の住宅安定を確保する政策・制度をどのように組み立てるのかが重要な問題になる。被災した人たちは、自身の人生をどうにかして立てなおそうとする。その軌跡の束から、復興が形づくられる。被災地の復興とは、土木・建設プロジェクトの成果として把握されるだけではなく、生活再建に向かう一人ひとりの被災者の動きの集積としてとらえられる必要がある。住まいの再生は、人生の道筋をふたたび整えようとする人びとの実践を支えるところに、固有の役割をもつ。被災者の困窮に対応するために、雇用創出から所得給付、保健・医療の再構築、教育の再開、地域福祉の拡充まで、幅広い施策が打たれる。この枠組みのなかで、住宅復興の政策・制度は、生活再建の手段の一つであるだけではなく、その基盤としての位置を占める（平山二〇一三）。

阪神・淡路大震災は一九九五年一月に発生し、広範な住宅被害をもたらした。これに続いて、住まいを破壊する多数の震災——鳥取県西部地震（二〇〇〇年）、新潟県中越地震（〇四年）、福岡県西方沖地震（〇五年）、能登半島地震（〇七年）……——が起こった。東日本大震災は二〇一一年三月に生起し、大津波に襲われた東北太平洋沿岸地域は、膨大な住宅ストックを失った。さらに、熊本地震（二〇一六年）、大阪府北部地震（一八年）などが住宅被害を引き起こした。震災に加え、豪雨災害が増え、平成二六年八月豪雨、平成二七年九月関東・東北豪雨、平成二九年七月九州北部豪雨、平成三〇年七月西日本豪雨、令和元年東日本台風、令和二年七月豪雨などで、大量の住宅が被災した。阪神・淡路大震災からの住宅復興は、比較可能な戦後の先例がなく、単発の「特異な仕事」であるように感じられた。しかし、大災害が増えるにしたがい、住まいの再生に関係するさまざまな実践が蓄積し、「一連の経験」を形成した。この過程で、住宅復興の政策・制度は着実に発展し、同時に、多くの課題に直面した。

被災地では、住む場所を失った人たちを「仮住まい」から「定住」に移すことで、生活再建を促進しようとする対策が講じられる。たとえば、行政は、「仮住まい」用の仮設住宅を供給し、「定住」を支える恒久住宅として、公営住宅を建設する。しかし、生活再建の「経路」と「段階」は、必ずしも明確な構成をもつとはいえない。人生の立てなおしに向かう「経路」は、単線ではなく、むしろ複線に分岐し、その「段階」は、明快に区分されるとはいえず、順序よく並んでいるとも限らない（平山 一九九六二〇〇一）。

災害発生の直後、被災した多くの人びとが避難所に寝泊まりの場を求める一方、親戚の家に身を寄せる被災者がいた。仮設住宅が建てられ、多数の世帯に供給されると同時に、損壊した住宅にとどまり、その修繕に取り組む世帯がみられた。被害が甚大な地域では、たとえば五年、あるいは一〇年近くにわたって仮設住宅に住む人たちが存在し、そこでの居住を「仮住まい」と呼ぶことは、実態に合わなくなった。公営住宅に入居し、いったん落ちつき、しかし、新しい環境になじめず、転出を望む被災者がいる。持ち家の再建に到達し、しかし、住宅ローン返済のひどく重い負担に苦しむ人たちがいる。これらの住宅は、物的に恒久住宅であるとしても、「定住」の場として安定したとはいえない。被災した人たちは、人生の再生に向けて、不均一な「経路」と「段階」を経験する。住宅復興の政策・制度は、生活再建のための被災者のさまざまな選択をどのように支えるのかを問われた。

「土地・持ち家被災」という文脈

この章では、東日本大震災によって激しい被害を受けた東北太平洋沿岸地域の住宅復興をみる。すべての災害において、住む場所の再生は中心課題になる。しかし、住まいの被害内容と復興手段は、地震、津波、水害などの災害の種類によって異なる。同じ種類の災害であっても、大都市、農村地域、中山間地域では、住宅被害の内容に違いがある。さらに、個別の災害ごとに、住まいを再生する仕事は、固有の条件をもつ。

東北沿岸の被災地を特徴づけたのは、「土地・持ち家被災」である（平山二〇一三）。住宅状況の把握のために、まず、「土地被災」に注目する視点が必要になる。阪神・淡路大震災での住宅再建は、困難に満ちていた。そのプロセスには、資金調達から権利関係の調整まで、込み入った課題がまつわりついた。しかし、住宅建設に必要な土地は壊れず、残っていた。これに比べ、東北沿岸地域では、大津波によって、土地に大規模な被害が発生した。広範な地域が浸水し、多くのエリアに地盤沈下が生じた。被災者の多くは、震災前に住んでいた土地に戻れなくなった。

これに加え、「持ち家被災」が多い点をみる必要がある。阪神・淡路地域では、多数の借家人が被災した。そこでの住宅対策は、公営住宅の建設・供給を中心手段とした。これとは異なり、東北沿岸地域では、被災者の大半が土地を所有し、一戸建ての持ち家に住んでいた。このため、被災した多くの世帯は、持ち家再建を望んだ。しかし、敷地を確保し、資金を調達することは、容易ではない。持ち家再建が可能なのかどうか、困難であるとすれば、どういう対応が必要になるのかが問われた。

東北沿岸地域の「土地・持ち家被災」は、人生の立てなおしを妨げる深刻な要因になった。人生に必要なのは、過去、現在、未来の連関のなかでの継続性である。人びとは、過去を振り返り、未来を想像するところから、過去と未来の間に日常を重ね、自身の人生をつくろうとする。無差別な時間の流れは、人間がそこに出現することによって、過去、現在および未来に分けられる。人間とは、過去と未来のはざまの存在でしかない。いいかえれば、過去と未来との関係を抜きに、人間が現在を生きることは、ほとんど不可能である。人生の現在は、それ自体として自立・完結するのではなく、過去と未来に関連づけられることで、ようやく意味をもつ（平山二〇一二）。

「土地・持ち家被災」は、この連関を壊す。大津波は、過去を「根こそぎ」にした。土地とそこに建っていた住宅は、家族を支え、不動産資産を形成していた。そこには、人生の軌跡が刻まれていた。被災した人たちは、住まいと資産を流されたうえに、記憶の貯蔵庫であった自身の場所から切り離された。大津波は、未来さえ「根こそぎ」にしようとする。壊れた土地をふたたび利用できるとは限らず、持ち家をふたたび建築できるとは必ずしもいえない。大津波に見舞われた被災地では、「どこにどう住むのか」の見通しがより不透明になった。

過去、現在、未来の関係がちぎれることは、被災者にたいへんな苦痛を与える。東北沿岸の被災地には、農漁業の集落がある。特定の場所に長く住み、そこに根ざしていた漁家・農家は、生業の経験と技量をたんねんに蓄積してきた。震災は、その継続を困難にした。高齢の被災者は、人生の最後の時期になって、生活基盤を奪われた。住まいを再建し、生業に復帰するには、資力と時間が必要である。高齢者の資力・時間は、十分には残っていない。

都市的職業の人たちは、漁家・農家とは異なり、転居・転職などの「移動」を経験する。しかし、「移動」する人びとは、「移動」するにもかかわらず、あるいは「移動」するからこそ、自分の生き方に文脈を与えるために、過去との関連のなかで現在を意味づけ、そこから未来を展望しようとする。「流動」する人びとの人生が断片的にみえるとすれば、それは錯覚にすぎず、「身軽」な人たちが災害から受けた打撃は小さいという見方があるならば、それは一面的である。

原子力発電所が被災し、その大規模な事故が発生した福島の人びとは、先行きの見通しを得られない点に関し、他のエリアとは次元の異なる状況に置かれた。原発の周辺に住んでいた世帯は、遠方への避難を余儀なくされ、日常生活を唐突に壊されたうえに、それを取り戻すための手がかりさえ得られない。福島の家族はまとまって避難するとは限らず、離散する多くのケースがあった。長い年数をかけ、築いてきた自分の人生の軌道には戻れないかもしれないという予感は、耐え難い苦痛をもたらした。

さらに、「土地・持ち家被災」は、地域の過去、現在および未来を寸断し、持続の基盤を掘り崩した。東北沿岸の被災地では、震災が起こる前から、人口の減少・高齢化が進み、経済の縮小傾向が現れていた。ここに重なった甚大な震災被害は、人口・経済変化を加速した。多くの地域から、資本と雇用が流出し、若い人口が転出した。多数の人びとが住む場所を失い、「どこにどう住むのか」の見通しを得られなくなった。それは、地域形成の過去と現在の連続性を弱め、未来の人口・経済回復を困難にした。

上空と地上

大災害からの復興では、壮大な開発プロジェクトがいわば「上空」から降ってきたかのように展開する。被災地の「危機」は、地域改造の「機会」にしばしば読み替えられる（平山二〇一一c）。東日本大震災は、広範な「土地被災」をともなったことから、その再建では、基盤整備などの「土木復興」がおもな手段とされ、復旧の範囲を超える大がかりな空間改造がめざされた。首相の諮問機関である復興構想会議の議長は、初会合時（二〇一一年四月一四日）に「単なる復興ではなく、創造的復興を期す」ことを提案し、「もう一度津波にさらわれる家と街の再建に終わってはならない」という認識から、大規模な地域改造の必要を示唆した。たとえば、津波対策の中心事業として、東北太平洋沿岸では、およそ四〇〇キロメートルにおよぶ巨大防潮堤の建造が進められ、「土木復興」を象徴した。

他方、述べたように、復興とは、人生の立てなおしをめざす被災者の動きの束から形づくられる。この文脈では、被災地復興を進める政策・制度は生活再建に取り組む「地上」の人たちをどのように守るのかが、何よりも重要な問題になる。巨大な開発プロジェクトは、復興の骨格を形成し、被災地の形状を変えるほどの力をもつ。大災害などの〝惨事〟に〝便乗〟し、政府官僚、政治家、建設・土木セクターなどがそれぞれの利益を増大させ、さらに、市場経済のシステムを導入するために、地域改造に乗りだすことを、ナオミ・クライン（二〇〇七）が論じたことは、よく知られているとおりである。これと同様の分析が、東日本大震災について、多くの論者によって示された（古川 二〇一五、綱島ほか 二〇一六）。ここで重要なのは、開発プロジェクトの「上空」からの推進を、それ自体として分析するだけではなく、その効果を被災者が生きようとする「地上」の側からとらえなおす仕事である。そして、大規模な「土木復興」が被災者を一方的に翻弄するとみるだけではなく、生活再建の実践の積み重ねから被災地再生の政策・制度を改善する道筋がありえると想像し、その敷設をめざすことが必要になる。

以下では、東北沿岸地域の被災者の実態を調べ、それとの関連において、住宅復興の論点をみる。使用するおもな資料は、岩手県釜石市の仮設住宅に住む世帯を対象としたアンケート調査の結果である[8]。この調査の実施は、震災が発生した二〇一一年の夏から一六年の春にかけて、おおむね年一回の頻度で、計五回におよんだ。同一のグループについて、実態変化を約五年にわたって追跡した点に、本調査の独自性と意義がある。東北の被災自治体は、「プレハブ仮設」を建てるだけではなく、既存の民営借家などを借り上げ、「みなし仮設」として被災者に供与した。初回の調査は、「プレハブ仮設」を対象とし、二回目以降の調査では、「プレハブ仮設」と「みなし仮設」の双方を対象に含めた。みなし仮設という言葉は、民営借家を利用したケースをさすことが多い。本調査が対象としたみなし仮設住宅は、民営借家を中心として、公営住宅などを使ったケースを含む。

東日本大震災に限らず、大規模な危機が発生すると、それに関する即席の解説と非難、さらに応急の提案が増え、飛びかう事態が現れる。しかし、危機のイメージばかりが流通し、声高な提言から何らかの対策が生まれるとすれば、それが的確な根拠をもつとは限らない。東日本大震災では、阪神・淡路大震災のケースと同様に、「創造的復興」を推進し、危機に立ち向かう必要についての言説が量産され、それを一つの基盤として、「土木復興」の多数の開発プロジェクトが「上空」から展開された。しかし、危機の実態とメカニズムを理解し、被災者の生活再建を支えるには、なによりもまず、「地上」の状況を調べることが、不可欠の前提になる。大規模な災害では、迅速な対応を求められるとしても、イメージに振り回されるのではなく、被災した人たちの状況についての調査を重ね、そこから復興の政策・制度を検証し、より適切な対策をつくっていく〝オーソドックス〟なアプローチを信頼する必要がある。

「プレハブ仮設」世帯の変化

調査対象となった仮設住宅の人たちは、どういう特徴をもち、どのように変化したのか。最初の二〇一一年夏の調査は、震災直前の世帯実態についても設問していることから、「プレハブ仮設」世帯については、震災直前から一六年春までの六時点の実態を追うことが可能である。「みなし仮設」世帯に関しては、二〇一二年夏から一六年春までの四時点の実態が把握される。仮設世帯のグループの内訳に変化がみられるとき、それは、入居していた世帯の転出による変容、住み続けている世帯の変容から構成される。

仮設住宅では、小規模・高齢化した世帯が増大した。若年の家族世帯は少しずつ転出し、住み続ける世帯はより小さく、より高齢になった。震災の直前から直後にかけて、震災の影響によって、被災した多くの世帯が小規模・高齢化し、それ以降についても、仮設住宅では、小規模・高齢化した世帯の割合が高まった。

まず、「プレハブ仮設」世帯のデータをみる。世帯人員では、震災直前に一七・〇％であった「一人」世帯は、震災直後の二〇一一年夏に二二・八％に増え、それ以降も増加し、一六年春には四〇・二％となった（図10―1）。世帯人員が三人以上の世帯の比率は、震災の直前から直後にかけて、四七・〇％から三七・四％に低下し、さらに、二〇一六年春では、二一・〇％まで減った。世帯類型を観察すると、「高齢者のみ」世帯が増え、震災直前では二六・七％であったのに対し、二〇一六年春では四七・四％を示した（図10―2）。一方、「夫婦と子」世帯は減少し、震災直前から二〇一六年春にかけて、二二・一％から一三・三％に変化した。

関連して、「プレハブ仮設」では、世帯主の職業が変化し、無職化の傾向がみられた。震災は雇用・事業に影響し、さらに、高齢の世帯主が多いことから、仮設世帯の無職率が上がった。世帯主「無職」の割合は、震災直前では三五・五％を示していたが、二〇一六年春には五〇・五％まで上昇した。世帯主の無職化を反映し、世帯のおもな収入源では、「給与・事業収入」が減少し、「年金」が増加した。震災直前と二〇一六年春の間に、「給与・事業収入」は五〇・一％から三七・八％に減

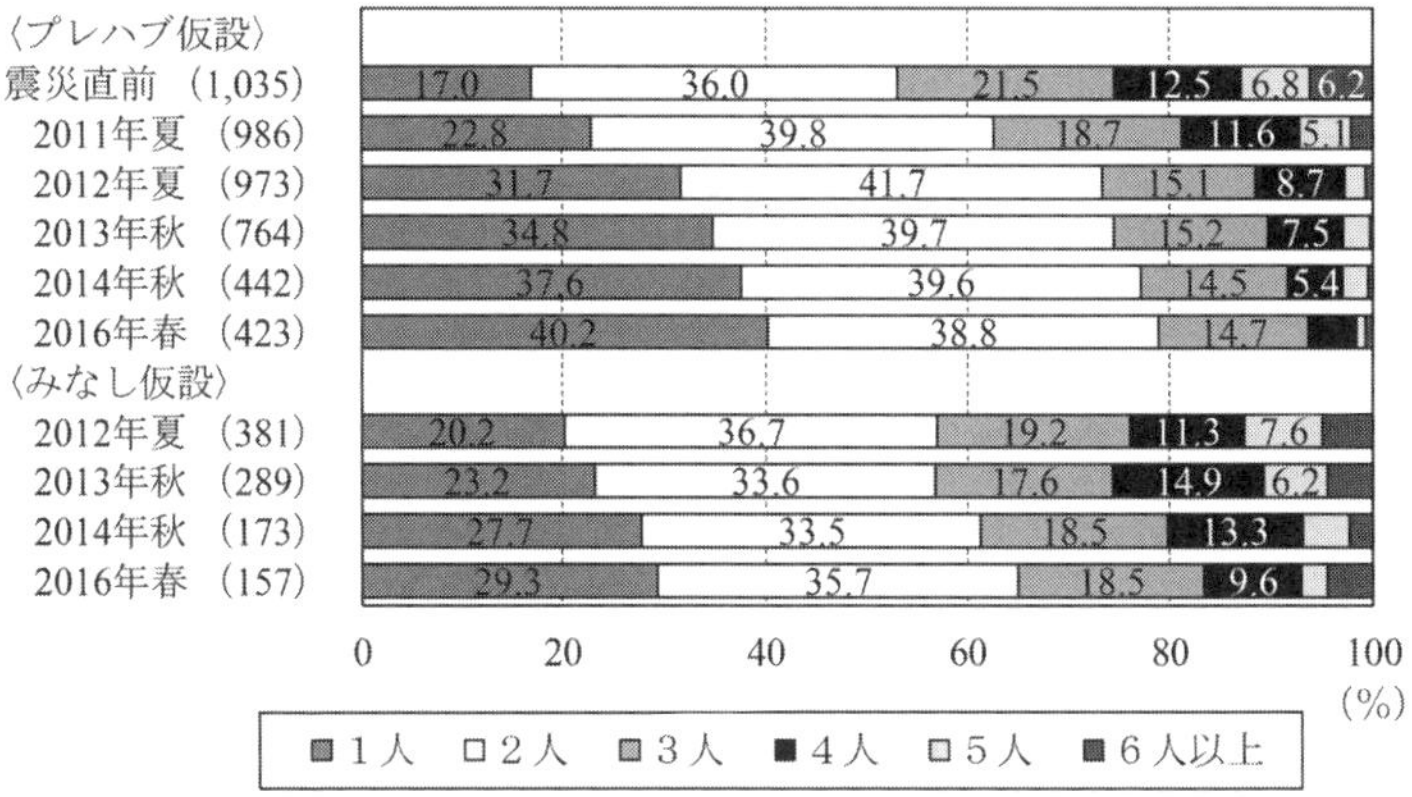
〈プレハブ仮設〉
震災直前（1,035）
2011年夏（986）
2012年夏（973）
2013年秋（764）
2014年秋（442）
2016年春（423）
〈みなし仮設〉
2012年夏（381）
2013年秋（289）
2014年秋（173）
2016年春（157）
17.0 36.0 21.5 12.5 6.8 6.2
22.8 39.8 18.7 11.6 5.1
31.7 41.7 15.1 8.7
34.8 39.7 15.2 7.5
37.6 39.6 14.5 5.4
40.2 38.8 14.7
20.2 36.7 19.2 11.3 7.6
23.2 33.6 17.6 14.9 6.2
27.7 33.5 18.5 13.3
29.3 35.7 18.5 9.6
0 20 40 60 80 100
(%)
1人 2人 3人 4人 5人 6人以上

注）（　　）内は回答世帯数。

図10－1　世帯人員数

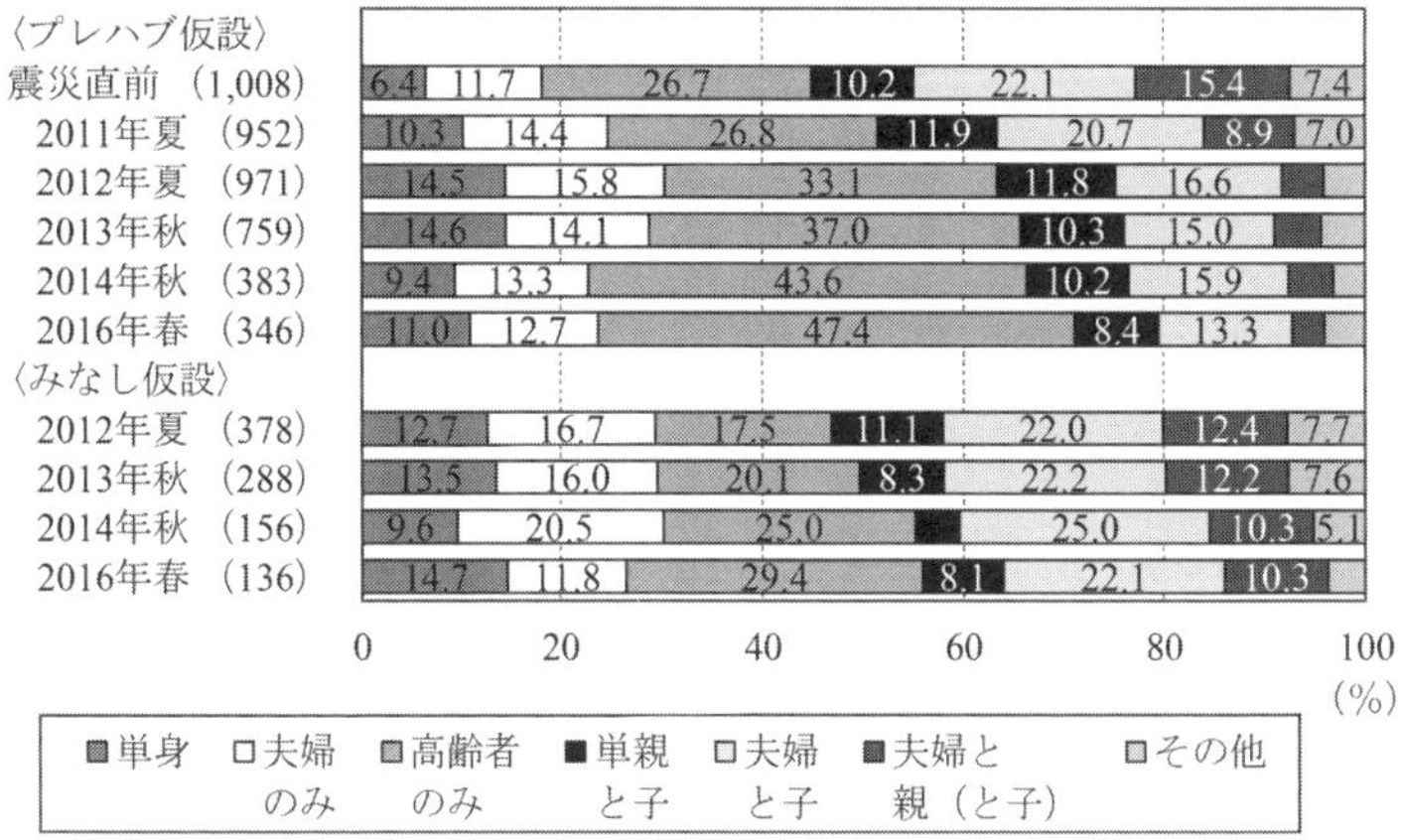
〈プレハブ仮設〉
震災直前（1,008）
2011年夏（952）
2012年夏（971）
2013年秋（759）
2014年秋（383）
2016年春（346）
〈みなし仮設〉
2012年夏（378）
2013年秋（288）
2014年秋（156）
2016年春（136）
6.4 11.7 26.7 10.2 22.1 15.4 7.4
10.3 14.4 26.8 11.9 20.7 8.9 7.0
14.5 15.8 33.1 11.8 16.6
14.6 14.1 37.0 10.3 15.0
9.4 13.3 43.6 10.2 15.9
11.0 12.7 47.4 8.4 13.3
12.7 16.7 17.5 11.1 22.0 12.4 7.7
13.5 16.0 20.1 8.3 22.2 12.2 7.6
9.6 20.5 25.0 25.0 10.3 5.1
14.7 11.8 29.4 8.1 22.1 10.3
0 20 40 60 80 100
(%)
単身
夫婦のみ
高齢者のみ
単親と子
夫婦と子
夫婦と親（と子）
その他

注）1）「高齢者のみ」は世帯員全員が65歳以上の世帯。
2）（　　）内は回答世帯数。

図10－2　世帯類型

り、「年金」の割合は四四・八％から五五・九％に上がった。

「プレハブ仮設」世帯の変化のおもな要因は、世帯分離である。別の場所に分かれて住んでいる者の有無を二〇一二年夏以降の調査で設問したところ、別居者がいる世帯は、一二年夏で三〇・〇％を占め、そこから少しずつ増え、一六年春に三九・四％となった。世帯分離では、若い世帯員が単独または夫婦で、あるいは子どもを連れて世帯から離れるパターンが多い。若い人たちは、雇用機会、子育てに適した環境などを必要とし、分離を選ぶことがある。プレハブ仮設住宅は、きわめて狭い。この空間での多人数の同居には困難が多く、その結果、若い世帯員の分離が増えた。このパターンの分離は、仮設世帯の小規模・高齢化を促進した。別居者の一部は高齢者である。これは、被災した世帯が高齢の親を別の場所に避難させるケースがあることを表している。世帯分離となった世帯に関し、二〇一六年春調査では、別居者一人ひとりについて、再同居希望の有無を質問した。その結果によれば、「いずれは同居したい」が四三・五％と多く、「別居のまま」は二五・〇％と少なかった。

被災者の変化の特性から、住宅復興の政策課題が示唆された。プレハブ仮設住宅では、経済力の弱い小規模・高齢の世帯が多く、その比率はさらに上がった。住宅対策の立案・実施では、高齢者などの生活再建を守る方針が不可欠になる。一方、稼働力を備え、子どもを育てる家族世帯が存在する。しかし、その比率は下がった。調査対象の釜石市を含む東北沿岸地域では、震災前から人口減少・高齢化がみられ、その変化は震災後により顕著になった。これは、家族世帯の流出をくい止める施策の重要さを含意した。稼働年齢の子育て世帯に対する住宅確保支援は、人口構成の偏りを

仮設住宅外観　釜石市平田
2011 年 8 月撮影

仮設住宅内部　釜石市平田
2012 年 12 月撮影

コミュニティ仮設住宅
釜石市平田
2011 年 10 月撮影

緩和する効果をもつ。世帯分離のケースでは、再同居を望む世帯が多く、それを支える住宅対策が必要になる。若い別居者の帰還促進は、地域の社会・経済安定に寄与すると考えられた。

「みなし仮設」世帯の特性

阪神・淡路大震災では、応急生活の場を供給する手法は、行政による「プレハブ仮設」住宅の建設にほぼ限られていた。東日本大震災からの復興では、それに加え、民営借家などのストックを利用した「みなし仮設」住宅が供給された。行政建設の仮設住宅は、低劣な物的水準、不便な縁辺地域への集中立地、建設のための多量の時間消費などの問題点をもつ。これに比べ、みなし仮設住宅には、高い物的水準、利便性の高い市街地での分散立地、迅速な供与などの特徴がある。仮設住宅の供給手法が増え、複線化したことは、住宅復興の枠組みの重要な発達を意味した。

東北沿岸での仮設住宅供給の内容は、地域によって違いをみせた（平山ほか二〇一二）。行政建設の仮設住宅、みなし仮設住宅、さらに公的住宅などを合わせた「政策住宅」の構成をみると、宮城県、福島県では、みなし仮設住宅が約半数を占め、それぞれ四八・四％、五六・六％を示した（二〇一二年九月）。この両県では、被災地周辺に民営借家市場が形成され、その利用が可能であった。これに比べ、岩手県のみなし仮設住宅は、「政策住宅」総戸数の一八・三％にとどまった。同県では、民営借家市場が小さいため、みなし仮設住宅の比率は低く、行政建設の仮設住宅が重要な役割を担った。仮設住宅供給の手法の複線化は、地域ごとの住宅市場の特性に応じた施策展開に結びついた。

岩手県釜石市での調査の結果によれば、「みなし仮設」でも、「プレハブ仮設」の場合と同様に、入居世帯の小規模・高齢化が進んだ（図10―1、2）。「みなし仮設」での「高齢者のみ」世帯は、二〇一二年夏から一六年春にかけて、一七・五％から二九・四％に増大した。一方、「みなし仮設」のグループでは、「プレハブ仮設」のグループに比べると、稼働年齢の家族世帯が相対的に多い。たとえば、二〇一四年秋の調査データによると、「二人世帯」は、「プレハブ仮設」での三七・六％に比べ、「みなし仮設」では二七・七％と少なく、「夫婦と子」世帯は、「プレハブ仮設」（一五・九％）より「みなし仮設」（二五・〇％）で高い割合を示した。

「プレハブ仮設」と「みなし仮設」における入居世帯の特性の違いは、それぞれの役割分担が進んだことを意味する。就労している子育て世帯は、世帯員が多いことから、一定以上の面積の住宅を求め、さらに、通勤、通学、保育などのために、市街地立地の住む場所を素早く確保する必要に迫られた。これに対応したのが、みなし仮設住宅であった。行政建設のプレハブ仮設住宅は、高齢・無職世帯をより多く引き受けた。プレハブ・みなし仮設住宅の双方を供給することで、それぞれが異なるグループを対象とすることから、より幅広い被災者への対応が可能となった。阪神・淡路大震災では、稼働年齢の子育て世帯などは、立地不便なプレハブ仮設住宅に入居するとは限らず、みなし仮設住宅が供給されなかったため、民営借家を自己負担で確保するケースが多かった。

住まいの状態について「困っていること」を二〇一二年夏の調査で質問したところ、既存の民営借家などを利用した「みなし仮設」に比べ、「プレハブ仮設」では、物的状態の劣悪さを指摘する回答がより多かった。行政建設の仮設住宅には、一時的な「仮住まい」のための建築は低劣でよいという考え方が表れている。仮設住宅の供給は、そこでの二年までの居住を想定した制度である。いいかえれば、仮設住宅は、二年まではどうにか耐えられると仮定される水準の建築としてつくられる。しかし、東日本大震災のような甚大な災害が発生した地域では、仮設住宅は二年では解消されないどころか、一〇年近くが経過してなお存続した。調査結果によれば、たとえば、「住宅が狭い」、「住宅内の暑さ寒さが厳しい」と指摘した回答者は、「みなし仮設」では四〇・五％、二七・四％であったのに比べ、「プレハブ仮設」ではより多く、それぞれ七七・一％、四三・六％におよんだ。

他方、「近所に気心の知れた知り合いがいない」、「気軽に集まれる場所がない」の回答率は、「プレハブ仮設」での二三・二％、七・六％に比べ、「みなし仮設」では三八・三％、一九・六％とより高かった。行政建設の仮設住宅団地では、建築が低水準である一方、被災という共通の経験をもつ人たちが集まって住む。自治体、ＮＰＯ、ボランティア・グループなどは、仮設住宅団地に入居した世帯の状態に注意し、生活支援を供給した。これに対し、分散立地のみなし仮設住宅では、住み心地は相対的に良好であるとしても、新規入居者である被災者は、周囲に知り合いをもたず、孤立することがある。さらに、個人情報保護のために、みなし仮設住宅の住所はＮＰＯ、ボランティア・グループなどの民間団体には知らされず、その入居者には、生活上の支援がなかなか届かなかった。行政建設の仮設住宅団地とみなし仮設住宅は、それぞれの特性に応じ、異なる課題をもつ。

モーゲージ／アウトライト持ち家

　東日本大震災の特徴の一つは、「持ち家被災」が多い点にある。震災前の住宅が持ち家であった世帯は、仙台都市圏を除けば、すべての自治体で八割を超えていた（平山 二〇一二）。阪神・淡路大震災では、「借家被災」によって、多数の世帯が住む場所を失った。仮設世帯を対象としたアンケート調査の結果によると、震災前に借家居住であった世帯が九割近くに達していた（兵庫県住まい復興推進課 一九九六）。阪神・淡路地域では、「借家被災」に対応するため、公営住宅建設が住宅復興の中心手段となった。これに比べ、東北沿岸地域では、大量の「持ち家被災」が政策検討の条件になった。

　持ち家世帯の被災では、その持ち家が住宅ローン残債をともなうモーゲージ持ち家であったのか、あるいは、アウトライト持ち家であったのかによって、被害の性質に大きな違いがある。すでに述べたように、アウトライトとは、住宅ローンを完済し、あるいは住宅ローンを利用せずに持ち家を取得し、債務をともなわない状態をさす（第1章）。

　釜石市での「プレハブ仮設」を対象とした二〇一一年夏のアンケート調査によれば、持ち家に住んでいた世帯が八三・八％に達し、持ち家のほとんど全部（九八・五％）が一戸建て住宅であった。住宅被害の実態では、「全壊」が九一・八％に達し、これに「大規模半壊」（五・〇％）を加えると、九六・八％になる。仮設世帯の大半が「持ち家被災」者であったことが確認される。

震災前に持ち家に住んでいたグループのなかで、住宅ローン残債をもつ世帯は二〇・〇％であった（二〇一一年夏調査）。この比率は、家族世帯でとくに高く、「夫婦と子」世帯では三六・九％、「夫婦と子・親」世帯では四一・三％に達した。子育てに適した住環境を得るために、住宅ローンで一戸建て持ち家を建てたにもかかわらず、津波で流され、債務だけが残った世帯が多い。

東日本大震災では、その影響によって住宅ローンなどの債務を弁済できなくなった個人のために、「個人債務者の私的整理に関するガイドライン」が新たに用意された。この仕組みを使う被災者は、破産手続きなどの法的倒産手続きによらずに、金融機関などの債権者との合意にもとづき、一定の現預金を手元に残したうえで、債務の免除・減額措置などを受け、さらに個人信用情報登録などの不利益を回避できる。東北沿岸の被災地では、二〇一六年四月までに、一三四七件の債務整理が成立した（産経新聞二〇一六年四月二〇日）。債務整理ガイドラインは、東日本大震災のみを対象としていたが、同様の「自然災害による被災者の債務整理に関するガイドライン」が二〇一五年九月二日以降に生じた災害に適用可能となった。債務整理制度の利用は、債権者の同意を必要とし、その実績がどこまで伸びるのかは、不透明である。災害時の残債にどう対処するのかという難しい問題に関し、新しい制度が考案され、そして、さらなる工夫が求められている。

一方、高齢被災者のグループでは、アウトライト住宅を所有していたケースが大半を占める。釜石市での調査によれば、震災前に持ち家に住んでいた高齢世帯のうち、住宅ローン残債をもつ世帯は一割に満たなかった（平山ほか二〇一二）。アウトライト持ち家の特徴は、住宅ローン債務がなく、住居費負担が軽い点にある。マンションでは、住宅ローンを完済しても、管理費と修繕積立金の毎月の負担が求められる。東北沿岸の被災地では、持ち家の大半は一戸建て住宅で、そこでは、修繕費の負担が必要になることはあっても、管理費などの定期的な支払いは不要であった。高齢世帯のおもな収入源は年金である。多くの高齢者は、住宅ローン、家賃などの大規模な住居費を負担するのであれば、年金から得られる可処分所得を大きく削減され、生活を維持できない。この意味で、住居費の軽い持ち家は、「隠れた所得」または「自己年金」を意味し、家計を支える役割をもっていた。いいかえれば、高齢世帯にとって、アウトライト持ち家を失ったことは、生活基盤の深刻な破壊を意味した。

住宅復興の政策形成では、被災者が震災前にどういう住宅に住んでいたのかが条件になる。低収入の高齢者にとって、公営住宅入居は有力な選択肢である。その家賃は、政府の補助によって、低い水準に抑えられる。しかし、アウトライト持ち家に住み、住居費をほとんど支出していなかった高齢者が公営住宅に入居するケースでは、その家賃は、年金生活を圧迫する新たな要素となることから、「低い」とは認識されない。ここには、アウトライト持ち家の大量滅失からの住宅復興の難しさがある。

さらに、住宅の物的状態が震災の前後でどう変わるのかが政策形成に影響する。阪神・淡路地域では、「借家被災」者の多くは、震災前に小さな住宅に住んでいた。これに比べ、東北沿岸地域では、「持ち家被災」者が住んでいた一戸建て住宅は、たいていの場合、大規模かつ庭付きであった。このため、東北の被災者には、仮設住宅の狭さはより深刻に感じられ、公営住宅もまた狭い。さらに、集合住宅形式の公営住宅では、庭がなく、密閉度の高いコンクリート造の住戸は、被災者の多くに馴染みがなく、違和感をもたらした。

土地被災と街づくり事業

東日本大震災では、多数の被災者が土地被害に見舞われ、「どこに住むのか」についての先行きの不透明さを経験した。アンケート調査では、被災者が震災前に住んでいた土地の所有形態を質問した（二〇一三年秋）。その結果から、「プレハブ仮設」のデータをみると、「所有地」が七四・七％におよび、「借地」は一二・七％、所有・借地権のない土地に住んでいた世帯は一二・六％と少なかった。土地の被害について質問したところ（二〇一二年夏）、「プレハブ仮設」世帯の五五・七％が土地に何らかの被害があったと答えた。被害内容では、「土地が陥没したり沈下したりした」が三一・一％と多く、それ以外に、「敷地境界が動くなど、不明瞭になった」（一一・七％）、「土地が（大潮、大雨の際に）水に浸かるようになった」（一〇・二％）などが指摘された。多くの被災者は、自己所有の土地に住んでいたが、土地被害のために、自分の土地に戻れるとは限らなかった。

東北太平洋沿岸の多くの被災自治体は、「土地被災」を乗りこえ、街づくりを推進するために、多数の災害危険区域を指定したうえで、防災集団移転促進事業、漁業集落防災機能強化事業、土地区画整理事業、津波復興拠点整備事業などにもとづく高台移転、内陸移転、土地の嵩上げなどの大規模かつ大量の開発プロジェクトを実施し、新たな可住地をつくってきた。津波などの危険が著しいとみなされ、災害危険区域の指定を受けたエリアでは、居住用建築の禁止などの災害防止のための規制が課せられる。この区域の指定は、広大な地域におよび、その結果、新たな可住地を創出する膨大な事業が必要になった。

開発プロジェクトの展開は、持続可能な地域づくりに結びつき、被災者の生活再建を支えるのかどうかを問われる。被災地では、震災前から人口が減少し、経済は停滞していた。震災は、人口・経済に強く影響した。この状況下で、高台移転などの多数の大型事業を進める政策は、大量の時間を使うことから、人口流出を促進するリスクをはらんだ（平山 二〇一一c）。大型かつ大量の開発プロジェクトは、建設セクターなどに需要をもたらし、経済効果を生んだとしても、被災地の人口・社会維持をより難しくし、生活再建の条件を傷つける側面をもつ。

街づくり事業の内容についても、それが地域持続と生活再建を支持するのかどうかが問題になる。大津波に襲われた市街地に関しては、住宅立地を規制し、商業・業務施設および公園などを整備する方針の計画が多い。しかし、商業空間需要などの過大な見積もりは、未利用地と空室の多い建物を増やし、地域維持をより困難にする。土地区画整理事業のエリアでは、道路基盤が整備され、土地の嵩上げは実施されたが、しかし、多くの人口が流出し、プロジェクトが完了しても、住宅は建たず、空地のままの敷地が目だつ（泉・川﨑 二〇一九）。高台などの移転先の居住地の設計については、近い将来の人口減少・高齢化への対応を織り込む必要がある。小規模な居住地をつくるケースでは、人口変化の影響がとくに大きい。事業実施のコストは、政府が負担した。しかし、事業完了後の道路網、ライフライン、公共施設などの管理は自治体負担になる。分散した居住地の維持に必要なコスト負担は大きい。高台移転などで整備された居住地の運営では、将来のランニングコストに関する検討が求められる。

被災者の多くは、街づくり事業のなかで住宅確保と生活再建をめざした。釜石市での二〇一三年秋のアンケート調査は、住んでいた土地に対する街づくり関連の区域指定・事業適用の状況を設問した。災害危険区域となったエリアに住んでいた被災者は、土地の物理的な破壊だけではなく、制度上の規制によって、自分の土地に戻れなくなった。アンケート結果から「プレハブ仮設」のデータをみると、災害危険区域について、「すでに指定されている」と答えた世帯は、およそ半数、四九・三%を占めた。一方、「わからない」と回答した世帯が二七・八%を示した。このグループは借家に住んでいた世帯を含むとみられるが、自分が住んでいた土地の制度上の位置づけを認識していない世帯が存在した点に注意する必要がある。

街づくり事業の適用実態をみると、「いずれの事業の対象にもなっていない」と回答した世帯は一〇・一%と少なかった。被災者が住んでいた土地の多くは、街づくりの事業区域に含まれた。他方で、「事業の対象にはなっているが、どの事業であるかはわからない」が一三・五%を示し、さらに「事業の対象になっているかどうかわからない」が二四・一%におよんだ。自分の土地の制度的な位置づけを認識していない場合、住宅確保などの選択について、合理的な判断を下せないことがありえる。街づくり事業は多種におよび、複雑である。被災者が事業内容を理解するうえで、自治体による適切な説明が重要であることが、調査結果から確認される。

どこにどう住むのか

仮設住宅に住む世帯は、そこを出た後の住宅確保について、どのような意向をみせたのか。釜石市の仮設世帯を対象とした二〇一二年夏以降のアンケート調査では、転居先の見通しを質問した（図10－3）。その結果によると、「見通しはまったくたっていない」と「見通しはあまりたっていない」を合わせた比率は、二〇一二年夏では、「プレハブ仮設」世帯の七三・六％、「みなし仮設」世帯の六八・七％に達していた。それぞれの比率は、経年にともない減少するが、震災発生から二年近くが経った二〇一三年秋になっても、五四・六％、五六・八％と半分を超え、約五年後の一六年春でさえ、少ないとはいえず、一五・七％、三七・七％を占めた。住まいを確保する見通しがたたないケースは、二〇一三年秋以降では、「プレハブ仮設」より「みなし仮設」で多かった。その一因は、公営住宅の建設計画が整うにつれて、「プレハブ仮設」に多い高齢者などがそこに入居する予定がたった点にあると推測される。

仮設世帯が転居先の見通しを得るまでに長い時間がかかった理由の一つは、被災者の状況の不安定さにある。収入が減った世帯では、住まいの確保はより困難になった。さらに、世帯構成、仕事、世帯の将来計画などが定まらなければ、住宅確保の見通しがたたない。もう一つの理由は、被災地域の将来像の不安定さである。広大な地域が災害危険区域に指定され、大規模な「土木復興」事業が大量に計画された。大型プロジェクトの立案・実施は長い時間を必要とする。将来の地域がどの

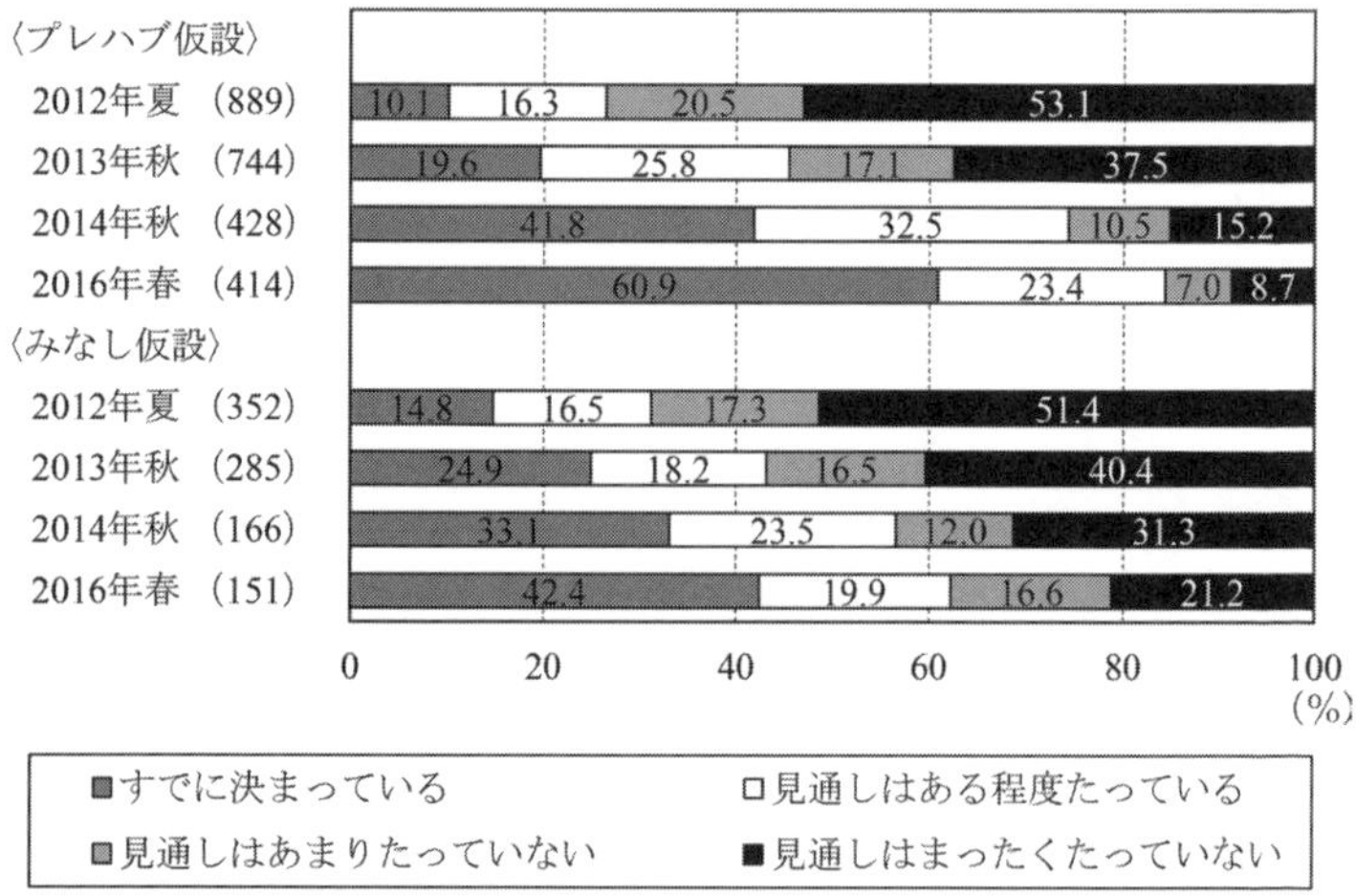

注）（　　）内は回答世帯数。

図10－3　転居先についての見通し

方向に変化するのかが不明確なままであれば、被災者は住まいの確保についての見通しを得られない。

居住地の希望についての回答には、「土地被災」の影響が表れた（図10－4）。「プレハブ仮設」世帯のデータをみると、震災直後の二〇一一年夏では、「震災前に住んでいた場所」に戻ることを希望する世帯が三四・八％を占めた。この比率は、翌二〇一二年の夏以降では大きく減少し、二割を下回った。回答世帯の七割以上は、自己所有の土地に住んでいた。しかし、住んでいた土地が大津波によって激しい被害を受け、自身の土地を所有していても、そこに戻れない、あるいは戻りたくないという世帯が多い。さらに、震災前の住所が災害危険区域に指定され、そこに戻れなくなった多数のケースがみられた。自分の地区・集落に戻ることを希望する世帯も多

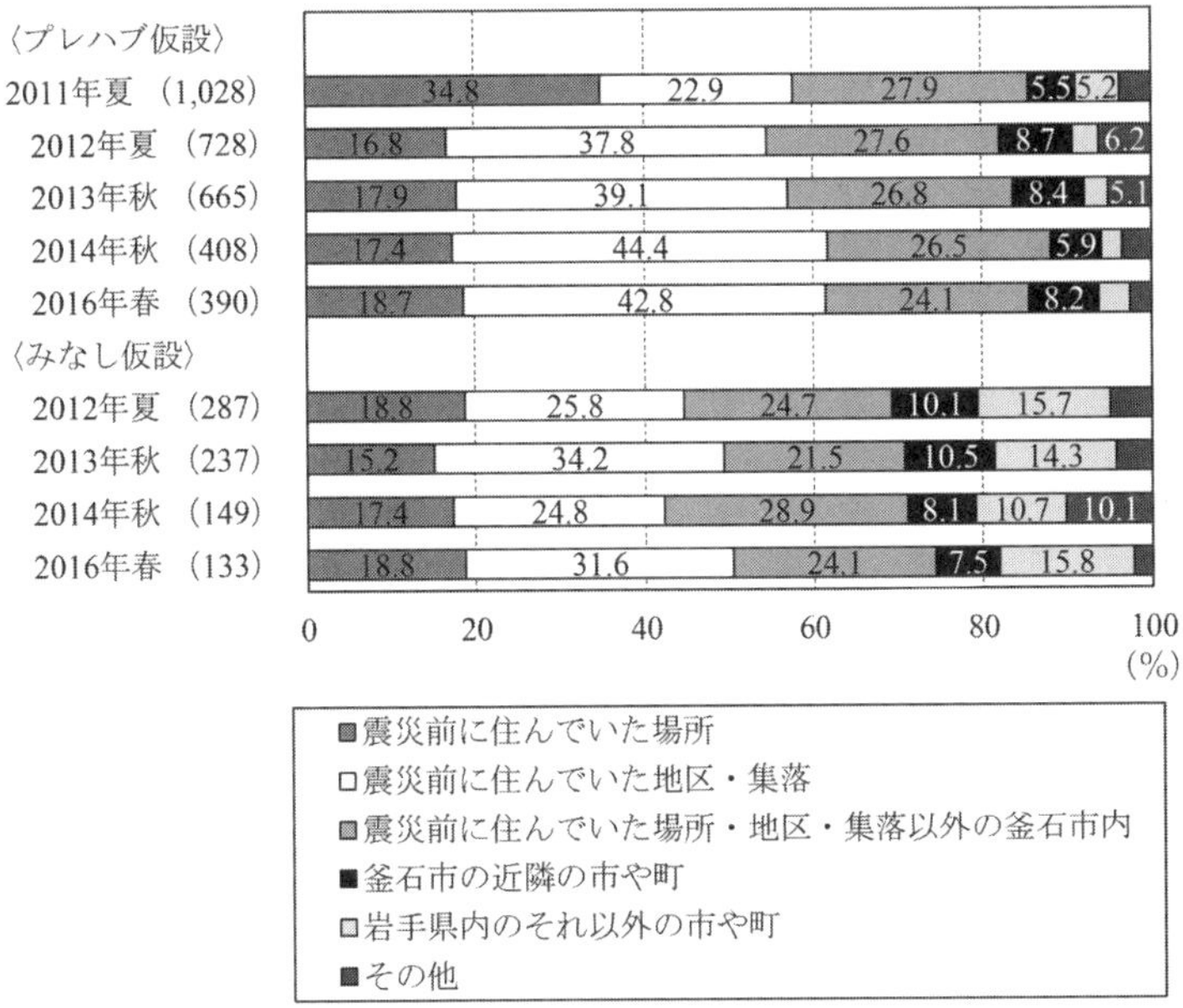

注）（　　）内は回答世帯数。

図10－4　予定または希望する居住地

いとはいえず、「プレハブ仮設」では、「震災前に住んでいた場所」と「震災前に住んでいた地区・集落」を合わせた割合は、五割台から六割強にとどまった。被災者の多くは、震災前の住所に復帰できず、「どこに住むのか」を容易には決められない状況に置かれた。

「みなし仮設」世帯は、「プレハブ仮設」世帯に比べて、より遠方の居住地を希望する場合が相対的に多い。「みなし仮設」のグループでは、稼働年齢の家族世帯が多く、子育て、就労などに関係する事情からより広域の移動を選ぶ人たちが多いと推察される。たとえば、二〇一六

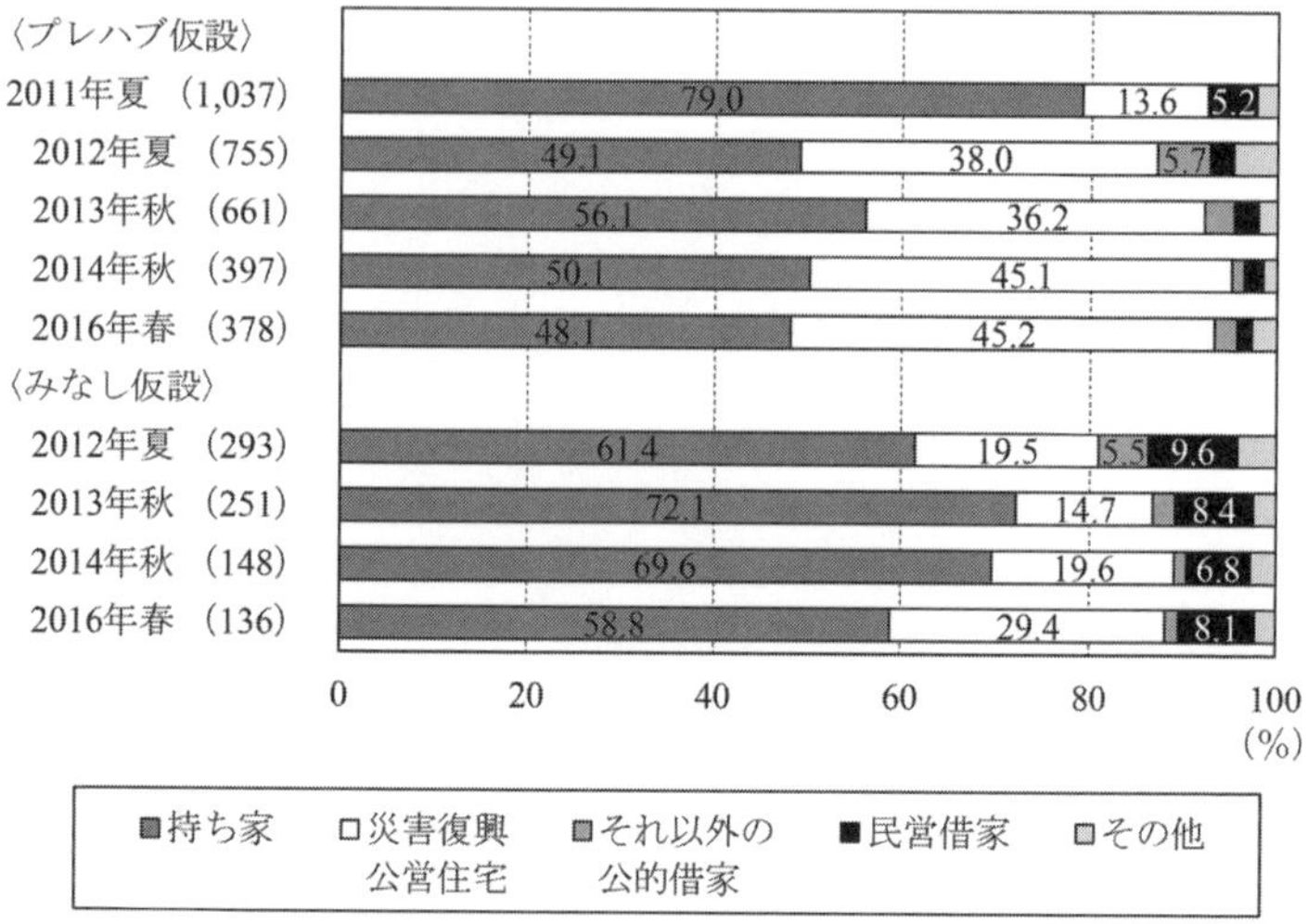

注）1）その他は、高齢者住宅、親族の家など。 2)（　）内は回答世帯数。

図10－5　予定または希望する住宅の種類

年春の調査の結果から、釜石市外を希望する世帯の比率をみると、「プレハブ仮設」では一四・四%、「みなし仮設」では二五・六%であった。

住宅の所有形態についての希望を「プレハブ仮設」世帯のデータから観察すると、二〇一一年夏の時点では、持ち家希望が多く、その比率は七九・〇%におよんだ（図10－5）。ここには、被災者の大半が震災前に持ち家に住んでいたことが反映した。ところが、翌二〇一二年の夏になると、持ち家希望は四九・一%まで急減し、それ以降、五割前後で推移した。年が経つにつれて、持ち家再建の可能な世帯は「プレハブ仮設」から転出し、そこに住み続けるグループでは、持ち家取得の困難を認識する世帯が増えた。持ち家希望が減る一方、災害復興公営住宅への入居を希望する世帯が増加した。その割合は、二〇一一年夏では一三・六%と少なかったのに対し、一二年夏に三八・〇%まで急増し、一六年春では四五・二%まで上がった。住まいに関する被災者の意向は大きく変化し、持ち家希望の減少と公営住宅希望の増大が表裏一体の関係を構成した。「プレハブ仮設」に比べて、「みなし仮設」では、持ち家希望が多い。この一因は、「みなし仮設」に稼働年齢の家族世帯が多い点にある。就労収入をもつ世帯であれば、持ち家取得に必要な所得を得られる可能性が相対的に高く、家族世帯は、子育てなどのためにより広い面積を必要とし、持ち家を求める傾向をもつ。しかし、二〇一四年秋と一六年春のデータを比較すると、持ち家希望は六九・六%から五八・八%に減り、公営住宅希望が一九・六%から二九・四%に増えた。これは、持ち家再建を断念し、公営住宅を選ぶ世帯が「みなし仮設」により長くとどまっていたためである。

持ち家支援の融資／補助

では、住宅復興のための政策はどのように取り組まれ、どのような課題をもつのか。その中心は、持ち家再建支援と公営住宅供給である。まず、持ち家再建に対する支援策を検討する。すでにみたように、多数の被災者が持ち家再建を希望しながら、困難に直面した。これに対応する中心手段は、住宅ローンの供給である。しかし、この手法が通用しないケースが多くみられた。多数の世帯の雇用・所得が震災のために不安定になった。高齢者の多くは、住宅ローンを組めるほどの収入をもたず、また年齢が高い点から、借入資格を有していない。バブル破綻後のデフレーションのもとで、収入は停滞または減少し、債務の実質負担は増大した。住宅ローンとは、経済が拡大し、所得上昇の途上の若い世帯がおもに利用するという条件のもとで成立する手法であった。東北沿岸の被災地では、住宅ローンの旧来の条件がすでに失われていた。

持ち家再建支援では、「融資」利用の困難な世帯が多いことから、「補助」の必要性が高まった。この補助は、被災者生活再建支援法によって、可能になった。阪神・淡路大震災の経験から、被災者救済のための新たな公的支援を求める市民運動が展開し、それが同法の一九九八年制定、二〇〇四年と〇七年の改正に結びついた。その過程では、生活再建の中心要素としての住宅再建の重要さに関する認識が広まる一方、私有資産である持ち家に対する公的補助の論拠が争点を構成した（平山二〇一三、中川二〇一一、大塚二〇〇七、八木二〇〇七）。同法の制定は、全壊世帯に対する最大一〇〇万円の支援金の給付を可能とした。しかし、この時点では、政府は、私有資産の住宅への公金使用を認めていなかった。その一方、住宅支援の検討の必要は支持され、同法附則は「住宅再建支援の在り方については、総合的な見地から検討を行なうもの」とした。これを受けて旧・国土庁に設置された「被災者の住宅再建支援の在り方に関する検討委員会」は、「住宅は単体としては個人資産であるが、阪神・淡路大震災のように大量な住宅が広域にわたって倒壊した場合には、地域社会の復興と深く結びついているため、地域にとってはある種の公共性を有していると考えられる」と二〇〇〇年に指摘し、住宅再建を地域の復興に関連づけることで、それへの公的支援の根拠を説明しようとした。

同法の二〇〇四年改正では、居住安定支援制度が創設され、最大一〇〇万円の「生活関係経費」

に加え、最大二〇〇万円の「居住関係経費」の支給が可能になった。前者は、全壊世帯のみを対象とするのに対し、後者の対象は大規模半壊世帯を含んだ。しかし、「居住関係経費」の使途は、住宅本体の再建を含まず、建築解体・撤去費、整地費、借入金利息などの「周辺経費」に限られた。これに対し、二〇〇七年の法改正は、支援金の使途制限を廃止し、住宅本体の再建・新築・購入への公的補助を認めた。支援金種別は、住宅被害の程度に応じた最大一〇〇万円の「基礎支援金」と住宅再建手法に連動する最大二〇〇万円の「加算支援金」に再編された。支援金を受給するには、年齢と収入に関する要件を満たすことが必要とされていた。この制限は法改正によって撤廃され、より広範な被災者が支援金の給付対象に含められた。

被災者生活再建支援法の発達に先行・並行して、持ち家再建に関する自治体独自の支援制度が用意された。鳥取県は、二〇〇〇年の鳥取県西部地震による被害に対処するため、被災者の住宅建設・補修に補助金を支給し、翌年には、災害時の住宅再建向け公的支援を条例化した。宮城県は、二〇〇三年の宮城県北部地震にさいして、住宅建設・補修を補助し、福井県は、〇四年の豪雨災害に対応するため、住宅再建補助の制度を創設した。新潟では、二〇〇四年に豪雨災害と中越地震が発生し、県が住宅再建を独自に支援した。

持ち家再建補助の発展の延長線上において、東北沿岸地域の住宅復興では、そのいっそうの拡充が求められた。被災者生活再建支援法の問題点の一つは、財政上の弱さにある。支援金の給付は、地方公共団体の拠出による基金の取り崩しにもとづいていた。しかし、この基金は、小規模であるうえに、しだいに減少し、大規模災害には対応できないと考えられていた。これを反映し、東日本大震災では、特例措置として、支援金のほぼ全体を国が負担した。この措置は、支援金配分を安定させ、大規模災害下の支援金供給に関する国の責務を強調する役割をはたした。さらに、被災地の多くの自治体は、持ち家再建のために、独自施策を展開した。岩手県は、住宅の新築・購入・補修を補助する制度を構築し、これに続いて、同県内の久慈・宮古・釜石・大船渡・陸前高田市、大槌町などが住宅再建関連の補助を開始した。これと同様の施策は、宮城・福島県でも展開した。

持ち家再建支援に関して、被災者生活再建支援法は段階的に改善され、自治体の独自施策がはじまった。しかし、持ち家を再建しようとする人たちを支えるには、それへの補助の拡充が課題になる。とくに重要なのは、被災者生活再建支援法による支援金の増額である。最大三〇〇万円という支援金では、持ち家を再建できない世帯が多い。自治体による独自制度は、地域ごとの住宅事情の特徴に配慮する積極面をもつ一方、補助金額の違いをみせ、公平性についての問題点をはらむ。国の制度である支援金を増額すれば、それは、持ち家再建を促進すると同時に、自治体の制度を補完として位置づけ、公平性の問題を緩和する効果を生む。

釜石市の仮設世帯を対象とした二〇一三年秋の調査では、持ち家希望の世帯に対し、持ち家取得資金として何を利用するのかをたずねた（図10－6）。その結果によると、「プレハブ仮設」のグループでは、「国からの支援金（被災者生活再建支援制度など）」の回答率が七六・一％で最も高く、次いで「岩手県の独自の支援金」（六九・四％）と「釜石市の独自の支援金」（六八・六％）が多かった。持ち家再建の資金確保において、公的支援制度は重要な位置を占める。公的補助に次いで回答率が高かったのは、「自分や家族の貯蓄」（五六・一％）、「震災で壊れた住宅の保険金（地震保険）」（三九・四％）

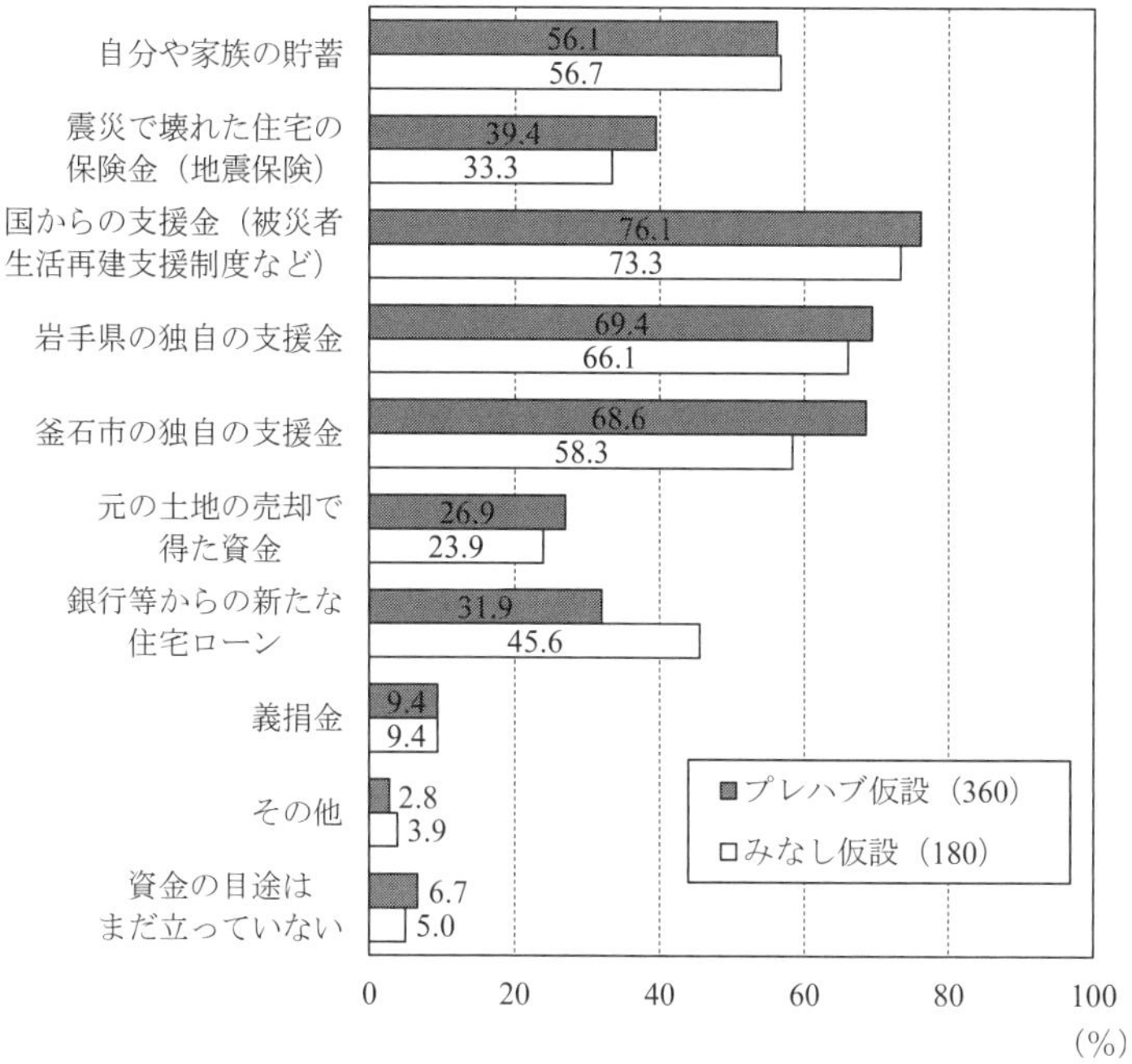

注）（　　）内は回答世帯数。

図10－6　持ち家の再建・新築・購入の資金（2013年秋、複数回答）

であった。持ち家取得の有力な手段は、住宅ローンの利用である。しかし、「銀行等からの新たな住宅ローン」を使う世帯は三一・九％と少なかった。高齢かつ無職の被災者が多く、収入が不安定化したことから、住宅ローン利用の困難な世帯が増加した。調査結果には、被災世帯が「融資」よりも「補助」を必要としている状況が表れた。一方、「みなし仮設」のグループでは、「プレハブ仮設」に比べ、「銀行等からの新たな住宅ローン」（四五・六％）の利用が多く、これは、相対的に若く、稼働所得をもつ世帯が多いことに関係した。加えて、「みなし仮設」世帯の特徴は、「釜石市の独自の支援金」（五八・三％）の回答率が相対的に低い点にあった。これは、「みなし仮設」では、「プレハブ仮設」より、市外への転居を検討する世帯が多かったためと考えられる。

公営住宅から生活再建を

住宅復興の政策では、持ち家再建支援とともに公営住宅の供給が中心手段になる。東北沿岸は、公営住宅が少ない地域であった。しかし、みてきたように、震災の発生から時間が経つにしたがい、公営住宅入居の希望が増えた。被災者生活再建支援法などは、災害復興という特定場面のための制度である。これに対し、公営住宅の制度は、一九五一年の創設以来、住宅政策一般の基幹としての伝統を有し、そのうえで、災害時の被災者救済に用いられる。公営住宅入居の資格をもつのは、住宅に困窮する一定以下の収入の世帯である。しかし、被災地では、所得水準などにかかわらず、被災者に公営住宅入居の資格が与えられた。

住宅復興の計画は、公営住宅に対する需要の拡大を反映した。復興庁による二〇一九年九月の資料によれば、岩手県は五八三三戸、宮城県は一万五八二三戸の公営住宅整備の計画を立て、実施に移した。阪神・淡路大震災下の神戸市では、約八万二〇〇〇戸の住宅が滅失し、その約二割に相当する一万六〇〇〇戸の公営住宅供給が計画された。東日本大震災下の岩手県、宮城県では、公営住宅整備戸数の全壊戸数に対する比率は、それぞれ三割近く、二割近くにおよぶ。阪神・淡路大震災では「借家被災」、東日本大震災では「持ち家被災」の比重が高かった点からすれば、東北沿岸の被災地では、公営住宅の整備戸数が多いといえる。

住宅復興の政策体系のなかで、公営住宅を供給する施策は、それ自体として完結するのではなく、持ち家再建支援とのトレードオフを構成した。住宅再建を断念する世帯が増え、公営住宅需要が拡大した。しかし、自治体にとって、公営住宅の管理負担は重い。さらに、ストックの将来の利用価値は、必ずしも明確ではない。農漁村あるいは小都市では、災害時でなければ、公営住宅への需要は少なく、次世代の時代になれば、空き家が増える可能性がある。多くの自治体が持ち家再建促進の独自補助に踏みきった理由の一つは、それが公営住宅の必要量を減らす点にあった。また同時に、持ち家の増大は、固定資産税の歳入増に結びつく。しかし、他方で、経済力の弱い被災者を持ち家再建に導くとすれば、住宅ローン返済などの負担が生活再建を妨げる危険がある。単身高齢者、低所得層などには、公営住宅を配分する施策が適している。住宅復興の政策実践では、持ち家再建支援と公営住宅供給のどちらかに傾くのではなく、二つの手段をバランスのとれた両輪とする方向が必要となった。

公営住宅政策に求められたのは、被災者の生活再建を支える環境形成である。入居者の孤立を防ぎ、近隣関係を育てていくことが、とくに重要な課題になる。阪神・淡路の被災地では、大量の公営住宅が必要とされたことから、不便な場所に大規模な団地が開発された。そこに集中した高齢者の多くは、社会関係から切り離され、住戸に閉じこもる状態にあった。これを一つの反省点とし、東北沿岸の被災地では、多くの自治体がコミュニティ形成を促す住宅団地のあり方を検討した。

一つは、入居者選定方式の工夫である。公営住宅の入居者は、多くの場合、抽選方式で選ばれる。しかし、見ず知らずの人たちが集まる団地では、近隣関係の形成が難しい。被災者の孤立を防ぐために、公営住宅が立地するエリアからの入居の優先、グループでの入居などの方式が実施された。二つ目に、単身高齢者などを見守るシステムの構築が課題となった。仮設住宅団地の多くでは、行政とボランティア・グループが入居者に接触し、その健康状態などに配慮してきた。そこから公営住宅に移る被災者が孤立する可能性が指摘された。三つ目に、建築計画の工夫が重ねられた。阪神・淡路地域などの都市部では、公営住宅の大半はコンクリート造の集合住宅であった。これとは異なり、東北沿岸の自治体の多くは、農漁村向けに木造低層の公営住宅を建築し、暖かみのある環境を形成しようとした。さらに、豊富な共用空間を設け、コミュニティ形成を促す建築がつくられた。

生活再建の場としての公営住宅では、家賃政策のあり方が問題になった。所得がとくに低い世帯には、国庫補助によって家賃を引き下げる特別家賃低減措置が適用された。しかし、家賃は六年目から段階的に引き上げられ、一一年目から通常水準になる。一方、東日本大震災では、先述のよう

低層木造公営住宅　大槌町　2014 年 11 月撮影

低層木造公営住宅　石巻市　2017 年 9 月撮影

に、被災者は、所得水準に関係なく、公営住宅入居の資格を付与された。しかし、収入超過者については、家賃が入居四年目から上げられ、八年目までに市場家賃（近傍同種家賃）になる。

このため、所得がとくに低い入居者と収入超過者には家賃値上げが通告される。この影響を受ける世帯は多い。値上げ幅は大きく、数倍におよぶケースさえ珍しくない。家賃値上げに耐えられず、公営住宅から退居する世帯がみられた。公営住宅は、被災者の多くにとって、「定住」の場になる予定であった。しかし、家賃値上げで退居した世帯にとっては、公営住宅の位置づけは「仮住まい」でしかなかった。

公営住宅家賃の上昇が被災者に与える影響が大きいことから、管理主体である自治体は家賃政策の再検討を迫られた。特別家賃減額の期間の延長、独自の家賃減額制度の導入、収入超過者の家賃の据え置き、収入超過者を定義する収入基準の引き上げなどの対応がみられた。これらの施策は、国庫補助の対象とならないため、自治体の家賃収入を減らし、財政を圧迫した。公営住宅家賃の政策は、自治体によって異なるため、被災者に課せられる家賃の水準は地域ごとに差異化し、生活再建の経済条件は不均等になった。被災者向け公営住宅の家賃制度をどう設計すべきかがあらためて問われた。

被災地の公営住宅が「定住」の場を形成するとは限らないことは、〝借り上げ公営住宅〟のケースに示された。阪神・淡路大震災下の自治体は、公団住宅、民間住宅を借り上げ、公営住宅として被災者に供給する施策を打った。この借り上げの期間である二〇年が経ったとき、高齢化と身体機能の低下、強まった地域との関係などの理由から、居住継続を希望する入居者がみられた。自治体は、借り上げ公営住宅の入居者に対し、他の公営住宅への移転の斡旋、移転料の支払いなどの転居支援を提供した。しかし、病弱になった高齢者などは、転居に不安をもち、住み続けていた。これに対し、神戸市、西宮市は、入居者に明け渡しを求める提訴に踏み切った。入居者は、借り上げ期間とその満了後の明け渡し義務を知らされていなかった。しかし、司法は、自治体の請求を認める判断を示した。

東日本大震災からの住宅復興では、石巻市が借り上げ公営住宅のシステムを使った。ここでは、神戸市などでの紛争が参照され、借り上げ期間の満了後の退居義務が入居者に明示されるなど、トラブルを回避する施策が講じられた。しかし、二〇年の借り上げが終わるとき、入居者がどういう状況にあるのかは、予見可能とはいえない。公営住宅は、被災した人たちにとって、「定住」の場を意味する度合いが高いと考えられている。借り上げ公営住宅の制度は、この認識をぐらつかせた。

特別／一般の住宅政策

大災害という特別の事態から住まいを再生しようとする政策は、仮設住宅の供給に代表されるように、特別の手法をともなっているが、しかし、それ以上に、住宅政策一般のあり方を反映する。この文脈において、とくに重要なのは、住宅政策の市場化を進める方針を見なおす検討である。政府は、新自由主義の影響のもとで、一九九〇年代半ばから、住宅政策を大胆に後退させ、住まいの大半を市場にゆだねた（第9章）。しかし、これに並行するかのように発生した阪神・淡路大震災とそれに続く多数の災害は、住宅施策が縮小するにもかかわらず、住宅関連の公的支援を必要とする多数の人たちの存在を露わにした。

低所得者向け公営住宅の供給施策は、住まいを市場化する政策のもとで、さらに周縁化した。しかし、まさにそのときに、阪神・淡路地域では、被災者を救済するために、公営住宅を大量に建てる復興政策が必要になった。政府は、公営住宅の役割を狭めてきたが、低所得者を対象とする住宅供給の中心手段であるこの制度の廃棄には踏みだせない。このため、公営住宅は、〝タフな老鳥〟(tough old bird) として生き残ってきた（第8章）。公営住宅の制度は、法律にもとづくがゆえに、地方公共団体の多くは、国庫補助を受け入れる組織・人員体制を備え、その建設・管理経験をもつ。東北沿岸地域をはじめとして、大災害に直面した地域では、被災者の住宅確保の必要に確実に対応できる施策として、多数の公営住宅が供給された。

住宅・都市整備公団（旧・日本住宅公団）は一九九九年に都市基盤整備公団、二〇〇四年に都市再生機構に再編され、そのたびに、これらの機関の住宅事業は縮小した。しかし、被災した阪神地域の再建では、住宅・都市整備公団が大量の賃貸住宅を建設し、東北沿岸の被災地では、都市再生機構が住宅復興の前提となる基盤整備を進めた。大災害からの復興では、住宅事業の技術と体制をもつ公共機関が役立つことが示された。住宅金融公庫の後継組織である住宅金融支援機構は、住宅ローンの直接市場から原則として退いたが、しかし、被災者の住宅再建・補修のために、災害復興住宅融資を供給した。

大災害の経験が示唆したのは、住まいに困窮する人たちに対応するために、公共セクターはどういう位置と役割をもつべきかを問いなおす必要である。新自由主義の市場化政策が展開するなかで、公営住宅供給、都市再生機構、公的住宅融資などの手段は、かろうじて存続していたがゆえに、大災害からの住宅復興を支える役割をはたした。住まいに関する公共セクターの領域をさらに圧縮する施策が続くのであれば、たとえば、地方公共団体は、公営住宅を建てる能力をしだいに失ってい く。被災地の住まいの再生は、利潤動機にもとづく市場住宅の建設・供給だけでは、けっして達成されない。住宅政策一般が住宅困窮者に対応する力を維持し、発展させてはじめて、大災害時の住宅復興という特別の仕事への挑戦が可能になる。

人生の立てなおしに向けて

被災した人たちは、住む場所を確保し、その安定を拠り所として、人生の道筋を再建し、過去と現在、そして未来を、ふたたびつなぎ合わせようとする。生活再建の「経路」は、単線ではありえず、複数のパターンに分岐する。その「段階」は、「仮住まい」と「定住」に明確に分けられるとは限らない。仮設住宅に住んでいる世帯は、たとえば、震災前に住んでいた場所に住宅を再建する世帯、それとは別の場所で持ち家を新たに取得する世帯、公営住宅に入居する世帯、民営借家を確保する世帯、親・子・親類の家に移る世帯、そして、仮設住宅に長くとどまる世帯などに分岐した。仮設住宅以外に住む場所を求めた被災者も多く、彼らの状況もまた拡散した。恒久住宅を得た人たちのすべてがそこに定着したとは限らない。公営住宅の家賃値上げに耐えられず、そこから転出した世帯がみられた。持ち家を再建し、しかし、住宅ローン返済の重さから、その所有を持続できるとは限らない家族が存在する。住まいの再生をめざす政策・制度には、生活再建の「経路」と「段階」が必ずしも明快な構成をもたないことをふまえ、被災者のさまざまな選択を支持する方針が求められる。

さらに、生活再建のパターンに関し、東日本大震災を特徴づけたのは、被災者の広域移動が多い点であった（丹波・増市二〇一三）。阪神・淡路大震災においても、県外避難者は存在した。しかし、東日本大震災では、広域避難者がきわだって多かった。原発事故が発生した福島からは、とくに多数の人びとが遠方に避難した。この避難を支える施策は、けっして十分ではない。広域避難者を受け入れた自治体は、彼らに公営住宅を提供し、所得・就労・就学関連の支援を提供した。しかし、これらの支援の内容と水準は、自治体ごとに異なるうえに、安定を欠いた。このため、離散した被災者の多くにとって、人生の先行きは不透明なままとなった。東日本大震災では、広域避難者の生活再建を移動先の場所でどのように進めるのかが、かつてなく重要な問題となった。

加えて、被災者の階層化を緩和する政策展開の必要が指摘される。人びとが住まいを確保し、人生を立てなおそうとするプロセスの分岐は、平等のなかの多様さを表すのではなく、著しく階層化し、不平等の拡大をともなった。震災直後では、多くの人たちが被災の経験を共有し、その文脈で、自分たちが均質であるかのような意識をもつ集団をつくっていた。仮設住宅が建ち並ぶ団地は、均一さの程度が高い社会・空間を形成し、画一的なランドスケープを形成した。しかし、時間が経ち、地域の復興が少しずつ進むなかで、ある世帯は持ち家を再建し、別の世帯は仮設住宅に残る以外に選択肢をもっていない、といった被災者の階層分解が可視化する。そこでは、住まいを確保し、人生の軌道をふたたびつくることがとくに困難な階層に向けて、より手厚い支援を配分する政策・制度の構築が必要になる。

被災者の生活再建に必要な要素は数多い。そのなかで、住宅安定の再生は、とくに重要な位置を占める。釜石市の「プレハブ仮設」世帯に対する二〇一二年夏のアンケート調査では、「これからの生活に関して不安に思っていること」（複数選択）をたずねたところ、「住宅の安定を得られるか」を選んだ回答者が六四・八％で最も多く、次いで「自分の健康」（五九・六％）、「家族の健康」（三九・〇％）、「所得が安定するか」（三三・四％）、「仕事が安定するか」（二三・七％）などの選択率が高かった。阪神・淡路大震災では、被災者が必要とした復興とは、なによりも住宅復興であった。東日本大震災では、大津波が産業の多くを破壊したことから、雇用の再生・創出が最重要になるといわれた。雇用確保が重要であることに疑いの余地はない。しかし、高齢化が進む被災地では、仕事を求める稼働年齢の人口は減少した。これに比べ、住まいの安定を必要とするのは、被災者全員である。この点が調査結果に反映し、住宅不安を表明する回答者がとくに多くなったとみられる。

住宅再生の方法が依然として未成熟であることは、論を俟たない。しかし、住む場所を確保する手法は、少しずつ改善されてきた。阪神・淡路大震災からの復興では、「プレハブ仮設」住宅を単調に並べただけの団地が建てられたのに比べ、東日本大震災では、共用空間を備えた「プレハブ仮設」団地を建設し、さらに「みなし仮設」住宅を供給する政策が展開した。阪神・淡路地域の公営住宅建設の中心を占めたのは、縁辺部での大規模団地開発というパターンであったが、それが高齢者の集中と孤立をもたらした点から、東北沿岸の被災地では、大型団地だけではなく、共用空間をもつヒューマンスケールの低層公営住宅が建てられた。持ち家被災への支援が乏しかった阪神・淡路大震災のケースとは異なり、東北沿岸地域では、滅失した持ち家の残債を処理する方法が試され、住宅再建に対し、融資だけではなく、補助が供給された。持ち家再建を支援する制度の創設と改善は、阪神・淡路地域から起こった粘り強い市民運動の成果であった。

大災害からの復興では、「危機」は地域改造の「機会」に読みなおされる。東日本大震災からの復興の輪郭をつくったのは、「上空」から降ってきたかのような多数の開発プロジェクトであった。大がかりな「土木復興」は、大量の時間を使うことから、被災地の将来は不透明なままとなった。それは、人口と雇用の流出を招き、地域の持続をより困難にした。巨大な防潮堤が建造され、人びとの居住地を海から切り離した。土地区画整理事業の大規模な展開は、土地の嵩上げによって、多数の宅地を生みだしたが、しかし、長い期間にわたったことから、多くの世帯が流出し、住宅が建たないままの空地が多い。大型かつ大量の復興事業は、被災者の生活再建の条件を傷つける側面を有していた。

それでもなお、「地上」の被災者は、人生の道筋を再建しようとし、それを支えるために、住まいを再生する方法の改良が、少しずつであるにせよ、重ねられた。被災地を特徴づけたのは、「地上」と「上空」のコントラストであった。必要なのは、〝惨事〟に〝便乗〟する「土木復興」が「上空」から実施され、「地上」の被災者をどのように翻弄するのかをとらえる分析に加え、「地上」での生活再建と住宅再生への挑戦の集積が「上空」を動かす力をもちえるのではないかと想像し、そのための論理と道筋を発見する仕事である。

大災害からの住宅復興は、すでに「特異な仕事」ではなく、「一連の経験」を形成した。ここから得られる示唆の一つは、被災者の実態をよくみるところから、住宅復興の政策・制度をたんねんに改善する作業の重要さである。被災した人たちの多くは、住まいを安定させ、人生を立てなおそうとする。その軌跡の束から復興の「かたち」が現れる。生活再建の道筋を支えるために、被災者の状況をとらえ、住宅対策の方法の改善に反映する必要がある。住宅復興のあり方がいっきょに進歩し、完成するというようなことは、ありえない。被災地の住宅再生は、困難であるにもかかわらず、あるいは困難であるがゆえに、〝起死回生の奇策〟に期待するのではなく、実態把握から政策・制度を改善する〝正攻法〟に立脚することが、大切になる。

第11章　火災の犠牲となった老人たちの住宅問題

燃える「終のすみか」

木造アパート、グループホーム、簡易宿泊所などの住宅・施設の火災で高齢者が焼死する事故が相次いだ。そのおもな原因として、防火設備の不備、要介護老人・障害者の避難困難、住宅・施設管理の欠陥などが指摘された。しかし、老人たちが火災の犠牲となる状況の根底には、住宅問題——適正な範囲内の住居費負担で入居可能な適切な水準の住宅の不足——がある。焼死した高齢者の大半は、低所得の単身者で、多くは生活保護を受けていた。彼らが住んでいたのは、たいていの場合、老朽した木造建築で、良質とはいいがたい住宅・施設であった。民営借家の家主の多くは、高齢単身者の入居を拒む。高齢の借家人は、家賃滞納、死後対応の必要、手すり設置・段差解消などの建築改修の必要、認知症に関連する近隣トラブルの発生などのリスクをともなうと考えられている。所得が低く、高齢で、単身であるがゆえに、劣悪な住宅・施設にしか入居・入所できず、火災の危険と隣りあわせになる人たちが多い。

火事が発生し、老人たちが犠牲となった住宅・施設の物的状態は、多くの場合、仮設建築と同程度か、そうでなければ、それよりさらに低劣であった。低所得の高齢者にとって、仮設建築のような住宅・施設は、「仮住まい」ではなく、「定住」のための場であった。しかし、物的に低水準で、適正な防火設備をもたない建物は、落ちついた「終のすみか」にはなりえない。

住宅問題とは、住宅政策のあり方の反映にほかならない。貧困な老人たちの住宅困窮に対応しようとする公共政策は、弱いままであった。住宅政策を運営する政府は、中間層の住宅安定を優先させ、持ち家取得に対する支援を重視した。公営住宅などの低所得者向け住宅の供給は少なく、周縁化したままとなった。この枠組みのなかで、持ち家取得に到達しなかった低所得の高齢者の多くは、公営住宅入居の機会を得られず、民営借家市場から排除され、住まいの安定を得られなかった。

一方、貧困対策の一環として、住居費のための現金を支給する制度がある。生活保護制度は、住宅扶助のシステムを備え、生活困窮者自立支援制度には、住居確保給付金を供与する仕組みがある。しかし、住居費支援の施策は、小規模にしか実施されないうえに、低家賃かつ良質の住宅ストックが不足する状況のもとでは、適切な住まいの確保に結びつくとは限らない。低所得者向け住宅政策の周縁化によって、貧困対策の効果は低減した。

この章では、最近一二年ほどの間で住宅・施設の火災のために高齢者を中心とする多人数が死亡した事例をとりあげ、それぞれの概要をみたうえで、住宅政策の組み立て方を問いなおす必要を主張する。貧困な老人たちは、なぜ、仮設建築のような場所に住み、そして、火災の危険にさらされるのか。この問いは、貧困対策、高齢者・障害者福祉、建築防火だけではなく、住宅政策との関連で検討される必要がある。ここで使用する資料は、系統的に収集した新聞記事である。以下の記述では、火災事例の事実関係などについての出典表示は、過度に煩雑になるため、略している。

火災事例をみる

▼高齢者施設「静養ホームたまゆら」(二〇〇九年三月一九日出火、群馬県渋川市)

木造三棟、三七室を備える「たまゆら」では、入居者のほとんど全員が生活に困窮する高齢の障害者で、精神障害、視覚障害、認知症などの人たちがいた。火災により五五～八八歳の一〇人が亡くなった。

「たまゆら」は、NPOによる自称「生活保護受給者入所ホーム」で、その実態は、司法判断などによれば、「無届けの有料老人ホーム」であった。老人福祉法では、食事などのサービスを一つでも提供している施設は「有料老人ホーム」として届け出対象になる。「たまゆら」は、食事サービスなどを提供していた。しかし、施設運営者は、届け出によって、施設建築・職員配置などの基準を満たすコスト負担を求められ、行政監督を受けることになる。総務省は、「有料老人ホーム」に関する二二都道府県の状況を二〇〇八年に調べた。その結果によると、都道府県が「有料老人ホーム」とみなした施設の約一五%が無届けであった。

「たまゆら」の財政事情は厳しく、防火対策は貧弱であった。施設管理と入居者対応の質は低く、おむつ交換はおざなりなうえに、掃除はほとんどなく、悪臭が立ちこめていた。耐火性のないベニヤなどの木材を使った無届けの増改築が繰り返され、それが延焼を速めた可能性がある。夜間当直職員の配置は不十分であった。前橋地方裁判所は、元理事長に業務上過失致死罪での有罪をいいわたし、同時に、「生活困窮者らの社会的弱者を救いたいと志し、私財を注ぎ、低廉な料金で生活の場を提供してきた。十分な資金的余裕がありながら防火管理を怠ったというわけではない」（引用者要約）と述べた（二〇一三年一月）。

群馬県に立地しているにもかかわらず、「たまゆら」には、東京都墨田区から紹介された生活保護受給者が住んでいた。死亡した一〇人のうち六人が墨田区紹介の入居者であった。大都市地域では、低所得の高齢者が入居可能な住宅・施設が不足する実態がある。生活保護行政が防火対策の弱い施設を利用してきたことは、その存続を支える意味をもっていた。東京都の二〇〇八年の調査によると、約五〇〇人の高齢被保護者が他県の有料老人ホーム、高齢者向け住宅に移っていた。

▼グループホーム「みらい とんでん」（二〇一〇年三月一三日出火、札幌市）

この建物は、木造二階建てで、一〇部屋をもっていた。認知症高齢者の九人が入居していた。出火時に八人がいて、そのうち七人（六五～九二歳）が死亡した。

このプロジェクトは、低所得高齢者向けの他の住宅・施設の多くと同様に、資金不足のために、不十分な防火設備しか備えていなかった。消防法二〇〇七年改正によって、自動火災報知設備、消防機関への火災通報装置の一二年三月までの設置が義務化された。これらの設備は、出火時点で未設置であった。消防計画は未提出で、消防設備の点検結果は二〇〇六年八月を最後に報告されていなかった。このため、二〇〇八年および〇九年に市消防局による是正勧告があったが、改善はみられなかった。「みらい とんでん」は、住宅建築を改造したグループホームであった。グループホームは、建築基準法上の「寄宿舎」に相当し、準耐火材の壁、誘導灯の設置などのより厳しい条件の充足を求められるが、「みらい とんでん」については、住宅からの用途転換に必要な届け出が未提出で、建築要件は満たされていなかった可能性がある。さらに、夜間のヘルパーとして配置されていたのは、一人だけであった。グループホームを含む高齢者向け施設等に対するスプリンクラー設置義務の対象は、延べ床面積一〇〇〇平方メートル以上から同二七五平方メートル以上の建物となった（消防法二〇〇七年改正）。延べ床面積二四八平方メートルの「みらい とんでん」では、スプリンクラーの設置義務はなく、未設置であった。その後、二〇一五年に、スプリンクラー設置が義務となる施設の延べ床面積の下限は、撤廃された。

▼グループホーム「ベルハウス東山手」（二〇一三年二月八日出火、長崎市）

このグループホームは、鉄骨造三階建てに四階部分を木造で増築した建物のうち、一階と二階を占め、認知症高齢者を対象としていた。定員は九人で、火災のため、七七〜九九歳の五人が死亡した。

「ベルハウス東山手」は二五〇平方メートルで、火災発生時では、スプリンクラー設置の義務は課せられていなかった。それが義務とされたのは、二七五平方メートル以上の建物であった。長崎市は、補助金によるスプリンクラー設置を呼びかけていたが、「ベルハウス東山手」では、未設置のままであった。市によると、札幌市の「みらい とんでん」の火災を受け、二〇一〇年に「ベルハウス東山手」を調査したところ、防火扉の未設置などの不備がみつかったため、建築基準法違反の是正を指導したが、改善報告はなかった。これに対し、施設側は、防火扉は設置していて、市からはストッパーをつけるよう指導を受け、対応結果を市に報告したと述べ、市の説明と食いちがいをみせた。「ベルハウス東山手」は三階建て耐火建築のなかでの開設を認められ、四階部分の木造での増築は無届けであった。市は一九八八年に無断増築を発見し、是正を命じていたが、それへの対応はみられなかった。

▼簡易宿泊所「吉田屋」「よしの」（二〇一五年五月一七日出火、川崎市）

両者とも木造三階建てで、出火時の宿泊者名簿に、「吉田屋」四四人、「よしの」三〇人の名前が記載されていた。火災により四八〜八一歳の一一人が死亡した。

工業地帯の労働者をおもな対象としていた簡易宿泊所の多くは、現在では、おもに生活保護受給の高齢単身者が長く滞在する「定住」の場を形成し、必ずしも「仮住まい」とはいえない。個室は三畳ほどときわめて狭く、一泊のコストは二〇〇〇円程度であった。川崎市によると、「吉田屋」「よしの」では、滞在者の全員に近い六八人が生活保護を受けていた。宿泊費は住宅扶助でまかなえる。周辺の簡易宿泊所には、約一三〇〇人の生活保護受給者が滞在し、その七割程度が高齢者であった。

東京都が山谷（台東区北東部）などの簡易宿泊所を対象として実施した一九九九年と二〇一二年

の調査の結果を比べると、宿泊者の平均年齢は五九・七歳から六四・七歳に上昇し、四四％であった生活保護受給率は八七％まで上がっていた。横浜市の寿町には約一二〇の簡易宿泊所が立地し、滞在者の八割強が生活保護を受けている。

建築基準法では、三階建て以上の宿泊施設は、耐火建築とすることを義務づけられる。「吉田屋」は、市の記録上では「二階建て」であるが、その実態は「三階建て」であった。建物の二階と三階は吹き抜け構造で、この点から「二階建て」解釈がつくられたと推察される。川崎区が保管している図面には、「二階上部」という記載がある。天井は二メートル弱と低く、三階の部屋は二畳しかない。吹き抜け構造の建物では、火災時に炎と熱気が天井まで上がることから、火の回りが早くなる。

消防局は消防法、保健所は旅館業法にもとづき、簡易宿泊所の立ち入り調査を実施していたが、建築基準法を所管していないため、建物構造を問題視しなかった。「吉田屋」の経営者は「経営に必要な消防署や保健所の検査を受けていたため、何ら問題はないと考えていた」と述べた。「吉田屋」「よしの」の火災を受けて、市が周辺の簡易宿泊所四九棟を調査したところ、耐火構造ではない四階建て以上の建物が四棟、「吉田屋」と同様に記録上は「二階建て」で、実態は三階建ての建築が二五棟におよび、その他のケースを含め、約七割の三五棟に違法建築となっている疑いがあった。この調査をもとに、市は、二四棟が建築基準法（および市条例）に違反していると七月に発表し、その是正に乗りだした。しかし、二〇一六年四月末時点で、是正は八棟にとどまり、是正計画を出しただけで、是正していない一棟、是正計画を出さなかった二棟、廃業または建て替えのために解体となった三棟などがみられた。このほか、消防法関係で三棟、旅館業法関係で七棟の是正が着手されていなかった。その後、建築規制の厳格化のために、改修・管理コストの負担に耐えられない簡易宿泊所の廃業が相次いだ。

▼アパート「中村荘」（二〇一七年五月七日出火、北九州市）

木造二階建てで、一六部屋があった「中村荘」では、火災のため、五五〜八四歳の六人が死亡した。このアパートに住んでいたのは、一六人の単身者であった。入居者の大半は、土木作業員、アルバイトなどの男性で、四人は生活保護を受けていた。居室の多くは四畳半一間と狭く、台所、トイレ、浴室は共同利用であった。

火災が発生し、老人たちが犠牲となった建物の多くは、物的に低水準であっても、住人にとって、「定住」の場となっていた。これに比べ、「中村荘」は、住宅である一方、「仮住まい」の簡易宿泊所のような役割をもはたしていた。家賃が月額一万五〇〇〇円の入居者がいると同時に、日割り五〇〇円の入居者もいた。入居時に保証人は必要とされず、身分証明書の提示も求められなかった。このため、生活困窮者を支援するNPOが「日貸しアパート」の「中村荘」を路上生活者に紹介し、生活保護申請・受給によって「定住」用の住居に移るまでの一時的な「仮住まい」として利用していた。生活保護行政もまた、保護申請者に「中村荘」などの「日貸しアパート」を、保護支給決定までの住む場所として紹介することがあった。「中村荘」が簡易宿泊所とみなされると、防火設備の整備が義務化され、そのためのコスト負担が必要になるうえに、共同住宅では五年に一度以上の立ち入り検査が毎年になる。市は、「中村荘」について検討し、簡易宿泊所は「生活の本拠」ではないことが原則であるのに対し、「中村荘」は、日割り家賃の短期滞在者を住まわせてはいたが、入居者の生活拠点となっていることから、簡易宿泊所にはあたらないとしていた。

▼アパート「かねや南町ハイツ」（二〇一七年八月二二日出火、秋田県横手市）

木造二階建て、築五〇年ほどのアパートは、六畳一間の二八部屋を備えていた。出火時の入居者は二五人で、火災のために、五八〜七八歳の五人が死亡した。入居者のうち一二人は生活保護を受け、一七人は精神障害の受給者証をもっていた。家主である仕出し・配食会社は、社会福祉の重要さに理解を示し、住まいの確保が困難な人たちを受け入れるとともに、日曜・祝日以外の朝夕に食事を提供していた。アパートは、精神科の病院が紹介する入居先の一つで、グループホームなどの規則・制約を好まない人たちに選ばれていた。無事であった人たちにとって、転居先をどう確保するかが難題となった。

▼アパート「そしあるハイム」（二〇一八年一月三一日出火、札幌市）

木造二階建てのアパートは、築五〇年ほどで、老朽していた。浴室、トイレ、洗面所などは共同利用であった。入居者は一六人で、そのうち一一人（四八〜八五歳）が火災で亡くなった。家主は生活困窮者支援を目的とする合同会社で、入居者の多くは生活保護を受ける高齢者、障害者、元路上生活者などであった。共同の食堂が設けられ、食事が提供されていた。

「そしあるハイム」は、消防法上の「下宿」で、施設としては、法律上の位置づけをもたず、スプリンクラーの設置義務はなかった。しかし、市は、同ハイムが「有料老人ホーム」としての実態をもつ可能性があると考え、四回にわたって照会をかけていた。有料老人ホームには、スプリンクラーを設置する義務が課せられる。「そしあるハイム」経営者は、市の照会に回答していなかったが、「有料老人ホームとは考えていなかった」と火災後に述べた。スプリンクラーの設置が必要であれば、そのための費用負担は大きく、生活困窮者への対応は困難または不可能になる。

氷山の一角

ここで示した火災事故は、高齢者を中心とする多人数が亡くなったがゆえに、マスメディアで大きく扱われた。しかし、これらの事例が氷山の一角にすぎず、火災の危険をともなう場所に高齢者が住むという現象がより広範におよんでいる可能性がある。

高齢者（六五歳以上）を含む複数人（二名以上）が犠牲（死亡・重体・行方不明）となった、住宅（一戸建てを除く）と「住宅以外で人が居住する建物」での火災を朝日新聞の二〇〇八年〜二〇一〇年四月の記事データベースから検索すると、九六件（右記事例を含む）に関する情報が得られた。老人を巻き込む火災事故は、珍しいとはいえない。

ここでの九六件の火災が発生した建物の用途をみると、住宅が八七件、九〇・六％と大半を占め、それ以外では、社会施設・病院が六件、簡易宿泊所が二件、雑居ビルが一件であった（表11－1）。

表11－１　火災のあった主な建物の属性

	建物数	%
〈用途と建て方・構造〉		
住宅（長屋・木造）	13	13.5
住宅（共同住宅・木造）	41	42.7
住宅（共同住宅・非木造）	17	17.7
住宅（共同住宅・構造不明）	16	16.7
社会施設・病院（木造）	3	3.1
社会施設・病院（非木造）	3	3.1
簡易宿泊所（木造）	1	1.0
簡易宿泊所（非木造）	1	1.0
雑居ビル（構造不明）	1	1.0
〈階数〉		
１階建て	8	8.3
２階建て	55	57.3
３階建て	5	5.2
４階建て	10	10.4
５階建て以上	12	12.5
不明	6	6.3
計	96	100.0

注）1）一戸建てを除く住宅または住宅以外で人が居住する建物において、65歳以上の者を含む複数人が死亡・重体・行方不明となった火災96件の火元となった建物を集計。

2）火災のあった建物の階数・用途が建築確認上と実態とで異なるケースについては、火災発生直後の記事に記載のあった内容で分類。

施設火災は、多数の犠牲者を生むため、大規模な報道の対象になる。しかし、高齢者が亡くなる火災の大半は、住宅建築で発生した。住宅の建て方では、共同建てが七四件と最も多く、長屋は一三件を占めた。建物の構造では、木造が五八件と大半で、非木造は二一件であった（不明一七件）。木造共同住宅を中心とするさまざまな場所で、多数の人たちが火災の犠牲となった。

この九六件の火災による死者は、五九歳以下三七人、六〇歳代六一人、七〇歳代六八人、八〇歳代六七人、九〇歳以上一一人、年齢不明二〇人（うち高齢一五人）、計二六四人におよんだ（表11－2）。犠牲者に高齢者を含む事例を抽出したことから、高齢者の比率がきわめて高くなっているが、七〇歳以上あるいは八〇歳以上のより高齢の人たちの多さが注目される。死者の性別では、男性一四九人、女性一一〇人、不明五名で、男性がきわだって多い。火災リスクの高い場所には、男性がより多く住む傾向があるとみられる。

住宅政策のどこが問題か

老人焼死事故の重要な原因の一つとして、住宅問題に目を向ける必要がある。高齢者の大半は、施設などではなく、住宅に住んでいる。しかし、低所得の高齢者は、適切な住まいを確保できない。低質かつローコストの老朽アパートおよび施設・簡易宿泊所などでしか住む場所を得られない老人は、火災リスクをかかえることになる。

住宅領域に対する政府介入は戦後に拡大し、現代の「住宅問題」は「住宅政策のあり方の問題」

表11－２　性・年齢別　死者数

	男性		女性		不明		合計	
	人数	%	人数	%	人数	%	人数	%
39歳以下	4	2.7	4	3.6			8	3.0
40～49歳	7	4.7	5	4.5			12	4.5
50～59歳	15	10.1	2	1.8			17	6.4
60～69歳	44	29.5	15	13.6	2	40.0	61	23.1
70～79歳	39	26.2	27	24.5	2	40.0	68	25.8
80～89歳	27	18.1	39	35.5	1	20.0	67	25.4
90歳以上	3	2.0	8	7.3			11	4.2
高齢	8	5.4	7	6.4			15	5.7
不明	2	1.3	3	2.7			5	1.9
計	149	100.0	110	100.0	5	100.0	264	100.0

注）1）一戸建てを除く住宅または住宅以外で人が居住する建物において、65歳以上の者を含む複数人が死亡・重体・行方不明となった火災96件の死者について集計。
2）「高齢」は、高齢者であることは明らかで、具体的な年齢が不明のケース。

に発展した（平山二〇〇九）。資本主義社会の市場経済が住宅問題を必然的に生むという見方がある。これは、間違いではない。商品住宅の市場では、低所得の人たちは、劣悪な場所にしか住めない。しかし、現代の住宅問題は、自由放任の市場経済から生まれるのではなく、住宅政策を備える社会のなかの現象にほかならない。そこでは、政府がどういう住宅政策を立案し、実践するのかが、住まいの状況に強く影響する。

戦後日本の政府は、住宅政策の運営において、「中間層」の「家族」による「持ち家」取得をとくに重視し、そこに政策支援を集中してきた。「低所得」「単身」「借家」の人たちの住宅問題に対する政府の関心は、きわめて弱かった。

持ち家促進に傾斜した住宅政策は、高度成長期に確立し、多くの人たちが標準パターンのライフコース——結婚し、家庭を安定させ、中間層の一員として、住まいを建て、あるいは買い、所有するという道筋——を歩むと想定した。たいていの世帯は、高齢期までに持ち家を取得し、住宅ローンを完済することで、大規模な住居費負担から逃れ、不動産資産をもち、セキュリティを得るという筋書きがあった。

前世紀の末頃から、〝成長後〟の時代に入った日本では、持ち家促進の政策を支えた社会・経済条件は、あらかた失われた（平山二〇二〇：Hirayama and Izuhara, 2018）。バブル経済の破綻以来、成長率は下がった。雇用の安定は損なわれ、所得は減った。未婚率が上昇し、単身者が増える一方、住まいを買おうとする家族は減った。それにもかかわらず、「中間層」「家族」「持ち家」支援に傾き、「低所得」「単身」「借家」層を軽視する住宅政策の組み立て方に変化はみられない。高齢期までに持ち家取得に到達せず、賃貸居住のままで、家族をつくらなかった人たちは、セキュリティの危機に見舞われた。

政府は、低所得者向け住宅対策に関し、公的資金の使用を最小限に抑え、民間セクターに依存した。高度成長期に都市に移動した人たちは、低家賃住宅に対する大規模な需要を発生させた。これに反応したのは、政府ではなく、民間の木造アパートであった。そのストックは、狭小、日照・通風の不足などの問題点をもっていたが、低所得の人たちに住む場所を提供する役割を担った。政府が公営住宅の建設を少量に抑制できたのは、民間アパートに依存したからであった。木造アパートは、しだいに老朽化し、取り壊しなどによって、減少した。しかし、とくに大都市では、多数のアパート・ストックが残っている。劣化したアパートの居住者には、低所得・高齢の人たちが増えた。

高度成長期の大都市では、日雇い労働者が集まる寄場に簡易宿泊所が建った。それは、現在では高齢の生活保護受給者が長く住む「住宅」として機能し、公営住宅を代替する役割をはたしている。民間依存の政策のもとで、低所得の高齢者は、ローコストかつ低質で、火災リスクの高い老朽した場所に住む以外に、選択肢をほとんどもっていない。

生活困窮者支援と住宅・施設

焼死した老人の事例をみていくと、生活困窮者の住んでいた場所が住宅なのか、施設なのか、そもそも「住宅」「施設」とは何か、「住宅」「施設」の実態と制度は整合しているのかどうか、さらに、「住宅」「施設」は「仮住まい」なのか、それとも「定住」の場なのか、といった論点があることに気づかされる。「たまゆら」は、「法定外」の無届け施設であったが、司法判断などで、有料老人ホームの実態をもつとされた。「そしあるハイム」は、住宅（木造アパート）であったが、食事サービスを提供していることから、有料老人ホームに相当するかどうかを問われた。「吉田屋」「よしの」は、旅館業法上の簡易宿所であるが、多くの滞在者が「定住」している点で、住宅として機能していた。木造アパートの「中村荘」は、住宅であると同時に、一部の入居者には「仮住まい」のための「日貸しアパート」として「日割り家賃」で供給されていた。

低所得の高齢単身層では、生活上のさまざまな支援を必要とする人たちが多い。これに対応しようとする個人または何らかの団体がローコストの建物を探し、使おうとするとき、「住宅」と「施設」のあり方は、さらに多様化し、アパート、宿泊所、グループホーム、老人ホームなどの境界線はより流動的になる。高齢者支援の現場が暗黙のうちに提起するのは、「住む」ための場所の定義についての再考の必要である。

生活困窮者の住む場所の確保に関し、政府および自治体は、民間セクターに依存し、公的資金の使用を抑えようとする。このため、住宅・施設の建物の状態を改善・維持するために、行政が用いる手法は、もっぱら規制になる。ここから生じるのは、規制を緩めると、住宅・施設が劣悪化し、規制を強めると、住宅・施設の維持に必要なコストが増え、困窮者の住む場所を保全できないという矛盾である。そして、行政それ自体が、生活困窮者の受け入れ先として、制度上の定義が明確とはいえない、民間セクターのローコストかつ劣悪な住宅・施設を利用してきた点に注意する必要がある。

「たまゆら」は、無届け施設であるがゆえに、さまざまな規制に関連するコスト負担を回避し、低料金かつ危険な住む場所を提供していた。この無届け施設に生活保護行政が依存してきた経緯がある。「日貸しアパート」の「中村荘」が簡易宿泊所とみなされ、建築規制を課されると、その維持は困難になる。行政は、定義があいまいなままの「中村荘」を、生活保護申請者の一時滞在の場として使った。簡易宿泊所の「吉田屋」「よしの」は、建築基準法に違反していたが、行政の是正指導はなく、高齢の生活保護受給者を受け入れる場となっていた。火災後に、簡易宿泊所に対する建築規制の適用が厳格化したことから、廃業が増え、高齢の被保護者が居住できる場所は減った。グループホームに対し、スプリンクラーの設置を義務化する方向に規制が強まった。その設置は、公的補助の対象になるとはいえ、運営者に重いコスト負担を課し、施設維持をより困難にした。

厚生労働省が二〇一五年六月末時点で二人以上の生活保護受給者が利用している法的位置づけのない施設を調べたところ、全国で一二三六施設の存在が確認された。この文脈において、政府は、社会福祉法の二〇一八年改正にもとづき、無料低額宿泊所（無低）として位置づける施設を増やし、同時に、そこでの床面積、防火設備、職員配置などに関する規制を強めた。無低とは、おもに生活保護受給者に宿所を供給し、食事などを提供する場合が多い居住の場をさす。これに加え、居宅での日常生活が困難である一方、社会福祉施設の対象とならない生活保護受給者が、必要な支援を受けて住む場として、日常生活支援住居施設（日住）の設置が二〇二〇年にはじまった。日住の多くは、サービスの質が確保された無低からの移行によってつくられる。著しく劣悪な建物を使用し、生活保護受給者にきわめて粗略なサービスを高料金で供給する〝貧困ビジネス〟を展開する多数の無低がある。無低および日住に関する制度整備は、貧困ビジネスを排除し、生活保護受給者の住む場所の水準を規制する意図をもつ。その一方、制度のさまざまな規制によって、生活困窮者を受け入れ、支援してきた小規模な事業の維持がより困難になる可能性がある。

さらに、無届けの「法定外」施設に既存制度を単純に適用することが必ずしも望ましいとは限らない。生活困窮者支援の現場は、資金不足という制約をともなってはいるが、より多様な住む場所をつくってきた。たとえば、有料老人ホームに該当する可能性を指摘された「そしあるハイム」は、高齢者だけではなく、就労支援を必要とする四〇歳代の人をも受け入れていたことから、一概に高齢者向け施設とはいえない側面をもっていた。既存制度を無届け施設に当てはめるだけではなく、多様な無届け施設のあり方を制度設計に取り入れる検討があってよい。

「住まいの質を上げてはならない」

生活に困窮し、公的支援を受ける人たちの住まいの状態は、低劣なままである。ここに反映するのは、租税を財源とする公的扶助が支える人びとの生活は、就労・事業収入および年金などに立脚する生活に比べ、より低い水準に抑える必要があるという暗黙の考え方である。たとえば、政府セクターは、公営住宅の質を高める政策をとってきた。しかし、民営借家の市場では、低所得者が入居可能な住宅は、老朽し、劣悪なままである。このため、自治体は、公営住宅が「過度に良質」として納税者から批判を受けるリスクを意識してきた。

焼死した老人たちの多くは、生活保護を受給し、一般世帯に比べて、はるかに低劣な住宅・施設に住んでいた。「かねや南町ハイツ」にせよ、「そしあるハイム」にせよ、火災事故が起こった住宅・施設の運営者たちは、生活困窮者を助けたいという「善意」をもっていた。しかし、「善意」がいかに強くとも、生活保護受給者が負担できる住居費を前提とすれば、供給できるのは、火災リスクをともなう低水準の住宅・施設でしかない。

生活保護は、「最低限度の生活」を保障しようとする制度である。そのサブシステムである住宅扶助では、住居に関する最低限度保障がめざされる。物的住宅の最低限度を表す指標として、政府が設定し、使用してきたのは、「最低居住面積水準」である（第7章）。したがって、生活保護の実践では、住宅扶助によって最低居住面積水準の住居を保障できるかどうかが論点になる。

住宅扶助の上限額は、二〇一五年に切り下げられ、生活保護受給世帯の中心を占める単身世帯に関し、より狭い住宅に住む世帯には、より低い限度額が設定された。貧困ビジネスの運営者たちは、劣悪な部屋に生活保護受給者を住まわせ、住宅扶助の上限額を徴収することによって、利益をあげる。これに対し、狭小な場所に住む被保護者への支給を減らす新たなシステムは、貧困ビジネスの利益を削減する狙いをもつ。しかし、このシステムが被保護者に最低限度の質の住居を保障するのではなく、よりローコストで、より劣悪な場所に住むことを認める点に注意する必要がある。その根拠の一つとして、厚生労働省は、生活保護を受けていない低所得者の最低居住面積水準未満率が依然として高い点をあげた。示唆されたのは、多くの一般世帯が最低水準未満の住居に住んでいる状況のもとでは、被保護者のために最低水準を満たす住居を確保することは必ずしも必須ではないという見方であった（平山二〇一四b）。生活保護で生活している人たちの住まいは、一般世帯の住まいより良質であってはならず、政府が定める最低水準さえ充足する必要はないとされた。最低居住面積水準は、ナショナルミニマムとして設定された。その達成を一般世帯に関して追求し、被保護者については求めないという異様な政策がとられた。さらに、狭小住宅の被保護者に切り下げた住宅扶助を供与する制度は、劣悪住宅の存続を認め、支える効果をもたらす。

新たな住宅対策として、住宅セーフティネット法の二〇一七年改正がある（第9章）。高齢者、障害者、母子世帯、被保護世帯などの〝住宅確保要配慮者〟は、民営借家市場では、しばしば入居を拒まれる。これに対し、高齢者などを受け入れる物件を都道府県などに登録する制度がつくられた。

民営借家市場では、空き家が増えている。これを高齢者などに供給しようとする点に、新たな施策の狙いがある。しかし、長期にわたって空き家となっている物件の大半は、老朽、低質、不便な立地などの欠陥をもつ。住宅改修の補助金が用意されたが、その実績はきわめて少ない。住宅セーフティネットの新たな制度には、一般世帯の住宅市場では競争力をもたない物件を住宅確保要配慮者に配分しようとする側面がある。

社会基盤としての住宅政策を

老人たちの焼死が反映するのは、低所得者向け住宅政策がきわめて小規模なままで推移したという日本社会の特徴である。良質かつ低家賃の住宅ストックの蓄積は、社会安定のインフラストラクチャとしての役割をもつ。多くの火災事故で老人が犠牲となったことは、住まいの社会基盤の脆さを物語った。

先進諸国では、低所得者向け住宅政策の中心手段は、社会賃貸住宅と公的家賃補助の供給である(第9章)。社会賃貸住宅とは、公共・民間の多様な主体が、自治体などの公共セクターが選ぶ入居者に対し、市場より低い家賃で供給する住宅をさす。欧州では、社会賃貸住宅が全住宅の二割前後を占める国が多い。家賃補助を中心とする公的住宅手当の制度は、欧州およびイギリス、オーストラリア、ニュージーランドなどの多くの国に根づき、低所得者の住宅改善に重要な役割をはたしている。

日本の社会賃貸セクターを構成するのは公営住宅で、その割合は、二〇一八年の住宅・土地統計調査によれば、三・六％にすぎない。日本では、公的家賃補助は、住宅扶助を除けば、ほぼ皆無である。住宅扶助は、生活扶助などの他の扶助と合わせて供与され、単独では支給されないうえに、その受給世帯は、推計二％程度ときわめて少ない。先進諸国のなかで、日本の低所得者向け住宅施策は、「小規模」というより「けた外れに小規模」である。

日本政府の住宅対策の特徴は、ローコストの住まいの確保に関し、民間セクターに依存し、公的資金を可能な限り「節約」してきた点にある（第9章）。低所得者の住まいの中心は、社会賃貸セクターの公営住宅ではなく、民営借家セクターの木造アパートであった。無届けの民間施設は、生活困窮者を支える「法定外」の領域を形成した。これらのローコストかつ危険な住宅・施設が、公的資金の「節約」を可能にした。住宅セーフティネットの新たな制度では、住宅確保要配慮者を受け入れる登録住宅に関し、補助制度が適用される。しかし、政府が補助を低いレベルにとどめ、「節約」したことを一因として、新しい制度はたいして活用されなかった。

低所得層の住まいを安定させ、生活困窮者に対応するために、必要なのは、政府の役割の再考である。日本では、人口が減ることから、それを根拠として、住宅政策の規模を最小限に抑えてよいという見方がある。しかし、低年金または無年金の高齢者、不安定就労の単身者、貧困な母子世帯などは増大すると予測される。人口全体の推移だけではなく、低収入のグループが拡大する可能性に留意する必要がある。

良質かつ安全な低家賃住宅の供給は、公的資金を「節約」し、民間セクターに依存する方針のもとでは、原理的に不可能である。営利企業は、利潤が生じる場面に向けてしか住宅を生産しない。生活困窮者を助けようとするＮＰＯなどの「善意」だけでは、良質・安全な住む場所は確保できない。公営住宅の供給を増大させ、公的家賃補助を制度化する政策が求められる。さらに、民間セクターの力を社会目的の達成につなげるために、大規模な公的資金を用意し、「規制」と「補助」を組み合わせる必要がある。民間空き家をセーフティネットに転換しようとする新しい施策は、少量の公的助成しか用意しないのであれば、小規模な実績しか生まない。大型補助の投入があってはじめて、民営借家を使った社会賃貸セクターの形成が可能になる。生活困窮者向け施設にスプリンクラー設置などの規制を課し、少量の補助を準備するだけでは、コスト負担に耐えられない施設が増える。民間施設についても、それが困窮者を対象とし、財政上の困難をかかえるのであれば、防災コストは、公共セクターが負う必要がある。

老人たちが犠牲となった火災事故が示唆するのは、社会のインフラストラクチャとしての住宅ストック形成の必要である。生活困窮者を適切に支援する政策は、低家賃かつ良質の住宅が豊富に存在してはじめて成り立つ。住宅政策の展開は、財政支出をともなう。しかし、それは、「投資」としての役割をはたし、貧困「予防」の効果をもつ（第8、9章）。低所得者のための住宅政策は、支出に見合う高い合理性を備える。成長後の超高齢社会を形成する日本では、社会的に利用可能な住宅ストックを蓄え、貧困の拡大をくい止めることが、重要な課題になる。

おわりに

戦後日本の住宅政策は、「仮住まい」の借家から「定住」用のマイホームに人びとを動かし、それによって、個人・世帯のミクロレベルでは、ライフコースの標準パターンを形成し、マクロレベルでは、経済を刺激し、社会を統合しようとした。政府は、「中間層」の「家族」による「持ち家」取得を支援し、その「定住」を支える一方、「低所得」「単身」「借家」の人たちの住まい方を「仮住まい」とみなし、そこへの援助を最小限にとどめた。住宅政策による資源配分の偏りのもとで、多くの人びとは、「仮住まい」を抜けだし、「定住」に到達するために、借家から持ち家へと住まいの「はしご」を登った。

この本では、「住む」ことを「仮住まい」と「定住」に分割する政策・制度のあり方を問いなおそうとした。なぜなら、住宅政策のバイアスは、人びとの生き方についてのヒエラルキーの構築を反映・促進するからである。マイホームを所有し、そこに定着することは、家庭の適正な運営、子育ての適切さ、職業と所得の安定、資産の蓄積、近隣コミュニティでの的確な振る舞い、勤勉と自主自立を大切にする価値観などをともなうと仮定され、「市民権」を得るための暗黙の条件となった。賃貸住宅の入居者は、一時的な滞在者にすぎないと想定され、それゆえ、経済・政治と公共政策、さらに近隣コミュニティに関心と利害関係をもつとはみなされなかった。

住宅政策の運営に関し、「政府は、誰を、助けるのか」をみると、そのバイアスは、細やかにつくられている。たとえば、若い世代の雇用・所得の不安定化にともない、その住宅確保を支えることが、新たな政策課題となった。ところが、政府は、結婚・出産の希望者と子育て世帯だけを支援し、結婚・出産を望まない人たちを政策対象からわざわざ除外した。このていねいな措置に内在したのは、結婚するかどうか、子どもを育てるかどうかを物差しとする生き方のヒエラルキーを構成する方針である。若年層のなかで、結婚と子育てを希望する人たちは、「定住」に移行すると認識され、それを暗黙の根拠として、住宅支援の対象に含められ、他方で、未婚で「仮住まい」のままの人びとは、住宅施策から排除された。

保守政権が「定住」する家族を好む傾向は、少子化対策の一環として三世代同居を促進する政策に表れた（第6章）。親子同居が可能な世帯の多くは高い所得を有し、そこに公的補助を割り当てる施策の論理は弱い。複数のキッチン、浴室などをもつ住宅へのリフォームに対する公的支援が同居と出生を増加させるという説明は、証拠と説得力を備えない。にもかかわらず、三世代同居を家族パターンの序列の頂上に位置づける方針によって、富裕な同居家族と建築・設備業者に利益を与える以外に何ら効果を生みそうにない施策が講じられた。

新自由主義の政策改革は、住宅政策の市場化を進めると同時に、地方分権を重視した。このフレームのなかで、地方公共団体は、経済上の自立と競争関係への参加を求められた（平山 二〇〇九二〇二〇)。この文脈での自治体独自の住宅施策の典型は、新婚世帯に対する家賃補助、子育て世帯の持ち家取得への支援などであった。これは、自治体が地域に「定住」する住民として誰を〝好む／好まない〟のかをほのめかした。結婚し、子どもを育てる世帯は、労働・消費・納税力をもつ中間層を形成し、地域経済の競争力の向上に役立つとみなされている。住宅対策は財政負担をともなう。しかし、新婚・子育て世帯に対する住宅支援は、近い将来における彼らの納税の増大によって「割に合う」と計算される。自治体とは、市場の外に配置される機関であった。新自由主義の影響下の自治体は、自らを市場に参加させ、経済競争に立ち向かう〝プレイヤー〟に転換した。ここでは、自治体にとって〝役に立つ／立たない〟という指標から人びとの序列がつくられ、住宅施策の対象が決められる。

低所得者向け公営住宅の供給は減少し、そのストックさえ縮小しはじめた。これを促進する一因は、公営住宅に関する自治体間の暗黙の「削減競争」である(平山 二〇一一a)。地域間競争とは、多くの場合、労働・消費・納税者と資本の呼びこみについての競合をさす。それは、地域経済に対する「プラス要素」の奪い合いを含意する。これに加え、公営住宅を地域経済の「マイナス要素」とみなし、それを減らす競争が起こる。公営住宅では、所得のより低い人たちが増えた。住宅に困窮する人たちは、必ずしも「救済に値する」とは認識されず、むしろ自治体の競争力を引き下げるとみなされる。ある自治体が公営住宅を減らすと、低所得の人口が公営住宅の多い別の自治体に移動するという予測がありえる。この見方は、低所得者の「押し付け合い」についての陰鬱な競争関係を構成し、公営住宅の「削減競争」を促した。

借家に住む単身者が多い大都市地域では、ワンルーム・マンション建設を規制する自治体がある。地域に「定住」する人たちのコミュニティには、単身の借家人に偏見をもつ住人が含まれる。単身者はゴミ出し、騒音に関係する「マナー」を守らないといわれ、「仮住まい」の増大は地域運営を困難にすると想像された。ここでは、単身者の「マナー」についての印象が実証をまったくともなわず、ゴミ出しの時間帯を早朝に限定するルールが夜遅くまで働く人たちを苦労させる点などは、顧みられない。近隣コミュニティに根ざす人たちは、地域での政治力を備え、単身者向け住宅を排除する政策形成を促した。ワンルーム・マンション規制の理由として、コミュニティ・バランスの維持のために、単身者の「過度」の増大を抑制する必要があげられた。しかし、家族世帯がいかに大幅に増えても、それがコミュニティ・バランスを崩すとはいわれず、その量の評価に「過度」という言葉は使われない。ファミリー向け住宅の建設は、小学校需要などが急増するケースを除けば、けっして規制されない。

住宅領域だけではなく、労働市場、社会保障、所得税などの多くの分野において、生き方のヒエラルキーの上位に標準パターンを置き、社会秩序のもとで「定住」する「良き市民」を支える制度が整えられた。雇用された夫、家事専業（またはパート就労）の妻、子どもから構成される標準世帯は、制度上の有利な環境を与えられた。たとえば、年金制度では、所得が一定未満で、夫に扶養される妻は、保険料を納付することなく基礎年金を受給する資格を得る。所得税制では、妻が一定以下の所得しか得ていない夫に所得控除が適用される。企業福祉による家族手当の多くは、税制などに準拠し、妻の所得が一定以下であることを適用要件とした。企業の雇用システムでは、給与、昇任などに関し、男女差がある。これは、労働市場から女性を退出させ、結婚と家族形成に導く要因になった。企業が運営する独身寮の多くには、入居期限が設けられた。ここには、単身社員の近い将来の結婚を当然視する見方が反映した。

＊

さらに、この本では、人口と経済が〝成長後〟または〝ポスト成長〟の段階に入ると、「仮住まい」から「定住」に人びとを動かす政策・制度がしだいに成り立たなくなることを、さまざまな角度から論じた。人口の減少・高齢化が進み、景況の不安定さが増すにともない、ミクロレベルの住宅購入が継起し、その集積がマクロレベルの社会・経済安定を支えるサイクルは、少しずつ弱化する。

政府は、住宅ローンの供給を増大させ、マイホームの金融化をめざした。多くの人びとは、「仮住まい」の借家から抜けだすために、モーゲージ持ち家を取得し、住宅ローン返済を重ねることで、アウトライト持ち家での「定住」にたどりつこうとした。住宅ローンとは、住まいの「はしご」の「下段」に位置する借家と「上段」のアウトライト持ち家の間の「中段」を構成する手段であった。しかし、成長後の時代になると、所得の停滞または減少によって、住宅ローン返済の負担はより重くなった。未婚が増え、住宅を買おうとする家族世帯は減った。持ち家セクターの拡大を支えた中間層は縮小しはじめた。住宅ローンによる持ち家取得は減少し、それは、「下段」から「上段」への移動に必要であった「中段」の劣化を含意した（第1章）。

人びとの居住を「仮住まい」と「定住」に分け、資源配分を偏らせる政策・制度の根拠が弱まったことは、幅広い現象に表れている。持ち家セクターに移行せず、賃貸セクターにより長くとどまる〝賃貸世代〟が生成し、その借家は「仮住まい」とは必ずしもいえなくなった（第7章）。若い世代では、親元にとどまる不安定就労の〝世帯内単身者〟が増加した。ここでの親の家は、出ていくべき「仮住まい」ではなく、むしろ、「とどまるべき場所」となった（第4章）。高度成長期の公共住宅団地は、若い世帯の「仮住まい」として建造された。入居者は、年齢と収入が上がれば、持ち家取得に向けて、団地から転出すると想定されていた。しかし、成長後の社会の公共住宅では、住人の高齢化、さらに単身化が進み、高齢単身者が「定住」する空間が形成された（第8章）。災害時の仮設住宅は、最長二年の「仮住まい」のための建築であるがゆえに、低劣でよいとされた。しかし、大規模な震災に見舞われた地域では、たとえば、五年以上、さらに一〇年近くにわたって仮設住宅に住まざるをえない人たちがいた。この仮設住宅は、入居者にとって、「仮住まい」とはいえない（第10章）。

他方、マイホームでの「定住」の安定の程度は減った。経済の不安定化のなかで、住宅ローン返済に困難をきたし、持ち家を手放さざるをえない世帯が増えた。離婚の増加は、結婚が持続可能とは限らず、マイホームの解体がありえることを明らかにした。高齢者の多くは、アウトライト住宅に住む。その「定住」の安定の度合いは高いとみられている。しかし、住まいの老朽に対応する経済力をもたない高齢世帯が存在し、さらに、高齢者の一部は、身体機能の衰えによって、施設などへの移転を余儀なくされる。寿命が延びるにともない、長くなる高齢期の居住を不安定にするリスク要因が増える。

多数の世帯を住まいの「はしご」に導き、持ち家に「定住」させる政策・制度は、「市民権」をもつ中間層のライフスタイルを大衆化し、人びとの平等の度合いを上げると仮定されていた。しかし、成長後の社会では、特定パターンのライフコースに対する支援の集中は、平等化を推進するどころか、不平等を拡大するドライバーとなった（平山 二〇二〇）。マイホームの普及に根ざす社会は、「独立・自立した世帯」を単位としていた。ところが、人びとの「個人化」と「家族化」が同時に進むにしたがい、一方で、単身のままで賃貸セクターにとどまる人たちが増え、他方で、親の支援によって家を買う世帯が増加した。これは、住宅確保の条件の不平等を押し広げた（第2章）。住宅所有の大衆化は、資産を保有する中間層を膨らませ、社会を平等に近づけるとみられていた。しかし、持ち家セクターの発展は、住宅資産の偏在をともなった。世代を超えて持ち家資産を増やす「蓄積家族」が現れると同時に、住宅資産が目減りする「食いつぶし家族」が増え、さらに、複数世代にわたって不動産所有と無縁の「賃貸家族」がいる。持ち家資産の不均等分布は、経済上の不平等を増大させる中心要因を形成した（第3章）。

戦後日本の「結婚・持ち家社会」は、標準世帯の住宅購入を促進する住宅政策のもとで、高度にジェンダー化した（第5章）。この点は、これまでほとんど見おとされていた。多くの女性にとって、「男性稼ぎ主」をもち、「夫の持ち家」に「定住」することが、経済上のセキュリティと「市民権」を得る必須の条件であった。女性たちは、たいていの場合、住まいの「はしご」を個人として登るのではなく、「男性稼ぎ主」の妻として登った。しかし、成長後の時代に入ると、ジェンダー化した「結婚・持ち家社会」の秩序は、少しずつ解体した。配偶者をもたない女性が増え、その住宅安定をどう確保するのかが問題になった。男性世帯主の所得は停滞または減少し、妻の就労収入が世帯の持ち家取得を支えるケースが増えた。持ち家に住んでいた夫婦が離婚に至ると、その住宅は「定住」の場ではなく、「仮住まい」でしかなかったことが露呈した。離婚した男女のうち、元妻は、住宅確保に関し、とくに不利な状況に置かれた。社会のジェンダー化を前提とした住宅関連の政策・制度は、しだいに立ちゆかなくなった。

＊

成長後の時代では、住まいについて、どういう政策・制度が望まれるのか。良質かつアフォーダブル――適正な範囲内の住居費負担で入居可能――な住宅を増大させ、多様な「仮住まい」を供給するシステムの構築がとくに重要になる。それは、住まい方の選択の幅を広げ、社会の「動的安定」をつくる役割をはたす。力点を置くべきは、住宅の脱商品化領域を再生し、そこに社会的に利用可能なストックを蓄積する施策である。低家賃・低価格の適切な住宅を豊富に用意する施策は、ミクロレベルでの個人・世帯の動きを支持し、その集積としてのマクロレベルでの動的な社会安定をもたらす。

新自由主義の政策改革を推進する政府は、住宅政策を大胆に縮小し、住まいの大半を市場にゆだねた。改革支持者によると、市場は〝選択の自由〟を増大させる。しかし、この見方は、イデオロギーによって構築された言説とイメージにしかもとづいていない。住まいを市場化する政策は、成長後の時代では、多くの人びとにとって、住宅関連の選択肢を増やすどころか、減らす結果を生んだ。賃貸セクターでは、低家賃の多様な住宅型が衰退し、市場家賃のマンションばかりが増えた（第7章）。市場競争はより多様な商品の開発・生産に結びつくといわれた。しかし、市場が反応するのは、消費力をもつグループの需要だけである。高所得の人たちに向けて、多彩な住宅が生産される可能性はある。しかし、中間所得の人たちは、より高い家賃の——たいして良質とはいえないマンションしか選べず、低所得者は、入居可能な住宅の発見さえ難しくなった。

新自由主義の住宅政策が家族セクターに依存する点に注意する必要がある。資本主義社会では、住まいの商品化が進む。しかし、すべての住宅が商品化すると、その確保の困難な多数の人びとが存在することから、社会安定が壊れる危険が高まる。このため、脱商品化した住宅の供給が必要になる。新自由主義の政策改革が直面するのは、住まいを商品化すればするほど、脱商品化住宅の必要の度合いが高まるという矛盾である。この枠組みのなかで、住宅政策を縮小する政府は、商品住宅を得られない人たちを守る役割を家族に割り当てる傾向をみせる。新自由主義の政策改革は、——これまで不十分にしか指摘されていないが——家族セクターへの依存によって成立した側面をもつ。

しかし、家族依存の住宅政策は、生き方に関する人びとの選択の幅を狭める効果をもつ。親元にとどまる成人未婚者が増大した。この世帯内単身のグループには、独立に必要な経済力を備えず、親の家でしか住む場所を得られない多数の人たちが含まれる。低所得者向け住宅施策の縮小によって、親とその持ち家が低賃金の若者を保護する関係がつくられ、同時に、その若者は独立を選べないままの状況に置かれた（第4章）。離婚した女性は、子どもを連れて実家に戻るケースが多い。離別女性にとって、「避難地」である実家以外に居住可能な場所は、それほど多くない（第5章）。高齢期に入る人たちは、たいていの場合、所得減のために、商品住宅には住めない。このため、多数の家族が若年・中年期に持ち家を取得し、住宅ローン返済を重ねることで、高齢期を迎えるまでに、自身の住まいを自力で脱商品化し、アウトライトにした。それ以外に高齢期のセキュリティをつくる方法は、ほとんどない。若い世代の持ち家取得は、住宅経済の変化によって、ますます困難になった。その一方、子世帯の住宅購入に対する親の支援が促進され、親所有の住宅の子世代への相続が増えた（第2章）。

住宅施策が家族依存の傾向を強めるにともない、家族を頼れない低所得者の居住はより不安定になる。親の家に住むことを選択できない低賃金の若者は、民営借家に住み、重い家賃負担に苦しめられる。実家の「避難地」に戻れない離婚女性は、何らかの住む場所を確保するだけで精一杯になる。持ち家を取得しないままで高齢期を迎えた人たちの多くは、民営借家に住み、老朽した建物、狭い部屋、年金を目減りさせる家賃負担、立ち退き要求を受ける可能性などに悩まされる。若い世代では、親世代から住宅購入支援を得られず、持ち家資産を承継しない人たちは、住宅・資産条件に関し、より不利になる。

脱商品化した住宅を増大させ、多様な「仮住まい」の供給から社会の「動的安定」をつくるために、政府セクターの役割を見なおす必要がある。戦後住宅政策の展開では、中間層のマイホーム取得を支援し、「定住」を促進する手段ばかりが重視された。しかし、成長後の時代では、人びとが「直線状」のライフコースをたどり、「はしご」を登り続けるとは限らない。人生の途上にひそむリスクの種類と量が増え、結婚する／しない、就労が安定する／しない、所得が増える／減る、子どもをもつ／もたない、結婚を続ける／解消する、住まいの「はしご」を登る／降りる、資産が増える／減る、健康が続く／続かないなどによって、人びとのライフコースはより多様に分岐する。この状況に対応するために、住まいの選択の幅を広げ、社会安定の新たな「かたち」をつくる政策・制度が必要になる。

若い世代では、ライフコースの途上で〝停滞〟し、「移動しない人生」を経験する人たちが増えた（平山 二〇一一a）。若い人たちの転居の多くは、離家、結婚、出産などに関係する。これらのライフイベントは減少し、住み替えが減った。ライフコース変化の要因は多岐にわたる。しかし、重要な一因は低家賃住宅の不足にある。住宅コストの上昇は、親の家からの独立、結婚と子育てを妨げ、若者の動きを〝停滞〟させる。いいかえれば、ローコスト住宅が豊富に用意されるとすれば、それは、若い世代の「移動する人生」を刺激し、支える可能性をもつ。

アフォーダブル住宅のストックの形成では、政府セクターが担う役割は大きい。低家賃の公営住宅は、減少させるのではなく、むしろ保全し、さらに増大させる必要がある。これに加え、民営借家に大規模な公的補助を投入し、社会賃貸セクターを育成する施策が求められる。公的家賃補助のシステムをもっていないのは、先進諸国のなかで、日本を含む少数の国だけである。この制度の導入・確立によって、民営借家ストックの低家賃住宅としての利用が可能になる。新たな住宅セーフティネット政策は、公的補助の規模がきわめて小さいことから、実績をほとんどあげていない。しかし、この施策は、高齢者などを受け入れる民営借家の登録、家賃低廉化助成の供給などの仕組みを有し、そこには、社会賃貸住宅と公的家賃補助がすでに必要になっている状況が表れている。良質かつローコストの住宅を供給する多様な手段を開発し、人びとの人生の分岐と変化、そして多種のリスクに機敏に対応することが、重要な挑戦になる。

成長後の時代では、述べたように、住宅関連の不平等が増える。ここでは、住まいに関係する所得再分配をどう進めるのかがあらためて問われる。この文脈のなかで、社会レベルでの再分配機能を政府の住宅政策に担わせる必要がある。公営住宅、社会賃貸住宅および家賃補助などの制度は、より下位の階層に脱商品化した住宅を提供し、再分配効果を生む。住宅供給の脱商品化に関し、家族セクターに依存する施策のもとでは、再分配は、家族レベルの閉じた範囲のなかにとどめられる。人びとの住宅条件は、家族を頼れるのかどうか、どういう家族に属しているのかによって、著しく差異化し、家族依存のシステムは、住宅不平等を拡大せざるをえない。

＊

成長後の時代の社会・経済変化のなかで、住宅研究を発展させるには、新たなアプローチが求められる。その一つとして、分析単位の再考が必要になる。住宅事情をとらえようとする仕事の多くは、世帯レベルの分析にもとづいていた。住まいは、特定世帯によって占有されることから、世帯単位での実態把握を重視することは、住宅研究のいわば自然な手法であった。マイホームに「定住」する「独立・自立した世帯」が〝世帯単位社会〟を形成していた時代では、世帯レベルでの住宅分析に有効性が認められていた。

しかし、述べたように、人びとのライフコースは、「個人化」と「家族化」の途上にある（第2章）。社会・経済条件の不安定さと新自由主義の政策改革のもとで、一方で、未婚・単身者率が上昇し、「個人化」する人たちが増えた。他方で、子世帯の住宅購入に対する親の支援、さらに、蓄積した住宅資産の世代間承継が増加し、住まいの「家族化」が進んだ。人びとの人生の道筋を正反対の方向に向かわせる「個人化」と「家族化」は、「独立・自立した世帯」を減らす点で、同一方向の効果を生んだ。

このため、住宅研究の新たな展開では、世帯単位だけではなく、個人・家族単位での分析の必要が増える（平山 二〇〇七 二〇〇八 二〇〇九 二〇一九）。この本では、たとえば、女性の住宅状況をみるために、世帯のなかにいわば〝埋没〟していた女性を〝個人〟としてとりあげ、そこに焦点を合わせることで、住まいとライフコースのジェンダー化の実態をとらえた（第5章）。成長後の超高齢社会とは、私有住宅資産が蓄積した社会にほかならない。ここでは、複数世代にわたる〝家族〟が不動産資産をどのように増やし、家族メンバーにどのように分配するのか、あるいは、どのように食いつぶすのかを調べる必要を述べた（第3章）。さらに、増大する世帯内単身者は、配偶者をもたない点では「個人化」を、親の家に住み続けている点では「家族化」を反映する。本書は、親元にとどまる個人の状況を世帯との関係のなかで理解しようとした（第4章）。

マイホームに「定住」する「独立・自立した世帯」を単位とする社会形成の時代が終わったのであれば、そして、より多彩な「仮住まい」にもとづく社会変化の新たな「かたち」の模索がはじまったとすれば、住宅事情の〝次の段階〟を展望するために、分析単位を個人／世帯／家族レベルの間で機敏に動かし、そこからみえる〝景色〟を統合する方法が必要とされる。人びとは、世帯のメンバーとして生きるだけではなく、まず個人として存在し、そして家族を構成する。複数の位置づけをもつ人間と住まい、そして社会の関係をみることが、住宅研究の実践に求められる。

＊

国内での新型コロナウイルスの感染者数は、二〇二〇年三月二一日に一〇〇〇人を超え、四月三日には三〇〇〇人を上回った。緊急事態宣言は、都市地域をかかえる七都府県に向けて四月七日に発令され、同月一六日には全都道府県を対象とした。感染による死者は、五月二日に五〇〇人を超えた。同宣言は、五月一四日から同月二五日にかけて、解除された。しかし、その後、感染はふたたび拡大した。

このパンデミックは、医療、経済、雇用などの広範な領域に危機をもたらすとともに、人びとの「住まい方」に影響した。ここで必要なのは、パンデミックの住宅問題を突発の特異な現象としてとらえるのではなく、平常時の住宅政策の反映としての住宅状況のより鮮明な発現として把握する視点である。

本書の文脈に引きつけていえば、新型コロナウイルスの感染拡大は、「定住」と「仮住まい」の分割をさらに強調した。緊急事態宣言およびその前後の期間にわたって、感染回避のために、仕事をテレワークに転換し、自宅にこもることが推奨された。持ち家に「定住」し、テレワークが可能な職種の人たちは、自身の住まいにとどまり、外出を減らした。しかし、狭く、老朽し、設備が古く、日照・通風が乏しい借家にしか住めない人たちにとって、その環境のなかに閉じこもることは、深刻な苦痛をともなった。さらに、低質な借家の入居者の多くは、テレワークが不可能な労務・技能・サービス職に就いている。マイホームに引きこもり、テレワークに従事する人たちは、さまざまな食品・日用品の配達を必要とした。ここでは、「仮住まい」の人たちが配達業務に携わり、「定住」世帯のために、感染リスクにさらされながら、物品を運搬するという関係がみられた。

新自由主義のイデオロギーが台頭し、住まいの市場化をめざす政策改革が進むなかで、政府は、脱商品化住宅を減らし、住宅と住宅ローンの再商品化を推し進めた（第7章）。パンデミックのもとでの居住の安定の程度には、住まいが商品なのか、脱商品化しているのかによって、重大な違いが生じた。住宅ローンが完済され、脱商品化したアウトライト持ち家では、住居費負担は軽い。市場の外で供給される公営住宅の家賃は、市場家賃より低い。親の家に住む若年層の多くは、住居費を負担しない。一方、商品住宅に住み続けるには、市場家賃の支払い、住宅ローン返済を継続する必要がある。パンデミックに起因する雇用の不安定化によって、収入が減少または途絶える人たちが増えた。商品住宅に住む世帯は、収入の喪失ないし大幅減によって、貯蓄が乏しければ、家賃支払いまたは住宅ローン返済を続けられず、居住の安定をたちまち失う。住む場所を不安定にした直接の原因は、パンデミックである。しかし、その条件として、住宅を再商品化する施策が続いてきた点をみる必要がある。

新型コロナウイルスの感染増大によって、住宅ローン返済の困難な人たちが増えた。その前提には、安定した中間層だけではなく、雇用と所得がより不安定な階層にまで住宅ローン利用を浸透させる持ち家促進の政策展開があった。政府は、景気対策の一環として、住宅購入を推進し続けた。パンデミックのなかで、どういう世帯の住宅ローン返済が難しくなったのかは、まだわかっていない。しかし、低位の社会階層では、住宅ローン返済に困難をきたす世帯がより多いとみられる。この点は、パンデミックによる住宅ローン返済の困難には政策によって準備された部分があることを示唆する。住宅ローン返済が難しくなった世帯に対し、銀行などは、返済期間の延長などの対応を提供する場合がある。しかし、返済期間が延びると、利払い総額は増大する。

さらに、社会の下層には、住宅ではない何らかの場所に住む人たちがいる（第11章）。新型コロナウイルスに襲われた東京などの大都市では、インターネットカフェを「仮住まい」としていた人たちが、その閉鎖によって、路上に追いだされ、寮に住んでいた派遣労働者は、仕事と住む場所をまとめて喪失した。新自由主義の住宅政策は、住まいの市場化を推進すると同時に、市場住宅を確保できない人たちが存在することから、住宅セーフティネット形成を課題とした。しかし、市場住宅の領域を最大限に拡張する方針のもとで、住宅セーフティネットをつくる施策は最小限の規模でしか展開しない（第9章）。新型コロナウイルスは、インターネットカフェなどの住人から「仮住まい」を奪った。しかし、パンデミック以前から、低所得者向け住宅対策が縮小し、インターネットカフェなどでしか住む場所を得られない人びとの困窮が放置されていた点を注視する必要がある。新型コロナウイルスは、住まいを市場化する政策が何をもたらしたのかを浮き上がらせ、可視化する役割をはたした。

＊

阪神・淡路大震災、東日本大震災などの大災害、福島第一原子力発電所のメルトダウン、世界金融危機に代表される金融メルトダウン、毎年のように発生する豪雨災害、さらに、新型コロナウイルスによる感染症の流行とそれに続く経済危機など、災禍が増える時代がはじまった。ここでは、「定住」の安定が続くとは限らず、適切な「仮住まい」を用意することが重要な課題になる。東北太平洋沿岸の被災地では、マイホームを建て、大津波で流され、住宅ローン債務だけが残った多数の世帯がみられた（第10章）。経済の長い停滞のなかで、住宅ローン返済の困難のために、持ち家を売却し、それでもなお負債が消えない世帯が増えた（第1章）。経済危機で仕事と住宅を失った人たち、大震災で住まいが全壊した世帯、新型コロナウイルスの感染拡大のために家賃を払えなくなった人びとは、何らかの住む場所を必要とした。厄災の増大にしたがい、「定住」と「仮住まい」を区分する意味は、さらに減った。

大災害から経済危機、パンデミックに至る非常事態のもとでの住宅問題に対応するために、特別の施策が講じられる。これは、特別であるだけではなく、平常時の住宅政策一般のあり方を反映する（第10章）。低所得者向け住宅政策の縮小によって、非常事態のための施策選択の幅は狭まった。住宅政策一般が充実してはじめて、それを基盤とする特別の施策展開が可能になる。その一方、住宅安定を失う人たちが増えれば、何らかの対策を打たざるをえない。ここでは、特別施策の経験を一般施策に反映する関係の構築が求められる。

たとえば、新型コロナウイルス感染の流行のために住宅ローン返済が困難になった世帯に対する債務整理支援が検討された。住宅ローンなどを弁済できなくなった個人の負債を整理する仕組みは、東日本大震災からの復興のなかで考案・使用され、それ以降の大規模な災害にも適用された（第10章）。この手法を新型コロナウイルス影響下の住宅ローン返済困難世帯に使えるかどうかが問われた。住宅債務の弁済を不可能にする原因は、大災害とパンデミックだけではなく、限定地域の災害、さらに、失職、倒産、収入減、傷病、離婚などの多岐にわたる。住宅ローン利用を促進する政策が続き、その結果、返済負担のより重い世帯が増えた（第1章）。この矛盾は、厄災のもとで、いっきょに露呈する。ここには、住宅を金融化し続ける施策を見なおし、住宅ローン返済が困難になった世帯に対応する手段を整える必要が、一般政策の課題として表れている。

さらに、新型コロナウイルスの感染拡大によって居住が不安定になった人たちのために、住居確保給付金による家賃補助が供給された。離職者の就職支援を目的とし、一定期間の住居費を支給するこの制度の実績は、皆無に近いといってよいほど少なかった。パンデミックに対し、給付金の対象要件を緩和することで、住宅確保を支える施策がとられた。離職対策の手法を住宅対策として用いることから、就職支援に関連するとはいえない場合の住居費を支給することは、制度論理の面で、容易ではない。しかし、家賃補助の必要が経験され、住居確保給付金の適用範囲が広げられた。先進諸国のなかで、日本の住宅政策は、家賃補助をほとんど供給しない点で、特異であった。非常事態向け特別施策である住居確保給付金の対象拡大を公的家賃補助の制度確立に結びつける発想があってよい。厄災の経験を、それ自体として完結させるのではなく、住宅政策一般の発展に向けた突破口として位置づける必要がある。

*

近代以降の人生の実践が「過程」と化し、そこに「住む」ことが「仮住まい」となったことを、本書の「はじめに」で述べた。人びとは、過去、現在、未来に分節された時間のなかで、過去に関連づけて現在を認識し、未来のために現在を生きようとする。少なくとも法と社会制度の理念のもとでは、人生の道筋が出自によって決まる程度は減った。多くの人たちは、自身の人生を「発明」し、つくっていく必要を突きつけられる。その製作は、ある人にとっては、たいへんな喜びで、別の人にとっては、苦痛でしかない。人生の軌道をつくる仕事が喜びなのか、苦痛なのかにかかわらず、大半の人びとは、それから逃れられない。この「過程」を生きるために、多くの人たちは、過去の記憶を組み立てなおし、あるいは解釈しなおし、さらに、未来の設計をしばしば変更する。過去と未来は幾度となくつくりかえられる。だから、過去・未来のはざまとしての現在に「住む」ことは、けっして固定せず、変化の可能性をつねにはらみ、「仮住まい」にしかなりえない。

そうだとすれば、人生の「過程」の全体にわたって、適切な「仮住まい」を用意する新たなシステムが必要になる。前世紀の後半、人びとを標準パターンのライフコースに乗せ、「仮住まい」から「定住」に移す住宅政策が展開した。この〝プロジェクト〟を支えたのは、一連の特異な条件であった。経済が力強く成長し、雇用と所得は安定した。人口が増え、とくに若い人たちが多かった。人びとの大半が結婚し、持ち家を求める家族世帯が増大した。人生の予見可能性が上昇し、「人生設計」の確実さが増えた。しかし、これらの条件が存在したのは、資本主義社会の長い歴史のなかで、「例外」の期間であった(第3章)。戦後の成長率がきわめて高かった時期は、一九七〇～八〇年代には終わった。日本社会は、前世紀の末に、ポスト成長の段階に入った。成長率は下がり、雇用・所得は不安定になった。人口の減少・高齢化が進み、未婚、晩婚および離婚が増えた。自己所有の家を建てようとする家族は減った。多数の世帯が住宅の「はしご」をつぎつぎと登り、持ち家取得をめざしたのは、「例外」時代に限られていた可能性がある。

成長後の段階に入った社会では、住まいに関する人びとの選択の幅を広げるために、良質かつアフォーダブルな「仮住まい」を増加させる政策が求められる。増大する単身者、離婚した人たち、雇用の不安定な世帯などは、より柔軟に利用できる低家賃の住宅ストックを必要とする。適切な低家賃住宅が増えれば、世帯内単身者の多くにとって、離家と独立が有力な選択肢になる。標準型のライフコースを歩む人たちは減少し、ライフコースの「かたち」はさまざまに分岐する。アフォーダブル住宅のストックを増やすことは、人生の道筋に起こるさまざまな変化に対応しようとする人びとを支え、社会の「動的安定」に結びつく。

成長後の時代では、「仮住まい」と「定住」の違いは、さらに相対化する。たとえば、既存住宅の市場が拡大するとすれば、持ち家を必ずしも「定住」の場とはみなさず、むしろ「仮住まい」と位置づける人たちが現れる。郊外にマイホームを建てることは、大規模な資金を必要とした。そこに「定住」しようとした家族は、〝ゆたかな社会〟のなかで、さまざまな家具と家電製品、大量の衣服、多数の書籍を買いこんだ。マイホームとは、物財の貯蔵庫のようであった。かさばる百科事典、文学・美術全集などを購入し、中間層の表徴として居間に並べる家族がみられた。新たな世代では、よりコンパクトで、アフォーダブルな既存マンションを買い、それにリフォームとデザインを施し、家具などの所有を必要最小限にとどめる世帯が増えた。書籍、音楽コンテンツなどは、デジタルデータとしてもつのであれば、配置のためのスペースを必要としない。小さなマンションにいわば〝軽く〟住む人たちは、その空間を「仮住まい」とみなす度合いが高い（平山・山本二〇一二）。取得した既存マンションを、「定住」用ではないからといって、おざなりに扱うのではなく、むしろ、自分の好みに合わせて、細やかに改修し、「仮住まい」をていねいに経験する世帯が増えている。

成長後の社会を生きる人びとは、人生の実践に関し、より多様な道筋をたどる。そこでは、特定パターンのライフコースを標準とみなし、「定住」への資源配分を優先させるのではなく、分岐するライフコースによりニュートラルに対応する政策・制度が必要になる。大切なのは、人生の不平等を覆い隠し、いいかえるために、〝多様性〟という用語を使うのではなく、平等のなかの多様さを支える方針をもつことである。持ち家／借家、結婚する／しない、子どもをもつ／もたない、正規／非正規雇用を分割し、ヒエラルキーのなかに配置する制度は、多くの人びとを標準パターンの軌道に導く効果をもつと考えられていたが、しかし、その条件はすでに失われ、不平等を拡大する結果しか生まなくなった。「仮住まい」と「定住」を区分けし、序列化する施策の意味と根拠は、さらに減る。この文脈において、「過程」としての人生を歩もうとする人びとの実践を尊重し、その多様さに中立に対応するために、良質で、多彩で、安定した、ローコストの住まいを豊富に用意する政策・制度が必要とされる。

あとがき

ここ一五年ほど、住まいと人生、そして社会変化の関係をどういうふうに立論したらよいのかを考えていた。青土社の若い編集者である加藤峻さんが二〇一八年一一月に提案してくださった企画は、「仮住まい」をキーワードにして、これまでに書いた論考から何本かを選び、単行本にまとめるというものであった。人びとをマイホームでの「定住」に導こうとする政策・制度がしだいに成り立たなくなる時代のなかで、「仮住まい」について考えることは、住まいの新たなあり方を展望するために、何らかの示唆を生むと思った。家を買う／買わない、結婚する／しない、子どもをもつ／もたない、仕事が安定する／しない、所得・資産が増える／減る、結婚を続ける／解消する人たちの分岐は、人生の道筋が「直線状」であるかのようなイメージがあった時代を終わらせた。「仮住まい」と「定住」を差別化し、人生に「完成」があるかのように、人びとを「定住」に到達させようとするのではなく、「過程」としての人生の全体にわたって、良質かつローコストで、多様な「仮住まい」を豊富に用意し、生きるためのさまざまな実践の軌道を支えることが、新たな挑戦になる。そこから社会変化の新しい「かたち」が現れるのではないか。

研究成果を学術論文にまとめることが、書く仕事の中心を占め、それ以外に、いろいろな論説をつくる。学界向けと一般向け、日本語と英語、自主投稿と依頼原稿など、たくさん書いた。しかし、そこそこ読まれ、残りそうな論文・論説は、ほんの一部でしかない。だから、既報の何本かを救いだし、書籍に収めるというのは、ありがたい提案であった。既報は、そのままでは使えない。発表後にさらに考えたことを書き足し、データを更新し、「仮住まい」というテーマに沿って書きなおし、といった加筆と改稿に取り組んだ。以下に、各章の初出を示す。大がかりな加筆・改稿のため、原型をほとんどとどめていない章が多い。

第1章　「マイホームがリスクになるとき」『世界』（八四六）、一八六～九五、二〇一三年．
第2章　Individualisation and familisation in Japan's home-owning democracy, *International Journal of Housing Policy*, 17 (2), 296-313, 2017.
第3章　「住宅資産所有の不平等」『世界』（八六九）、二〇六～一七、二〇一五年．
第4章　「若年・未婚・低所得層の住宅事情――調査結果の分析」住宅政策提案・検討委員会（編）『若者の住宅問題――若年・未婚・低所得層の居住実態調査：住宅政策提案書［調査編］』認定NPO法人ビッグイシュー基金、二～三一、二〇一四年．
第5章　「女性の住まいとライフコース」『現代思想』四一（一二）、一六六～七九、二〇一三年．
第6章　「「三世代同居促進」の住宅政策をどう読むか」『世界』（八八〇）、一〇七～一八、二〇一六年．

第7章 「〝賃貸世代〟の住宅事情について」『都市問題』一〇七(九)、九一～九、二〇一六年.
第8章 「超高齢社会の公共住宅団地をどう改善するか」『都市問題』一〇九(四)、六九～七九、二〇一八年.
第9章 「住宅保障政策を問いなおす」『世界』(八九七)、一七九～九一、二〇一七年.
第10章 「被災した人たちが、ふたたび住む」『唯物論研究年誌』(二五)、五九～八二、二〇二〇年.
第11章 「火災の犠牲となる老人たちと住宅問題」『住宅会議』(一〇三)、八～一四、二〇一八年.

半年ほど前、『マイホームの彼方に――住宅政策の戦後史をどう読むか』を筑摩書房から出した。これは、戦後史と国際比較理論を交差させるアプローチを用い、住宅と社会変化の関係を政策・制度論としてまとめたものである。本書は、一貫したテーマを備えると同時に、前作に比べると、バラエティに富む論考から成り立つ点を特徴とする。おおむね書き下ろしの前作と、いわば短編集のような本書を、併わせて読んでいただけると嬉しい。前作・本書に若干の重複がある点は、ご了承いただきたい。

この本に書いたことの一部は、科学研究費補助金(二〇一八～二〇年度挑戦的研究(萌芽)「超高齢・持ち家社会における住宅相続の増大と階層化」、一六～一八年度基盤研究(B)「超高齢社会における複数住宅所有の実態と役割」、一四～一六年度挑戦的萌芽研究「ポスト・クライシスの住宅供給システムに関する国際比較分析」、一三～一六年度基盤研究(B)「東日本大震災からの住宅復興に関する被災者実態変化の追跡調査研究」、一〇〜一二年度基盤研究（C）「出産・育児・就労に関わる女性のライフコースと住宅条件」、〇七〜〇九年度基盤研究（B）「持家社会の変容における女性の住宅所有の役割」、以上筆者単独または代表）による研究成果にもとづいている。

森聖太、川田菜穂子両博士には、草稿への助言、データ整理、図版作成などでたいへんお世話になったことに、同級生であった建築家の星田逸郎さんには、貴重な写真を提供していただいたことに感謝している。第4、5および10章の論述では、共同調査から得られたデータを用いた。調査概要は注記した。調査の企画・実施・結果分析の過程で研究関連の多くのご教示を与えてくださった皆様に謝意を表したい。東京に出かけるとき、時間をみつけて、加藤峻さんに会い、打ち合わせなのか、四方山話なのか、何をしているのか、必ずしも明確ではなかったが、この本を少しずつ育てた。新型コロナウイルスの感染拡大のために、東京に行くことはなくなった。仕事を大事にし、進めるうえで、対面での四方山話が、実は、けっこう大切であったように思う。この本を企画し、ていねいに編集してくださった加藤峻さんにお礼申し上げる。

注

（1）住宅ローン返済額のうち、元金部分は所有者の資産形成に結びつくことから、住宅コストには含めず、利息部分のみを住宅コストとみなす考え方がある。しかし、ここでは、住宅所有を維持するための定期的な支出を住居費とし、そこに元金部分の返済額を含めている。全国消費実態調査の結果などの日本の政府統計においても、住宅ローン返済額は、元金部分と利息部分の返済額に分けられていない。また、一般世帯の大半は、住宅ローン返済額の全体を住居費と認識しているとみられる。

（2）全国消費実態調査では、住宅建築の資産額は、総資産額（粗資産額）と純資産額の二種類の指標によって示される。総資産額は、住宅の延べ床面積に都道府県別・住宅の構造別一平方メートル当たり建築単価を乗じた数値、純資産額は、総資産額に住宅の構造別・建築時期別残価率を乗じた数値である。ここでは残価率を考慮に入れた純資産額を使用した。同調査公表集計の資産総額などの算出においても純資産額が使われている。土地資産額は、宅地敷地面積に一平方メートル当たり宅地単価（国土交通省地価公示または都道府県地価調査の一平方メートル当たり評価額を用いて推計した各調査単位区の一平方メートル当たり評価額）を乗じた数値で、借地の場合はこれに借地権割合（木造・防火木造その他の場合は〇・五、鉄骨・鉄筋コンクリート造の場合は〇・六）を乗じた数値である。この統計での「資産額」は、いま述べた手法での評価にもとづく額で、債務を考慮していないことから、一般的には、資産を表しているとはいえず、エクイティ（評価額から負債現在高を引いた資産額）と区別するために、本書では「評価額」と表記した。

（3）日本では、研究者などに対する政府統計のミクロデータ（個票）の提供がきわめて遅い。たとえば、二〇一九年時点で、利用可能な最新データは、国勢調査、住宅・土地統計調査、全国消費実態調査のそれぞれに関し、二〇〇五年、〇三年、〇四年の結果であった。国勢調査、住宅・土地統計調査については、二〇二〇年になって、改善がみられ、それぞれ一五年、一三年の結果の利用が可能になった。しかし、全国消費実態調査などについては、依然として古いデータしか利用できない。学術研究を進めるうえで、ミクロデータの早期提供は必須の条件で、この点のいっそうの改善が望まれる。

さらに、提供されるミクロデータでは、結果が秘匿される調査項目がある。これは、個人情報保護の観点にもとづくとみられる。しかし、この秘匿処理によって、分析上の必要度がきわめて高い情報（たとえば、居住地、所得、資産詳細など）が得られないことは、研究上の深刻な障害になる。ミクロデータから個人を特定することは、技術的にきわめて難しく、ほとんど不可能であるうえに、学術研究者には個人情報を得ようとする動機がない。少なくとも学術研究者に対しては、無意味な秘匿処理はとりやめるべきである。

（4）調査対象は、「首都圏（東京都、埼玉・千葉・神奈川県）または関西圏（京都・大阪府、兵庫・奈良県）」に住む、「世帯主五〇歳以上」で「世帯主・配偶者の片方または両方が住宅を相続した世帯」の「世帯主または配偶者」である。遺産相続は相続人が高年齢になってから増えることが知られている。このため、調査対象の設定では、世帯主五〇歳以上を目安とした。世帯のなかで世帯主・配偶者以外に住宅を相続したメンバーが存在するケースは、少数と考えられる。調査を過度に複雑にしないために、世帯主・配偶者の住宅相続のみを対象とした。世帯主・配偶者による住宅相続の内容は、世帯主・配偶者以外の世帯員では分からないことが多いとみられ、回答者を世帯主・配偶者に限った。大量の住宅を相続する少数の世帯がある。この場合の相続は、不動産事業の承継であるケースが多く、住宅相続一般とは異なる性質をもつとみられる。このため、目安として一〇戸以上を相続した世帯を調査対象から外した。調査は、二〇一七年一〇月に実施し、九八六世帯から回答を得た。複数の住宅を相続した世帯については、世帯主、配偶者それぞれごとに、集合住宅の住棟を相続したケースについて二棟まで、それ以外の住戸単位での相続について三戸までを対象とした。この結果、一三一七戸の相続住宅に関するデータを収集した。調査結果を用いた論文として、平山（二〇一九）がある。

（5）調査は、認定NPO法人ビッグイシュー基金が設けた住宅政策提案・検討委員会（代表：平山洋介、委員：稲葉剛・川田菜穂子・藤田孝典）が実施したもので、本章の記述は、筆者が担当した分析にもとづいている。調査結果に関する既報として、平山・川田（二〇一五）、住宅政策提案・検討委員会（二〇一四）などがある。

（6）全国の二五〜五四歳の女性から、層化二段無作為抽出法により三六七六人を抽出し、二〇〇四年一一月五日〜一二月二七日に個別訪問・留置自記式のアンケート調査を実施した。有効回答票は二二〇五（六〇・〇％）であった。調査結果については、平山（二〇〇七 二〇〇九）、家計経済研究所（二〇〇六）などを参照されたい。

（7）首都圏（東京都、埼玉・千葉・神奈川県）の持ち家に住み、子どもを育てている三〇〜三九歳の既婚女性を対象とし、インターネットを利用したアンケート調査を二〇〇九年一一月に実施した。調査対象を、雇用上の地位に応じて、正規被用者、非正規被用者および家事専業者の三つのグループに分け、持ち家取得実態のグループ間の差異をみようとした。調査対象の選定にさいして、グループごとのアンケート票の回収数に大きな偏りが出ないように配慮した。調査の結果、得られたアンケート票の数（回収率）は、正規被用者、非正規被用者、家事専業者のそれぞれに関して、一四四（二二・九％）、三五五（四一・七％）、三〇七（四二・五％）であった。正規被用者の回収率が低かったのは、このグループの女性たちの多忙さに関連すると推察される。調査結果を用いた論考として、平山（二〇一一 a 二〇一一 b）などがある。

（8）調査は、東京大学社会科学研究所の佐藤岩夫教授と筆者を共同代表とする研究者グループが釜石市役所の協力を得て実施したものである。アンケートは、戸別配布（ポスティング）・郵送回収の方式による。原則として、仮設住宅に入居している全世帯へのアンケート票配布を目標とした。その結果、アンケート票の有効回収数（配布数に対する有効回収数の割合）は、二〇一一年夏（七月三〇日〜八月八日配布）の調査では、「プレハブ仮設」一〇六六票（四二・三％）、一二年夏（七月一二日〜二三日配布）の調査では、「プレハブ仮設」一〇〇五票（三七・五％）、「みなし仮設」三八四票（四五・七％）、一三年秋（一一月一一日〜一九日配布）の調査では、「プレハブ仮設」八〇五票（三一・八％）、「みなし仮設」三〇一票（四七・八％）、一四年秋（一一月三日〜一一日配布）の調査では、「プレハブ仮設」四五三票（二〇・八％）、「みなし仮設」一七九票（三四・四％）、一六年春（二月二五日〜三月一日配布）の調査では、「プレハブ仮設」四三三票（二四・二％）、「みなし仮設」一六〇票（三七・二％）であった。調査結果については、平山ほか（二〇一二 二〇一四）、『釜石市民の暮らしと復興についての意識調査』調査実施グループ（二〇一二 a b）、佐藤・平山（編）（二〇一四 二〇一五）などを参照されたい。

引用文献

Aalbers, M. B.（2016）*The Financialization of Housing: A Political Economy Approach*, New York: Routledge.

荒川匡史（二〇〇三）「高齢者保有資産の現状と相続——高齢者内で循環する使われない資産」『Life Design Report』（一五〇）、一六～二三.

Arundel, R.（2017）Equity inequity: housing wealth inequality, inter and intra-generational divergences, and the rise of private landlordism, *Housing, Theory and Society*, 34（2）, 176-200.

Arundel, R. and Doling, J.（2017）The end of mass homeownership? changes in labour markets and housing tenure opportunities across Europe, *Journal of Housing and the Built Environment*, 32（4）, 649-72.

ウルリヒ・ベック（著）東廉・伊藤美登里（訳）（一九九八）『危険社会——新しい近代への道』法政大学出版局.
Beck, U.（1992）*Risk Society: Towards a New Modernity*, London: Sage Publication（原著未見）.

Beer, A. and Faulkner, D. with Paris, C. and Clower, T.（2011）*Housing Transitions through the Life Course: Aspirations, Needs and Policy*, Bristol: Policy Press.

Brown, W.（2015）*Undoing the Demos: Neoliberalism's Stealth Revolution*, New York: Zone Books. 中井亜佐子（訳）（二〇一七）『いかにして民主主義は失われていくのか——新自由主義の見えざる攻撃』みすず書房.

Crouch, C.（2011）*The Strange Non-Death of Neoliberalism*, Cambridge: Polity Press.

Dardot, P. and Laval, C.（2013）*The New Way of the World: On Neoliberal Society*, London: Verso.

Davies, W.（2016a）*The Limits of Neoliberalism: Authority, Sovereignty and the Logic of Competition*, Thousand Oaks: SAGE

Publications.
Davies, W.（2016b）The new neoliberalism, *New Left Review*, 101, 121-34.
Dunleavy, P.（1979）The urban basis of political alignment: social class, domestic property ownership, and state intervention in consumption processes, *British Journal of Political Science*, 9（4）, 409-43.
Esping-Andersen, G.（1999）*Social Foundations of Postindustrial Economies*, Oxford: Oxford University Press. 渡辺雅男・渡辺景子（訳）（二〇〇〇）『ポスト工業経済の社会的基礎――市場・福祉国家・家族の政治経済学』桜井書店．
Forrest, R. and Hirayama, Y.（2009）The uneven impact of neoliberalism on housing opportunities, *International Journal of Urban and Regional Research*, 33（4）, 998-1013.
Forrest, R. and Hirayama, Y.（2015）The financialisation of the social project: embedded liberalism, neoliberalism and home ownership, *Urban Studies*, 52（2）, 233-44.
Forrest, R. and Hirayama, Y.（2018）Late home ownership and social re-stratification, *Economy and Society*, 47（2）, 257-79.
ミシェル・フーコー（著）、田村俶（訳）（一九七五）『狂気の歴史――古典主義時代における』新潮社．Foucault, M.（1961）*Histoire de la Folie: A L'age Classique*, Paris: Gallimard（原著未見）．
ミシェル・フーコー（著）、田村俶（訳）（一九七七）『監獄の誕生――監視と処罰』新潮社．Foucault, M.（1975）*Surveiller et Punir: Naissance de la Prison*, Paris: Gallimard（原著未見）．
ミシェル・フーコー（著）、小林康夫・石田英敬・松浦寿輝（編）（二〇〇六）『フーコー・コレクション6――生政治・統治』筑摩書房．Foucault, M.（1994）*Dits et Ecrits: 1954-1988*, Paris: Gallimard（原書未見）．
古川美穂（二〇一五）『東北ショック・ドクトリン』岩波書店．
玄田有史（二〇〇一）『仕事のなかの曖昧な不安――揺れる若年の現在』中央公論新社．
現代計画研究所（二〇〇三）『住まいと街の仕掛人』学芸出版社．
Glynn, S.（ed.）（2009）*Where the Other Half Lives: Lower Income Housing in a Neoliberal World*, New York: Pluto Press.
Gurney, C. M.（1999）Pride and prejudice: discourses of normalisation in public and private accounts of home ownership, *Housing Studies*, 14（2）, 163-83.

原田尚（一九七八）「家族形態の変動と老人同居扶養」『社会学評論』二九（一）、五〇～六六．

原田純孝（一九八八）「「日本型福祉社会」論の家族像――家族をめぐる政策と法の展開方向との関連で」東京大学社会科学研究所（編）『転換期の福祉国家（下）』東京大学出版会、三〇三～九二．

Harvey, D. (2005) *A Brief History of Neoliberalism*, Oxford: Oxford University Press. 渡辺治（監訳）、森田成也・木下ちがや・大屋定晴・中村好孝（訳）（二〇〇七）『新自由主義――その歴史的展開と現在』作品社．

Hayden, D. (1984) *Redesigning the American Dream: The Future of Housing, Work, and Family Life*, New York: W. W. Norton & Company. 野口美智子・梅宮典子・桜井のり子・佐藤俊郎（訳）（一九九一）『アメリカン・ドリームの再構築――住宅、仕事、家庭生活の未来』勁草書房．

Heskin, A. D. (1983) *Tenants and the American Dream: Ideology and the Tenant Movement*, New York: Praeger Publishers.

平山洋介（一九九六）「震災と住宅政策」戒能通厚・大本圭野（編）『講座現代居住――1歴史と思想』東京大学出版会、二一三～三五．

平山洋介（二〇〇一）「災害と住居保障」日本社会保障法学会（編）『講座社会保障法――5住居保障法・公的扶助法』法律文化社、八四～一〇三．

平山洋介（二〇〇五）「貧困地区の改善戦略について――島団地再生事業の経験から」岩田正美・西澤晃彦（編）『貧困と社会的排除――福祉社会を蝕むもの』ミネルヴァ書房、二八五～三一一．

平山洋介（二〇〇七）「女性の住宅所有に関する実態分析」『日本建築学会計画系論文集』七二（六一六）、一三七～四三．

平山洋介（二〇〇八）「若年層の居住実態に関する個人単位分析」『日本建築学会計画系論文集』七三（六三二）、二一八九～九五．

平山洋介（二〇〇九）『住宅政策のどこが問題か――〈持家社会〉の次を展望する』光文社．

平山洋介（二〇一一a）『都市の条件――住まい、人生、社会持続』NTT出版．

平山洋介（二〇一一b）「持家取得における既婚女性の就業の役割」『日本建築学会計画系論文集』七六（六六三）、九八三～九二．

平山洋介（二〇一一c）「危機は機会なのか？──東北復興まちづくりに向けて」『世界』（八二〇）、六七〜七五．
平山洋介（二〇一二）「地域持続を支える住宅再生を」『世界』（八二六）、二一四〜二二六．
平山洋介（二〇一三）「「土地・持家被災」からの住宅再建」平山洋介・斎藤浩（編）『住まいを再生する──東北復興の政策・制度論』岩波書店、一〇七〜二四．
平山洋介（二〇一四a）「近居と住宅政策の課題」大月敏雄・住総研（編）『近居──少子高齢社会の住まい・地域再生にどう活かすか』学芸出版社、八〇〜八．
平山洋介（二〇一四b）「住宅扶助と最低居住面積水準」『賃金と社会保障』（一六二一）、四〜一三．
平山洋介（二〇一八）「富か、無駄か──付加住宅所有の階層化について」『日本建築学会計画系論文集』八三（七四五）、四八三〜九二．
平山洋介（二〇一九）「超高齢・持ち家社会における住宅相続の階層性について」『日本建築学会計画系論文集』八四（七六〇）、一四三三〜四二．
平山洋介（二〇二〇）『マイホームの彼方に──住宅政策の戦後史をどう読むか』筑摩書房．
Hirayama, Y.（2003）Housing policy and social inequality in Japan, in Izuhara, M.（ed.）*Comparing Social Policies: Exploring New Perspectives in Britain and Japan*, Bristol: Policy Press, 151-71.
Hirayama, Y.（2005）Running hot and cold in the urban home-ownership market: the experience of Japan's major cities, *Journal of Housing and the Built Environment*, 20（1）, 1-20.
Hirayama, Y.（2007）Reshaping the housing system: home ownership as a catalyst for social transformation, in Hirayama, Y. and Ronald, R.（eds.）*Housing and Social Transition in Japan*, New York: Routledge, 15-46.
Hirayama, Y.（2010a）Housing pathway divergence in Japan's insecure economy, *Housing Studies*, 25（6）, 777-97.
Hirayama, Y.（2010b）The role of home ownership in Japan's aged society, *Journal of Housing and the Built Environment*, 25（2）, 175-91.
Hirayama, Y.（2010c）Neoliberal policy and the housing safety net in Japan, *City, Culture and Society*, 1（3）, 119-26.
Hirayama, Y.（2011）Towards a post-homeowner society? Homeownership and economic insecurity in Japan, in Forrest, R. and Yip,

N-M. (eds.) *Housing Markets and the Global Financial Crisis: the Uneven Impact on Households*, Cheltenham: Edward Elgar, 196-213.

Hirayama, Y. (2012a) Post-bubble housing in Japan, in Smith, S. J., Elsinga, M., O'Mahony, L. F., Eng, S. O. and Wachter, S. (eds.) *International Encyclopedia of Housing and Home, Vol. 5*, Oxford: Elsevier, 328-35.

Hirayama, Y. (2012b) The shifting housing opportunities of younger people in Japan's home-owning society, in Ronald, R. and Elsinga, M. (eds.) *Beyond Home Ownership: Housing, Welfare and Society*, New York: Routledge, 173-93.

Hirayama, Y. (2013) Housing and generational fractures in Japan, in Forrest, R. and Yip, N-M. (eds.) *Young People and Housing: Transitions, Trajectories and Generational Fractures*, New York: Routledge, 161-78.

Hirayama, Y. (2014a) Housing and the rise and fall of Japan's social mainstream, in Doling, J. and Ronald, R. (eds.) *Housing East Asia: Socioeconomic and Demographic Challenges*, Basingstoke: Palgrave Macmillan, 116-39.

Hirayama, Y. (2014b) Public housing and neoliberal policy in Japan, in Chen, J., Stephens, M. and Man, Y. (eds.) *The Future of Public Housing: Ongoing Trends in the East and the West*, Heidelberg: Springer, 143-61.

Hirayama, Y. (2017a) Selling the Tokyo sky: urban regeneration and luxury housing, in Forrest, R., Koh, S. Y. and Wissink, B. (eds.) *Cities and the Super-Rich: Real Estate, Elite Practices, and Urban Political Economies*, Basingstoke: Palgrave Macmillan, 189-208.

Hirayama, Y. (2017b) Individualisation and familisation in Japan's home-owning democracy, *International Journal of Housing Policy*, 17 (2), 296-313.

Hirayama, Y. and Izuhara, M. (2008) Women and housing assets in the context of Japan's home-owning democracy, *Journal of Social Policy*, 37 (4), 641-60.

Hirayama, Y. and Izuhara, M. (2018) *Housing in Post-Growth Society: Japan on the Edge of Social Transition*, New York: Routledge.

平山洋介・糟谷佐紀（二〇一一）「御坊市島団地――ワークショップから住宅・生活・コミュニティ再建へ」日本都市計画学会（編）『60プロジェクトによむ日本の都市づくり』朝倉書店、一六二〜五.

平山洋介・川田菜穂子（二〇一五）「若年・未婚・低所得層の居住実態について」『日本建築学会計画系論文集』八〇（七一六）、二三〇三〜一三.

平山洋介・間野博・糟谷佐紀・佐藤慶一（二〇一二）「東日本大震災における被災者の住宅事情――岩手県釜石市の仮設住宅入居世帯に関する実態調査を通して」『日本建築学会計画系論文集』七七（六七九）、二一五七～六四．

平山洋介・間野博・糟谷佐紀・佐藤慶一（二〇一四）「東日本大震災後の住宅確保に関する被災者の実態・意向変化――岩手県釜石市の仮設住宅入居世帯に対する「２０１１年夏」と「２０１２年夏」のアンケート調査から」『日本建築学会計画系論文集』七九（六九六）、四六一～七．

平山洋介・山本理顕（二〇一二）「住まいは社会を大きく変える」山本理顕・上野千鶴子・金子勝・平山洋介・仲俊治・末光弘和・Y-GSA『地域社会圏主義』INAX出版、九四～一一七．

兵庫県住まい復興推進課（一九九六）『応急仮設住宅入居者調査結果速報』．

伊藤達也（一九九四）『生活の中の人口学』古今書院．

岩田正美（二〇〇八）『社会的排除――参加の欠如・不確かな帰属』有斐閣．

泉若葉・川﨑興太（二〇一九）「震災復興土地区画整理事業の施行区域における住宅再建の現状と課題――津波浸水被害を受けた地区を対象として」『都市計画報告集』（一八）、一六～二一．

住宅政策提案・検討委員会（編）（二〇一四）『若者の住宅問題――若年・未婚・低所得層の居住実態調査：住宅政策提案書［調査編］』認定NPO法人ビッグイシュー基金．

家計経済研究所（編）（二〇〇六）『女性のライフコースと住宅所有』．

『釜石市民の暮らしと復興についての意識調査』調査実施グループ（二〇一二a）『釜石市民の暮らしと復興についての意識調査基本報告書』．

『釜石市民の暮らしと復興についての意識調査』調査実施グループ（二〇一二b）『釜石市民の暮らしと復興についての意識調査（第2回）基本報告書』．

加藤彰彦（二〇〇五）「「直系家族制から夫婦家族制へ」は本当か」熊谷苑子・大久保孝治（編）『コーホート比較による戦後日本の家族変動の研究』日本家族社会学会全国家族調査委員会、一三九～五四．

河野正輝・木梨芳繁・下山瑛二（編）（一九八一）『住居の権利――ひとり暮し裁判の証言から』ドメス出版．

川田菜穂子・平山洋介（二〇一一）「離婚と住まいの関係に関する研究――ジェンダー・階層・住宅所有形態に注目

して」『住宅総合研究財団研究論文集』三七、二八五〜九六.
Kemp, P. A. (ed.) (2007) *Housing Allowances in Comparative Perspective*, Bristol: Policy Press.
ナオミ・クライン（著）、幾島幸子・村上由見子（訳）（二〇一一）『ショック・ドクトリン――惨事便乗型資本主義の正体を暴く』岩波書店. Klein, N. (2007) *The Shock Doctrine: The Rise of Disaster capitalism*, New York: Metropolitan Books（原著未見）.
小杉礼子（二〇一〇）『若者と初期キャリア――「非典型」からの出発のために』勁草書房.
Kurz, K. and Blossfeld, H-P. (eds.) (2004) *Home Ownership and Social Inequality in Comparative Perspective*, Stanford: Stanford University Press.
葛西リサ（二〇一七）『母子世帯の居住貧困』日本経済評論社.
Lazzarato, M. (2011) *The Making of Indebted Man*, South Pasadena: Semiotext (e).
松原治郎（一九六九）『核家族時代』日本放送出版協会.
McBride, S. and Evans, B. M. (eds.) (2017) *The Austerity State*, Toronto: University of Toronto Press.
三宅醇（一九八五）「住宅市場論――住宅事情論的アプローチ」新建築学大系編集委員会（編）『新建築学大系14――ハウジング』彰国社、七三〜一五三.
宮本みち子（二〇〇四）『ポスト青年期と親子戦略――大人になる意味と形の変容』勁草書房.
森記念財団都市整備研究所（二〇一四）『２０３０年の東京――Ｐａｒｔ３：成熟した世界都市の街づくり』森記念財団都市整備研究所.
森岡清美（一九九三）『現代家族変動論』ミネルヴァ書房.
中川秀空（二〇一一）「被災者生活支援に関する制度の現状と課題――東日本大震災における対応と課題」『調査と情報』（七一二）、一〜一二.
中村健吾（二〇〇二）「ＥＵにおける「社会的排除」への取り組み」『海外社会保障研究』（一四一）、五六〜六六.
Nenno, M. K. (1996) *Ending the Stalemate: Moving Housing and Urban Development into the Mainstream of America's Future*, Lanham: University Press of America.

西山夘三（一九六八）『住居論――西山夘三著作集2』勁草書房.
西山夘三（一九七五）『日本のすまいI』勁草書房.
落合恵美子（一九九四）『21世紀家族へ――家族の戦後体制の見かた・超えかた』有斐閣.
大本圭野（一九九六）「居住政策の現代史」大本圭野・戒能通厚（編）『講座現代居住1――歴史と思想』東京大学出版会、八九～一二〇.
太田清（二〇〇三）「日本における資産格差」樋口美雄・財務省財務総合政策研究所（編著）『日本の所得格差と社会階層』日本評論社、二一～四三.
大塚路子（二〇〇七）「被災者生活再建支援法の見直し」『調査と情報』五九九、一～一〇.
大月敏雄（二〇一七）『町を住みこなす――超高齢社会の居場所づくり』岩波書店.
クラレンス・A・ペリー（著）、倉田和四生（訳）（一九七五）『近隣住区論――新しいコミュニティ計画のために』鹿島出版会. Perry, C. A. (1929) The neighborhood unit, in Perry, C. A. and others (eds.) *Regional Survey of New York and Its Environments Vol. VII: Neighborhood and Community Planning*, New York: Committee on Regional Plan of New York and Its Environments（原著未見）.
Piketty, T. (2014) *Capital in the Twenty-First Century*, Cambridge: The Belknap Press of Harvard University Press. 山形浩生・守岡桜・森本正史（訳）（二〇一四）『21世紀の資本』みすず書房.
Rolnik, R. (2013) Late neoliberalism: the financialization of homeownership and housing rights, *International Journal of Urban and Regional Research*, 37 (3), 1058-66.
Rolnik, R. (2019) *Urban Warfare: Housing under the Empire of Finance*, London: Verso.
齋藤純子（二〇一三）「公的家賃補助としての住宅手当と住宅扶助」『レファレンス』六三（一二）三～二六.
阪井裕一郎・藤間公太・本多真隆（二〇一二）「戦後日本における〈家族主義〉批判の系譜――家族国家・マイホーム主義・近代家族」『哲学』一二八、一四五～七七.
Sanders, G. (2012) Help for the soul: pastoral power and a purpose-driven discourse, *Journal of Cultural Economy*, 5 (3), 321-35.
佐藤岩夫（一九九九）『現代国家と一般条項――借家法の比較歴史社会学的研究』創文社.

佐藤岩夫（二〇〇九）「「脱商品化」の視角からみた日本の住宅保障システム」『社會科學研究』六〇（五・六）、一一七〜四一.
Sato, I. (2007) Welfare regime theories and the Japanese housing system, in Hirayama, Y. and Ronald, R. (eds.) *Housing and Social Transition in Japan*, New York: Routledge, 73-93.
佐藤岩夫・平山洋介（編）（二〇一四）『釜石市民の暮らしと復興についての意識調査（第3回）基本報告書』.
佐藤岩夫・平山洋介（編）（二〇一五）『釜石市民の暮らしと復興についての意識調査（第4回）基本報告書』.
Saunders, P. (1978) Domestic property and social class, *International Journal of Urban and Regional Research*, 2 (1-3), 233-51.
Saunders, P. (1990) *A Nation of Home Owners*, London: Unwin Hyman.
Scanlon, K., Whitehead, C. and Arrigoitia, M. F. (eds.) (2014) *Social Housing in Europe*, West Sussex: Wiley Blackwell.
嶋﨑尚子（二〇一三）「「人生の多様化」とライフコース——日本における制度化・標準化・個人化」田中洋美・マーレン・ゴツィック・クリスティーナ・岩田ワイケナント（編）『ライフコース選択のゆくえ——日本とドイツの仕事・家族・住まい』新曜社、二一〜三一.
新川敏光（二〇〇五）『日本型福祉レジームの発展と変容』ミネルヴァ書房.
白波瀬佐和子（二〇〇五）『少子高齢社会のみえない格差——ジェンダー・世代・階層のゆくえ』東京大学出版会.
Streeck, W. (2014) *Buying Time: The Delayed Crisis of Democratic Capitalism*, London: Verso. 鈴木直（訳）（二〇一六）『時間かせぎの資本主義——いつまで危機を先送りできるか』みすず書房.
住本靖・井浦義典・喜多功彦・松平健輔（二〇一二）『逐条解説公営住宅法　改訂版』ぎょうせい.
丹波史紀・増市徹（二〇一三）「広域避難——避難側・受入れ側双方の視点から」平山洋介・斎藤浩（編）『住まいを再生する——東北復興の政策・制度論』岩波書店、一八一〜二〇四.
Taylor-Gooby, P., Leruth, B. and Chung, H. (eds.) (2017) *After Austerity: Welfare State Transformation in Europe after the Great Recession*, Oxford: Oxford University Press.
利谷信義（二〇〇五）『家族の法（第二版）』有斐閣.
綱島不二雄・岡田知弘・塩崎賢明・宮入興一（編）（二〇一六）『東日本大震災　復興の検証——どのようにして「惨

事便乗型復興」を乗り越えるか』合同出版.
Walters, W.（2012）*Governmentality: Critical Encounters*, New York: Routledge. 阿部潔・清水知子・成実弘至・小笠原博毅（訳）（二〇一六）『統治性——フーコーをめぐる批判的な出会い』月曜社.
Wilson, E.（1992）*The Sphinx in the City: Urban Life, the Control of Disorder, and Women*, Oakland: University of California Press.
Winter, I.（1994）*The Radical Home Owner: Housing Tenure and Social Change*, Basel: Gordon and Breach Science Publishers.
八木寿明（二〇〇七）「被災者の生活再建支援をめぐる論議と立法の経緯」『レファレンス』五七（一一）、三一〜四八.
山田昌弘（二〇〇四）『パラサイト社会のゆくえ——データで読み解く日本の家族』筑摩書房.
Zhou, J. and Ronald, R.（2017）The resurgence of public housing provision in China, *Housing Studies*, 32（4）, 428-48.

索　引

あ行

か行

さ行

た行

な行

は行

ま行

や行

ら行

わ行

ＡＢＣ

［著者］平山洋介（ひらやま　ようすけ）
1958年生まれ。神戸大学大学院人間発達環境学研究科教授。専門は住宅政策・都市計画。おもな著書に『マイホームの彼方に――住宅政策の戦後史をどう読むか』（筑摩書房、2020年）、『都市の条件――住まい、人生、社会持続』（NTT出版、2011年）、『不完全都市――神戸・ニューヨーク・ベルリン』（学芸出版社、2003年）、*Housing in Post-Growth Society: Japan on the Edge of Social Transition*（共著，Routledge, 2018）、*Housing and Social Transition in Japan*（共編著，Routledge, 2007）など。日本建築学会賞（論文）、東京市政調査会藤田賞ほか受賞。

「仮住まい」と戦後日本
実家住まい・賃貸住まい・仮設住まい

2020年10月30日　第1刷発行
2022年 4 月28日　第2刷発行

著者――平山洋介

発行者――清水一人
発行所――青土社

〒101-0051　東京都千代田区神田神保町1-29　市瀬ビル
［電話］03-3291-9831（編集）　03-3294-7829（営業）
［振替］00190-7-192955

組版――フレックスアート
印刷・製本――シナノ印刷

装幀――水戸部 功

ISBN978-4-7917-7321-3　C0030